本田和子と舞々同人たちのトポス

―お茶の水女子大学児童文化研究室―

（立木義浩　撮影）

はじめに

皆川美恵子

『舞々』（まいまい）という児童文化研究誌が、お茶の水女子大学家政学部児童学科の本田和子（ますこ）研究室から発行された。昭和五十三年十二月に創刊号が出版され、本田和子先生がお茶の水女子大学を辞して研究室が閉じられるまで、つまり十六号まで出版された。児童文化研究室がなくなってからは、編集室が十文字学園女子大学（皆川美恵子研究室）、東京都市大学（内藤知美研究室）へと移っていった。十文字学園女子大学皆川研究室の編集室において、十七号から二十二号まで出版を継続したが、その後は、同人たちの職場や家庭での日々多忙な生活によって、休刊が続いてしまった。復刊をめざしたものの、静けさが続くばかりとなった。

さて、『舞々』終刊号として、明瞭に終刊記念号を出版する機運が起こり、ここに本書『本田和子と舞々同人たちのトポス―お茶の水女子大学児童文化研究室―』を刊行することとした。そもそも『舞々』誕生は、本田和子先生を慕って集い合った仲間たちから湧き起こった。児童文化研究という「知の泉」を一人で掘り続け、きらめく清冽な甘露水を汲みあげていた本田和子の周囲に、お茶の水女子大学はもとより他大学の女子学生が集まり出してきた。信州大学、東京学芸大学、津田塾大学、日本女子大学、青山学院大学などなど。お茶の水女子大学の他学部の中からも私のような教育学科から馳せてきた学生もいた。こうして結集した八人が同人誌を発行していったのであった。

同人誌の名称を決める時に、あれやこれやと議論をしたが、『舞々』（まいまい）と提案して下さったのは、本田先生であった。蝸牛にも通じる名は、各人がそれぞれの歩みで、自分なりの小さな殻を背負って、やがて天空へと舞い上がりましょうという夢も込められている。研究室で編集作業を夜遅くまで続ける私たちを、終始見守り、資金的な援助の手を差し伸べてくれたのも、本田和子先生であった。

本書は、三部構成によっている。そもそも「児童文化」という学問領域を開拓した本田和子とは、どういう教師であり研究者であったのかを、「第一部　本田和子の仕事」で紹介してみる。

本田和子先生は、お茶の水女子大学が国立大学から法人化される大学改変の重大な時期において、お茶の水女子大学史上、初めての女性学長となって大きな時代の荒波を受け止めている。そして、その後に続く女性学長の先導者となった。

研究活動の足跡は、ここにまとめた研究業績から覗い知ることができるであろう。卒業論文、それに続く専攻科修了論文では、《児童文学》をテーマとしている。就職をした保育科や幼児教育学科という幼児教育の現場にあっては、実践的な《絵本論》や《教材論》、そして《幼児教育史》の研究をなさっている。やがて母校のお茶の水女子大学に戻り、児童学科のなかに児童文化研究室を開くと、保育を児童文化の視点から考察することを開始して、《児童文化論》を展開していく。子どもの遊びや子どもの文学を、文化論として接近していく新たな領域の開拓者となったのであった。

福音館書店から刊行された月刊雑誌『子どもの館』への連載（「境界に立って」）は、幼児教育関連の人たちのみならず、日本児童文学ならびに海外児童文学に関心を寄せていた人たちの目を惹きつけたのであった。舞々同人たちのなかには、この連載に注目して、先生の許に集まっている者も多い。

《児童文化論》は、やがて《子ども論》、《少女論》、《家族論》等へと広がりをみせていった。当時の日本の、経済的好況を背景とした出版文化隆盛とあいまって、社会の要請を受け止めながら依頼原稿を書き上げ、多くの書物が出版されている。また講演会など日本全国各地に赴いている。書くこと、話すこと、つまり、文芸と口芸（やや早口だが）の力量を発揮しての活躍ぶりであった。

大学にあっては、女子大学の女子教育者として、多くの女子学生の指導・育成に打ちこみ、その学生たちを教職の道へと導いていった。卒業生は、それぞれの年度のゼミ合宿での思い出を大切に胸に刻んでいる。ところで、お茶の水女子大学の学長となられたのは、七〇歳からの四年間であった。このことによって、児童文化史、児童教育史のみならず、女子教育史、女子大学史、女性史などからも、本田和子の年譜・研究業績は興味深く受け止められるであろう。これから後の、研究資料としても意義のある内容となることと思われる。

「第二部　舞々同人たちの仕事」では、舞々同人会の誕生の歴史とともに、同人たちが研究室で学んだことを、その後どのように展開して社会で活動をしたのか、社会に出てからの多様な仕事の姿を紹介している。幼稚園や保育所、専門学校・短大・大学での教師、また学校カウンセラー、臨床心理士、家庭裁判所調停員など、そして編集者、作家、詩人などさまざまな職種である。

仕事は、活字化されたもの、それも「書物」のみの紹介になっている。同人たちの紀要や雑誌類の著作まで掲載するとなると、厖大な量となるため主要な「書物」に限った。しかし、「書物」にまとめられなくとも、日々、自分に与えられた各自の仕事を受け止めて、多くの同人たちは、誠実になすべきことを淡々と続けている。本田研究室から飛び立った舞々同人たちの、多彩な活躍ぶりの一部を伝えることを通して、本田和子先生の教育者としてのあり方を示すことにした。

「第三部　舞々同人たちの現在（いま）」は、同人誌『舞々』の本来の内容である。終刊号『舞々』に寄稿した同人たちの、新たに書き著した論考、随筆、創作などを収めている。そして、本田先生からの特別寄稿も掲載することができた。

実は、本田和子先生は停年前にお茶の水女子大学を辞しているため、最終講義は行われなかった。叙勲の折には、祝賀会も行ってはいない。本来ならば、停年退官や叙勲祝賀会の折に、研究業績がまとめられて、卒業生たちが集い合って記念出版をするのが定例かと思われる。

実は、児童文化研究室が閉鎖される時、早々と本田先生自らが、記念出版として『ものと子どもの文化史』（勁草書房　一九九八年）を出版された。いままでに発表された学生たちの論稿を先生が選び出して、一冊の本としてまとめ上げてくれたのである。その本をもって、研究室を閉じて、お茶の水女子大学を去られた。実に用意周到で、御自分ひとりで始末をなさったのであった。この周到さは、子ども論として一連の書物（『子どもたちのいる宇宙』『異文化としての子ども』など）が出版され、教育界や児童文学界などにおいて論議が巻き起こった時、それらの論に対して、「本田和子による〈本田和子の子ども論〉」（『フィクションとしての子ども』所収）をもって、自分で自分を対象化した論評を行なっていることにもあらわれている。

停年前に大学を去り、やがて七〇歳で学長としてお茶の水女子大学へ戻られたことは前述した通りであるが、学長就任は、予期せぬ出来事であり、用意などが及ぶべくもなかったであろう。しかし、弁舌、説得力、そして執筆力などの類い稀な表現力から、国立大学改革（法人化）の荒波を受けながらも舵とりをおこなっていった。

さて、わたしども学生は、何をすることもなく長い時間が経過するばかりであった。舞々同人会の活動を休止するにあたり、終刊の記念号の出版にたどりついたが、この記念出版にあたり、本田先生に参加していただくことができた。

『本田和子と舞々同人たちのトポス―お茶の水女子大学児童文化研究室―』の書名には、先生とともに過ごした同人たちそれぞれの万感の想いが込められている。やっと先生の年譜・研究業績をまとめ上げ、広く世に残すことができるという、責務感を果たしたささやかな安堵と共に、先生と「本」という〈繭の小世界〉のなかで、これからもいっしょにいることの歓びが込められている。

かつて、日本の女子大学には、このような児童文化研究室があったということ、二十五年間の奇蹟のようなトポスの一端を読者の方々にお伝えすることができたなら嬉しいかぎりである。

目　次

第一部

本田和子の仕事

1　本田和子先生年譜

［多くの著書のうち、単著による単行本のみ太字で示した。］

1931（昭和6）年

1月15日　父本田和助と母（旧姓櫻井）久子の二男二女の第二子の長女として、新潟県高田に生まれる。父親は陸軍少佐（高田独立山砲第一聯隊）で、馬上の父親を毎朝、見送っていた。

9月18日　満州事変勃発

1937（昭和12）年　6歳

高田男子師範付属小学校1年生

7月7日　日中戦争（支那事変）始まる

小学校3年生まで高田で過ごす。

1941（昭和16）年　10歳

東京笹塚の国民学校で、級長として5年3組の分列行進の号礼をかける。

12月8日　朝のラジオ臨時ニュースで太平洋戦争の始まり（真珠湾攻撃）を知る。

5年生の時、疎開地の鹿児島大龍小学校に転校、卒業。

1943（昭和18）年　12歳

鹿児島県第一高女入学（後の鶴丸高校）

１９４５（昭和20）年　14歳

父親の故郷・鹿児島の疎開先で転居を三度繰り返す。最後の疎開地は、大分県牧口村。

８月15日　敗戦

九州の疎開先から東京へ戻る帰路、京都駅で「おむすび」を食べようとすると、浮浪児に取り囲まれた。

千葉県佐倉に住む

千葉県立千葉女子高校に転入学

１９５０（昭和25）年　19歳

千葉県立千葉女子高校を卒業

（新制女子大学二期生）お茶の水女子大学家政学部児童学科入学

コルトーのピアノ演奏会を徽音堂で聴く。

卒業論文製作のため、ポール・アザール『本・子供・大人』の仏語原書を波多野完治先生に借りにゆく。

卒論指導教授は松村康平先生。なお、卒業論文は、後に『幼児の教育』誌に「童話化について」として発表。

１９５４（昭和29）年　23歳

３月　お茶の水女子大学家政学部児童学科卒業。同年、家政学専攻科へ進学

津守真先生に誘われて、病床にあった倉橋惣三を見舞い、対面する。

１９５５（昭和30）年　24歳

３月　家政学専攻科を修了する。修了論文「児童読物に関する一考察―児童向け世界名作物語の検討―」

は、日本読書学会の学会誌に発表。
4月　仙台の尚絅女学院短期大学保育科の助手として奉職
1957（昭和32）年　26歳
5月　日本保育学会より倉橋賞受賞
1959（昭和34）年　28歳
11月『幼稚園の歴史』恒星社厚生閣（津守真、久保いと、本田和子）
1960（昭和35）年　29歳
4月　尚絅女学院短期大学保育科講師に就任
1962（昭和37）年　31歳
4月　尚絅女学院短期大学保育科助教授に就任
12月　日本児童文学者協会より高山賞受賞
1966（昭和41）年　35歳
12月31日　尚絅女学院短期大学を退職
1967（昭和42）年　36歳
1月1日　十文字学園女子短期大学幼児教育科助教授として奉職
1968（昭和43）年　37歳
「子どもとお話」を『幼児の教育』に連載

「幼児のためのよみもの」を『幼児の教育』に連載
「講座・日本の幼児教育思潮」を『保育ノート』に連載

1970（昭和45）年　39歳

3月31日　十文字学園女子短期大学を退職
4月　お茶の水女子大学家政学部児童学科助教授として奉職

1971（昭和46）年　40歳

「子どもの文化」を『幼児の教育』に連載

1973（昭和48）年　42歳

5月　**『児童文化』**光生館

1974（昭和49）年　43歳

「境界にたって」を『子どもの館』に翌年に亙って連載。遊びの文化論的考察の発表。
5月　『人間現象としての保育研究』光生館（津守真、本田和子、松井とし）

1977（昭和52）年　46歳

1月　『人間現象としての保育研究3』光生館
（本田和子・津守真共編、入江礼子、友定啓子、角能清美）

1978（昭和53）年　47歳

12月　『舞々』創刊号刊行

1980（昭和55）年　49歳
「倉橋惣三への一つの接近」を『幼児の教育』に連載
9月　**『子どもたちのいる宇宙』**　三省堂選書

1982（昭和57）年　51歳
6月　**『異文化としての子ども』**　紀伊國屋書店
6月22日　紀伊國屋セミナー「挑発する子どもたち」講師：前田愛・本田和子・中村雄二郎
司会：山口昌男　紀伊國屋ホール

1983（昭和58）年　52歳
6月　日本保育学会より日私幼賞受賞
9月　**『子どもの領野から』**　人文書院
10月　お茶の水女子大学家政学部児童学科教授に就任

1984（昭和59）年　53歳
1月　『挑発する子どもたち』　駸々堂　本田和子他

1985（昭和60）年　54歳
2月　『わたしたちの「江戸」』　新曜社　（本田和子・皆川美恵子・森下みさ子）
6月　『子どもの発見』　光村図書出版　本田和子他
10月　日本児童文学学会より研究奨励賞受賞

1986（昭和61）年　55歳
3月『少女浮遊』　青土社
1987（昭和62）年　56歳
4月『子どもという主題』　大和書房
1988（昭和63）年　57歳
3月『舞々』10号刊行
7月12日　舞々十周年記念パーティーを芝クレッセントで開催
10月『子別れのフォークロア』　勁草書房
1989（平成元）年　58歳
4月　家政学部長に就任（〜平成3年）、学部改組を提言
『オフィーリアの系譜』　弘文堂
12月『フィクションとしての子ども』　新曜社ノマド叢書
1990（平成2）年　59歳
7月『女学生の系譜』　青土社
10月　日本児童文学学会より児童文学学会賞受賞
1991（平成3）年　60歳
10月『少女雑誌論』東京書籍　（本田和子、皆川美恵子、森下みさ子他）

1992（平成4）年　61歳

4月　家政学部から（家政学部長時代に着手した）生活科学部へ改組

10月　**『江戸の娘がたり』**　朝日新聞社

12月　**『異文化としての子ども』**　ちくま学芸文庫

1993（平成5）年　62歳

3月　放送大学テキスト『若者と子供の文化』本田和子編著、皆川美恵子、森下みさ子が参加

7月　NHK人間大学テキスト**『少女へのまなざし』**

1995（平成7）年　64歳

3月　お茶の水女子大学を退職

4月　聖学院大学人文学部教授に奉職

6月　**『映像の子どもたち』**　人文書院

1996（平成8）年　65歳

5月　お茶の水女子大学名誉教授

11月　**『「交換日記」―少女たちの秘密のプレイランド』**　岩波書店

1997（平成9）年　66歳

3月　放送大学テキスト『子どもと若者の文化』本田和子他

5月　「〈児童の世紀〉を振り返る」を『幼児の教育』に2000年3月まで隔月連載

1998（平成10）年　67歳

1月　『ものと子どもの文化史』勁草書房

（本田和子、皆川美恵子、森下みさ子、早川麻里、内藤知美、游珮芸、首藤美香子、雨宮裕子、渋谷真樹による共著）

1999（平成11）年　68歳

7月　**『変貌する子ども世界』**中公新書

2000（平成12）年　69歳

4月　**『子ども一〇〇年のエポック　―「児童の世紀」から「子どもの権利条約」まで―』**フレーベル館

2001（平成13）年　70歳

2月　お茶の水女子大学学長に就任

4月　お茶の水女子大学入学式の学長告辞が「文部科学教育通信」に掲載

9月　日本学術会議第19期会員（2003年9月まで）

2002（平成14）年　71歳

5月　五つの女子大学でコンソーシアムを結成し、アフガンにおける女子教育支援を実施

12月18日　緒方貞子氏に第一号の名誉博士称号を授与

アフガニスタン女子教育シンポジウムを開催

2003（平成15）年　72歳

『国立大学改革とお茶の水女子大学のゆくえ』お茶の水学術事業会（本田和子、土屋賢二）

2004（平成16）年　73歳

4月1日　国立大学の独立行政法人化にともなうお茶の水女子大学の法人化

10月　お茶の水女子大学名誉学友規則の設置

2005（平成17）年　74歳

1月　創立130周年記念の徽音堂施設整備にむけて募金を開始

3月　お茶の水女子大学学長を退任

6月　男女共同参画社会づくりに対する貢献を表彰（内閣官房長官賞）

9月　男女共同参画社会づくりに対する功労を表彰（内閣総理大臣賞）

10月29日　お茶の水女子大学創立130周年記念事業公開シンポジウム

「生活科学部のゆくえ：家政学から生活科学へ」においてパネリスト提言

「家政学部から生活科学部へ」（『生活社会科学研究』十三号に所収）

2007（平成19）年　76歳

秋　瑞寶重光章の叙勲

11月　**『子どもが忌避される時代』**　新曜社

2009（平成21）年　78歳

11月　**『それでも子どもは減っていく』**　ちくま新書

２０１２（平成24）年　81歳

９月『**女学生の系譜（増補版）**』　青弓社

２０１３（平成25）年　82歳

11月　高齢者専用マンションに転居

２０１４（平成26）年　83歳

11月21日　お茶の水女子大学エクセル子ども学シンポジウム　鼎談「子ども・戦争・歴史」
本田和子・宮澤康人・山本秀行（お茶大こども学ブックレットvol６『鼎談〈子ども・戦争・歴史〉』に所収）

２０１５（平成27）年　84歳

11月29日　お茶の水女子大学創立１４０周年記念式典において特別講演

２０１６（平成28）年　85歳

６月25日　お茶の水女子大学同窓会桜蔭会の公開講演会と公開シンポジウム「こころとからだのグレイスフルエイジング」において、基調講演とパネリスト

２０１７（平成29）年　86歳

１月『本田和子と舞々同人たちのトポス』　ななみ書房

2 本田和子先生研究業績

研究論文目録

◆学会誌掲載論文

1 「児童読物に関する一考察―児童向け世界名作物語の検討―」（単著）
『読書科学』第3巻第2号　日本読書学会　１９５８年11月

2 「ベッドタウンにおける幼稚園保育の実態」（共著）『保育学年報』昭和45年度
日本保育学会　１９７０年10月

3 「児童文学における〈伝え〉の問題」（単著）『児童文学研究』１９７１秋季号
日本児童文学学会　１９７１年11月

4 「児童文学における時間と空間」（単著）『児童文学研究』１９７２春季号
日本児童文学学会　１９７２年４月

5 「保育文化学」（単著）『日本保育学会特別論文集』　日本保育学会　１９７６年12月

6 「物語体験としてのイニシエーション」（単著）『児童文学研究』１９７９秋季号
日本児童文学学会　１９７９年８月

7 「絵本のロータリー性」（共著）『保育学年報』昭和55年度　日本保育学会　１９８０年11月

8 Characteristics of Child Culture in JAPAN（単著）CHILD WELFARE　1980.
INSTITUTION on CHILD　WELFARE　１９８０年６月

9 「子どもの発達と視聴覚文化」（単著）『教育学研究』49巻1号　日本教育学会　１９８１年３月

10　「近隣社会における子どもの遊び」（共著）『保育学年報』昭和58年度　日本保育学会
　1983年12月
11　What Children Learn Now（単著）INTERNATIONAL BOARD on BOOKS for YOUNG PEOPLE
　1986年8月
12　「子どもの遊戯宇宙―生きられた昔話―」（単著）『昔話―研究と資料―』第22号　日本昔話学会
　1994年6月
13　「文化論的研究への視座―〈子ども〉と〈文化〉のより濃密なかかわりのために―」（単著）
　『保育学研究』第32巻　日本保育学会　1994年6月
14　「〈国語教育〉と〈日本語教育〉」（単著）『国語教育研究』285号　日本国語教育学会
　1996年1月
15　「〈文化〉と〈保育内容〉」（単著）『日本保育学会50周年記念論文集』日本保育学会
　1997年5月
16　「日本保育学会会報の50年」（単著）『保育学研究』35巻1号　日本保育学会　1997年9月
17　「現代における乳幼児の発達過程と保育」（単著）『保育学研究』43巻1号　日本保育学会
　2005年

◆研究紀要等掲載論文

1　「わが国における初期保育界の動向（その1）―特に中心的関心事たる遊議論を中心として―」（単著）
　『尚絅女学院短期大学研究報告』第4集　1958年3月

2　「わが国における初期保育界の動向（その2）―特に指導理論の変還を中心として―」（単著）『尚絅女学院短期大学研究報告』第5集　1959年3月

3　「わが国における保育界の動向―特に第二次大戦下における幼稚園教育について―」（単著）『尚絅女学院短期大学研究報告』第7集　1961年3月

4　「保育効果の検討―特に「自由選び」場面における保育者の行為を中心として―」（単著）『尚綱女学院短期大学研究報告』第8集　1962年3月

5　「わが国における保育界の動向―特に明治末期から大正前期の社会における幼稚園観を中心として―」（単著）『尚綱女学院短期大学研究報告』第10集　1964年3月

6　「わが国における保育界の動向―特に大正期における児童文化運動との関連についてー」（単著）『尚綱女学院短期大学研究報告』第12集　1966年3月

7　「わが国における児童文化の動向に関する一考察―特に明治20年代における「こがね丸」と「小公子」の流れについて―」（単著）『十文字学園女子短期大学紀要』第1集　1967年12月

8　「わが国における児童文化の動向に関する一考察―「女学雑誌」における「小供のはなし」欄の意義と限界―」（単著）『十文字学園女子短期大学紀要』第2集　1969年3月

9　「〈女学雑誌〉における〈児鑑〉」（単著）『お茶の水女子大学女性文化資料館報』第2号　1981年3月

10　「情報としての〈母子〉の発見」（単著）『国立歴史民俗博物館研究報告』第54号　1993年11月

11　「〈物語〉としての世界把握―子どもにとっての〈文学〉」（単著）『日本文学』（日本文学協会機関誌）第44号　1995年3月

12　「少年・少女雑誌における性的分節化―その始まりの経緯を追って―」（単著）『お茶の水女子大学女性文化研究センター年報』第9・10合併号　1996年3月

13　「言の葉をかざる―吉屋信子の文体―」（単著）『かざりの日本文化　国際日本文化研究センター研究報告』　1996年

14　「〈児童の世紀〉とその子ども観」『聖学院大学論叢』11巻4号　1999年

15　「国立大学の改革と私学への期待―法人化移行の経験をふまえて―」（単著）『論集　キリスト教と諸学』23号　聖学院大学宗教センター　2007年

16　「子ども観に関する一考察―とくに社会的変動と子どもの位置づけをめぐって―」（単著）『子ども学』3号　白梅学園大学子ども学センター　2015年

◆科学研究費助成による共同研究報告論文

1　科学研究費科学教育特定研究『幼児の自然認識と教育』（共著）代表者　津守真「〈生きもの〉の部」分担　1976年3月

2　特定研究『文化としての生活技術・技能に関する研究』（共著）代表者　津守真「〈桑・柏日記〉考―伝統的社会における子育ての技術―」分担　1981年6月

3　科学研究費総合A「〈幼児の近所遊び〉に関する基礎調査」（共著）代表者　萩原元昭「近所遊びの形成の過程」分担　1989年3月

4　特定研究『学問に於ける学際性』（共著）代表者　森隆夫「“WHOLE CHILD”への接近」分担　1993年3月

5　特定研究『ライフコースの多様化と時代の大学教育と女性』（共著）代表者　清水碩
「幼児教育・児童学関連領域におけるジェンダー・バランス」分担　1994年3月

著述目録

◆単著

1『児童文化』1973年5月　光生館
2『子どもたちのいる宇宙』（三省堂選書）1980年9月　三省堂出版局
3『異文化としての子ども』1982年6月　紀伊國屋書店
4『子どもの領野から』1983年9月　人文書院
5『少女浮遊』1986年3月　青土社
6『子どもという主題』1987年4月　大和書房
7『子別れのフォークロア』1988年10月　勁草書房
8『オフィーリアの系譜―あるいは死と乙女の戯れ―』（叢書　死の文化5）1989年4月　弘文堂
9『フィクションとしての子ども』（ノマド叢書）1989年12月　新曜社
10『女学生の系譜―彩色される明治―』1990年7月　青土社
11『江戸の娘がたり』1992年10月　朝日新聞出版局
12『異文化としての子ども』1992年12月　ちくま学芸文庫
13『少女へのまなざし』1993年7月　日本放送出版協会

14『映像の子どもたち―ビデオという覗き窓―』 1995年6月　人文書院
15『「交換日記」―少女たちの秘密のプレイランド―』 1996年11月　岩波書店
16『変貌する子ども世界―子どもパワーの光と影―』 1999年7月　中公新書
17『子ども一〇〇年のエポック―「児童の世紀」から「子どもの権利条約」まで―』 2000年4月
　フレーベル館
18『子どもが忌避される時代―なぜ子どもは生まれにくくなったのか―』 2007年11月　新曜社
19『それでも子どもは減っていく』（ちくま新書） 2009年11月　筑摩書房
20『女学生の系譜』（増補版） 2012年9月　青弓社

◆共著・編著・監修など

1『子どもとお話』（共著） 1955年11月　主婦の友社
2『幼稚園の歴史』（共著） 1959年11月　恒星社厚生閣
3『児童の文化』（共著） 1967年8月　福村出版
4『幼児保育総論』（共著） 1970年9月　日本文化科学社
5『幼児教育学全集　2』（共著） 1971年2月　小学館
6『幼児教育概論』（共著） 1971年6月　酒井書店
7『人間現象としての保育研究』（編著） 1974年5月　光生館
8『児童における人間の探求』（共著） 1974年10月　光生館
9『日本児童文学概論』（共著）日本児童文学学会編　1976年4月　東京書籍

10　『日本児童文学研究必携』（共著）日本児童文学学会編　1976年4月　東京書籍
11　『人間現象としての保育研究3 ―保育現象の文化論的展開』（編著）1977年1月　光生館
12　『若松賤子・森田思軒・桜井鴎村集』1977年11月　ほるぷ出版
13　『保育実践講座第五巻　保育における経験や活動』（編著）1978年4月　第一法規出版
14　『保育原理』（共著）1978年4月　教育出版
15　『21世紀への家庭教育』（共著）1982年12月　日本社会教育連合会
16　『挑発する子どもたち』（共著）1984年1月　駸々堂出版
17　『子どもの深層』（共著）1984年12月　有斐閣
18　『わたしたちの「江戸」―女・子どもの誕生―』（共著）1985年2月　新曜社
19　『癒しのトポス』（共著）1985年4月　駸々堂出版
20　『子どもの発見』（編著）〈朝日カルチャー叢書〉1985年6月　光村図書出版
21　『21世紀の子どもと教育』（共著）1985年11月　社会評論社
22　『言論は日本を動かす　第5巻』（共著）【村岡花子を担当】1986年5月　講談社
23　『新しい子ども学　第三巻』（共著）1986年7月　海鳴社
24　『世界の子ども文化』（共著）1987年1月　創元社
25　『学校化社会のストレンジャー』（共著）1988年2月　新曜社
26　『人間の文化』（共著）1988年5月　垣内出版
27　『少女論』（共著）1989年9月　青弓社
28　『〈現代哲学の冒険2〉子ども』（共著）1991年1月　岩波書店

29　『演じる2』（共著）　1991年7月　ポーラ文化研究所
30　『少女雑誌論』（共著）　1991年10月　東京書籍
31　『宝塚の誘惑』（共著）　1991年12月　青弓社
32　『テラスで読む「知の冒険」』（共著）　1992年2月　日本経済新聞社
33　『子供の世界』（共著）　1992年3月　放送大学教育振興会
34　『ことばの野性をもとめて』（共著）　1992年6月　筑摩書房
35　『若者と子供の文化』（編著）　1993年3月　放送大学教育振興会
36　『翁童信仰―民衆宗教史叢書27―』（共著）　1993年5月　雄山閣
37　『大正自由教育の光芒』（共著）　1993年5月　久山社
38　『なぜ泣くの?!―涙と泣きの大研究―』（共著）　1993年9月　朝日新聞出版局
39　『顕わすシンボル・隠すシンボル』（共著）　1993年10月　ポーラ文化研究所
40　『世代の考現学』（共著）　1993年11月　三省堂出版局
41　『キーワードで探る21世紀』（共著）　1995年6月　三省堂出版局
42　『教育フォーラム〈いじめ〉への取り組み』　1996年3月　明治図書
43　『母子の心理・社会学―助産学体系―』（共著）　1996年3月　日本看護協会
44　『幼稚園教育大全：第二巻・第五巻』（共著）　1996年3月　国公立幼稚園長会
45　『大江戸曼荼羅』（共著）　1996年4月　朝日新聞出版局
46　『読みなおす一冊　わたしの「心の書」』（共著）　1996年5月　朝日新聞出版局
47　『講座　日本文学史　第13巻』（共著）　1996年6月　岩波書店

48 『遊びの発達学　基礎篇』（共著）　１９９６年７月　培風館
49 『暮らしを遊ぶ』（共著）　１９９６年12月　金沢ふゆまつりルネッサンス新書
50 『歴史はマージナル』（共著）　１９９７年３月　現代書館
51 『子どもと若者の文化』（編著）〈放送大学教材〉　１９９７年３月　放送教育振興会
52 『わが国における保育の展望と課題』（共著）　１９９７年５月　世界文化社
53 『教育をどうする』（共著）　１９９７年10月　岩波書店
54 『解説　Child-life in Japan/by M.Chaplin Ayrton. Children of Japan/Asahi Shimbun』
（『日本〈子供の歴史〉叢書８』）　１９９７年　久山社
55 『ものと子どもの文化史』（編著）　１９９８年10月　勁草書房
56 叢書『研究　日本の児童文学４』（共著）　１９９８年８月　東京書籍
57 『「飾り」の日本文化』（共著）　１９９８年10月　東京書籍
58 『形態自由の園生活』（共著）　１９９９年５月　生活ジャーナル
59 『人間現象としての保育研究　増補版』（編著）　１９９９年５月　光生館
60 『百科から見た20世紀』（共著，CD-ROM）　２０００年　日立デジタル平凡社
61 改訂版『子どもと若者の文化』（編著）　２０００年３月　放送教育振興会
62 『教育の可能性を探る』（共著）　２００１年５月　情況出版社
63 『明治文学の世界』（共著）　２００１年５月　柏書房
64 『メディアがつくる子ども』（共著）　２００１年６月　赤ちゃんとママ社
65 『境界』（共著）　２００１年９月　河出書房新社

66『暮らしの中の民俗学―一生―』（共著）　２００３年４月　吉川弘文館
67『講演会記録　国立大学改革とお茶の水女子大学のゆくえ』（共著）お茶の水ブックレットvol 2
　２００３年９月　お茶の水学術事業会
68『わが国の少年非行の現状におもう』（共著）　２００４年３月　全国少年補導員協会
69『青少年の育成を考える』（編著）　２００４年３月　ぎょうせい出版
70『誕生から死までのウェルビーイング』（共著）　２００６年２月　金子書房
71『多様化の時代に：１９７０―１９７９』（共著）　２００７年　日本図書センター
72『転換する子どもと文学：１９８０―１９８９』（共著）　２００７年　日本図書センター
73『成熟し、人はますます若くなる』（共著）　２００８年５月　ＮＴＴ出版
74『〈少女小説〉ワンダーランド』（共著）　２００８年７月　明治書院
75『倉橋惣三と現代保育』（共著）　２００８年　フレーベル館
76『私と世界　世界の私：13歳からの大学授業：桐光学園特別授業４』（共著）　２０１１年７月　水曜社
77『少女マンガ　ワンダーランド』（共著）　２０１２年　明治書院
78『ヒーロー&ヒロインと出会う名作読書きっかけ大図鑑　第３巻』（監修）　２０１２年４月
　日本図書センター
79『叢書児童文化の歴史３』（共著）　２０１２年　港の人
80『子どもの育ちと保育：環境・発達・かかわりを考える』　２０１５年　金子書房
81『鼎談〈子ども・戦争・歴史〉』（共著）　お茶大子ども学ブックレットvol 6　２０１５年12月

◆専門誌・一般誌掲載論考など

1　「童話化について①」『幼児の教育』55巻6号　日本幼稚園協会　1956年6月
「童話化について②」『幼児の教育』55巻7号　日本幼稚園協会　1956年7月
「童話化について③」『幼児の教育』55巻8号　日本幼稚園協会　1956年8月
「童話化について④」『幼児の教育』55巻10号　日本幼稚園協会　1956年10月
「童話化について⑤」『幼児の教育』55巻11号　日本幼稚園協会　1956年11月
「童話化について⑥」『幼児の教育』55巻12号　日本幼稚園協会　1956年12月

2　「幼児教育誌を通じてみた初期保育界の動向」『幼児の教育』56巻9号　日本幼稚園協会
1957年9月
「幼児教育誌を通じてみたわが国保育界の動向」『幼児の教育』58巻9号　日本幼稚園協会
1959年9月

3　「農繁期の保育から」『幼児の教育』56巻11号　日本幼稚園協会　1957年11月

4　「〈うつぼ物語〉童話化の試み①」『幼児の教育』57巻7号　日本幼稚園協会　1958年7月
「〈うつぼ物語〉童話化の試み②」『幼児の教育』57巻8号　日本幼稚園協会　1958年8月

5　「保育効果の検討」『幼児の教育』57巻11号　日本幼稚園協会　1958年11月

6　「保育と文学―保育内容としての文学の役割について―」『幼児の教育』58巻7号
日本幼稚園協会　1959年7月

7　「環境を考えてどのようにやっていくか―特に東北地方の問題―」『幼児の教育』60巻12号
日本幼稚園協会　1961年12月

8　「幼児に対するおはなし―幼児教育の立場から―」『幼児の教育』61巻8号　日本幼稚園協会　1962年8月

9　「幼稚園における指導について」『幼児の教育』62巻12号　日本幼稚園協会　1963年12月

10　「幼児のためのよいお話」『幼児の教育』63巻8号　日本幼稚園協会　1964年8月

11　「幼児教育における評価の問題」『幼児の教育』64巻2号　日本幼稚園協会　1965年2月

12　「子どもとお話①」『幼児の教育』67巻4号　日本幼稚園協会　1968年4月
「子どもとお話②」『幼児の教育』67巻6号　日本幼稚園協会　1968年6月
「子どもとお話③」『幼児の教育』67巻8号　日本幼稚園協会　1968年8月

13　「幼児のためのよみもの①　幼年童話の問題」『幼児の教育』67巻7号　日本幼稚園協会　1968年7月
「幼児のためのよみもの②　幼児と絵本」『幼児の教育』67巻11号　日本幼稚園協会　1968年11月
「幼児のためのよみもの③　絵雑誌・マンガと子どもたち」『幼児の教育』68巻3号　日本幼稚園協会　1969年3月

14　「講座　日本の幼児教育思潮　日本における児童観」『保育ノート』16巻4号　チャイルド本社　1968年4月
「講座　日本の幼児教育思潮　明治初期の幼児教育思潮の系譜」『保育ノート』16巻5号　チャイルド本社　1968年5月
「講座　日本の幼児教育思潮　わが国のフレーベル式幼稚園」『保育ノート』16巻6号　チャイルド本社　1968年6月

「講座　日本の幼児教育思潮　フレーベル主義とそれに挑む人々―恩物をめぐる幼児教育論争の展開―」『保育ノート』16巻7号　チャイルド本社　１９６８年7月
「講座　日本の幼児教育思潮　倉橋保育学の登場とその影響」『保育ノート』16巻9号　チャイルド本社　１９６８年9月
「講座　日本の幼児教育思潮　〈保育問題研究会〉の歩み―倉橋理論の批判と克服の運動―」『保育ノート』16巻10号　チャイルド本社　１９６８年10月
「講座　日本の幼児教育思潮　幼児中心主義保育の開花と実践」『保育ノート』16巻11号　チャイルド本社　１９６８年11月
「講座　日本の幼児教育思潮　保育の灯を守りつづけて―戦時体制下の保育界の苦悩―」『保育ノート』16巻12号　チャイルド本社　１９６８年12月
「講座　日本の幼児教育思潮　〈保育要領〉の性格と基本精神―占領下の保育界を指導した思想―」『保育ノート』17巻1号　チャイルド本社　１９６９年1月
「講座　日本の幼児教育思潮　〈幼稚園教育要領〉の影響をつく―六領域大系の基本精神と功罪―」『保育ノート』17巻2号　チャイルド本社　１９６９年2月
「講座　日本の幼児教育思潮　〈伝え合い保育〉における児童観と発達観―新しい幼児教育思潮への展望―」『保育ノート』17巻3号　チャイルド本社　１９６９年3月

15 「講座　世界の幼児教育思想家―倉橋惣三―」『保育ノート』18巻2号　チャイルド本社　１９７０年2月

16 「講座　保育研究史1　実践を深める歩みのあと」『保育ノート』18巻4号　チャイルド本社

1970年4月

「講座　保育研究史2　パティ・ヒル—変革期の実践をになった女性—」『保育ノート』18巻5号

チャイルド本社　1970年5月

「講座　保育研究史3　〈保育における計画性〉を探る努力」『保育ノート』18巻6号

チャイルド本社　1970年6月

「講座　保育研究史4　次代を探る動き—学力集義とそれへの抵抗—」『保育ノート』18巻7号

チャイルド本社　1970年7月

17 「子どもの生活と文化」『保育ノート』19巻1号　チャイルド本社　1971年1月

18 「ユートピア」『幼児の教育』70巻2号　日本幼稚園協会　1971年2月

19 「こんな本・あんな本」『幼児の教育』70巻3号　日本幼稚園協会　1971年3月

20 「子どもの文化①」『幼児の教育』70巻4号　日本幼稚園協会　1971年4月

「子どもの文化②」『幼児の教育』70巻5号　日本幼稚園協会　1971年5月

「子どもの文化③」『幼児の教育』70巻6号　日本幼稚園協会　1971年6月

21 「十二月のメアリー・ポピンズ」『幼児の教育』70巻12号　日本幼稚園協会　1971年12月

22 「〈子ども〉というもの—児童文学における〈子ども〉への接近—」『幼児の教育』71巻4号

1972年4月

23 「現代のメディアと子ども」『保育ノート』20巻2号　チャイルド本社　1972年2月

24 「倉橋保育学とその独自性」『保育ノート』20号5号　チャイルド本社　1972年5月

25 「幼児にとって絵本とは何か」『現代幼児教育研究』4巻3号　安田生命事業団　1973年3月

26 「良識への問い―児童文学による〈子ども〉への接近」『幼児の教育』72巻5号　日本幼稚園協会
　１９７３年5月

27 「〈受け入れるということ〉を考える」『幼児の教育』73巻4号　日本幼稚園協会　１９７４年４月

28 「児童文学と子どものイメージ」『幼児の教育』73巻5号　日本幼稚園協会　１９７４年５月

29 「夏休みを考える―沈黙と空白の意味―」『幼児の教育』73巻7号　日本幼稚園協会　１９７４年７月

30 「境界にたって　その１　夢―目覚めた世界からの接近」『子どもの館』14号
　福音館書店　１９７４年７月
「境界にたって　その２　子どもとイメージ―バシュラールの創造力論との出会い」『子どもの館』
　16号　福音館書店　１９７４年９月
「境界にたって　その３　〈自己〉の文学―無意識と意識のはざまに生まれるもの」『子どもの館』
　18号　福音館書店　１９７４年11月
「境界にたって　その４　〈遊び〉の存在論」『子どもの館』20号　福音館書店　１９７５年１月
「境界にたって　その５　〈遊び〉のエコロジー―子どもの生の〈今と昔〉」『子どもの館』22号
　福音館書店　１９７５年３月
「境界にたって　その６　子どもの〈時間〉―その種々相」『子どもの館』24号
　福音館書店　１９７５年５月

31 「遊びをめぐる夢想①〈始まり〉を探る」『幼児の教育』74巻4号　日本幼稚園協会　１９７５年４月
「遊びをめぐる夢想②〈変身〉の系譜」『幼児の教育』74巻5号　日本幼稚園協会　１９７５年５月
「遊びをめぐる夢想③〈まれびと〉の位置」『幼児の教育』74巻7号　日本幼稚園協会　１９７５年７月

32　「作品論〈ちびっこカムの冒険〉」『日本児童文学』21巻9号　日本児童文学者協会　1975年6月

33　「てまり―ひたすら〈くり返す〉ことの意味」『幼児の教育』74巻11号　日本幼稚園協会　1975年11月

34　「辺境への旅立ち―あるいは原初への回帰―」『日本児童文学』22巻4号　日本児童文学者協会　1976年3月

35　「人と絵本の歩み―まなざしの世界1」『キリスト教保育』89号　キリスト教保育連盟　1976年8月
「人と絵本の歩み―まなざしの世界2」『キリスト教保育』90号　キリスト教保育連盟　1976年9月

36　「幼稚園創設百年記念公開座談会記録　先人の歩みをみつめて」『幼児の教育』75巻11号　日本幼稚園協会　1976年11月

37　「子どもの世界―人と世界の原初―」『文学』44巻12号　岩波書店　1976年12月

38　「子どもとの出会い―始原の回復と時の再生―」『幼児の教育』76巻1号　日本幼稚園協会　1977年1月
「子どもとの出会い―幻視の世界―」『幼児の教育』76巻5号　日本幼稚園協会　1977年5月

39　「迷路設計者、ルイス・キャロル―子どもの国のアリス論―」『日本児童文学』23巻9号　日本児童文学者協会　1977年8月

40　「モーリス・センダック―終りなき自己探求の旅人―」『日本児童文学』臨時増刊　日本児童文学者協会　1977年10月

41　「魔術の効用―ベッテルハイムの昔話論をめぐって―」『子どもの館』54号　福音館書店　1977年11月

42「子どもとの出会い―人と文化の蘇生―」『幼児の教育』77巻1号　日本幼稚園協会　1978年1月
43「子どもとコトバ―「コトバの夜明け」をめぐって―」『伝統と現代』51号　伝統と現代社　1978年5月
44「タブーは破られたか―陰の部分の物語化をめぐって―」『日本児童文学』24巻5号　日本児童文学者協会　1978年5月
45「子どもとアリス―主人公と物語世界における〈子ども的〉なるもの―」『児童文学世界』No1　中教出版　1978年6月
46「潜在的読者論―隠された読者像を追って―」『日本児童文学』24巻9号　日本児童文学者協会　1978年8月
47「空想物語におけることば」『日本児童文学』25巻7号　日本児童文学者協会　1979年6月
48「作品論〈マルコヴァルドさんの四季〉〈パール街の少年たち〉〈フランバーズ屋敷の人びと〉」『日本児童文学別冊　世界児童文学百選』日本児童文学者協会　1979年9月
49「絵本におけることば」『日本児童文学』25巻12号　日本児童文学者協会　1979年10月
50「わが国の児童文化の特性」『子どもと家庭』16巻7号　児童問題研究会　1979年7月
51「保育史における実践記録の位相―〈幼児の汽車遊び〉を手がかりとして―」『幼児の教育復刻記念論叢』第3号　名著刊行会　1980年4月
52「倉橋惣三への一つの接近①―〈たけくらべ論〉に見られる〈子ども観〉の多層性―」『幼児の教育』79巻4号　日本幼稚園協会　1980年4月
「倉橋惣三への一つの接近②」『幼児の教育』79巻6号　日本幼稚園協会　1980年6月

53　「倉橋惣三への一つの接近③」『幼児の教育』79巻8号　日本幼稚園協会　1980年8月
「倉橋惣三への一つの接近④」『幼児の教育』79巻10号　日本幼稚園協会　1980年10月
「〈活字〉と〈映像〉―子どもたちとのかかわりにおいて―」『日本児童文学』26巻9号
日本児童文学者協会　1980年7月
54　「復刻〈幼児の教育〉（大正・昭和編）によせて」『幼児の教育』79巻11号　日本幼稚園協会
1980年11月
55　「子どもとは―大人にとっての意味―」『家庭科教育』55巻6号　家政教育社　1981年
56　「幼児と文学―読みの世界への接近―」『児童文学世界』№4　中教出版　1981年6月
57　「一枚の写真―メタ・テキストとしての―①」『幼児の教育』80巻4号　日本幼稚園協会
1981年4月
「一枚の写真―メタ・テキストとしての―②」『幼児の教育』80巻6号　日本幼稚園協会
1981年6月
58　「創刊80周年記念インタビュー　波多野完治」『幼児の教育』81巻2号　日本幼稚園協会
1982年2月
59　「幼児たちの宇宙」『青少年問題』28巻8号　1981年8月
60　「玩具学の提唱―いと小さき〈もの〉に宇宙を読む」『玩具文化』創刊号　玩具文化研究所（松村康平）
1982年3月
61　「〈性〉と〈詩〉」『現代思想』10巻14号（臨時増刊号）青土社　1982年11月
62　「〈ノーレンドルフ広場〉の異物たち」『ユリイカ』　青土社　1982年12月

63 「〈内〉と〈外〉の変貌」『日本児童文学』29巻2号　日本児童文学者協会　1983年2月

64 「〈花一匁〉考」『現代思想』11巻2号　青土社　1983年2月

65 「現代の不安とファンタジー―作品からの照射―」『日本児童文学』29巻7号　日本児童文学者協会　1983年6月

66 「児童文学に現れた子どもの心の世界1」『教育心理』31巻6号　日本文化科学社　1983年6月
「児童文学に現れた子どもの心の世界2」『教育心理』31巻9号　日本文化科学社　1983年9月
「児童文学に現れた子どもの心の世界3」『教育心理』31巻12号　日本文化科学社　1983年12月
「児童文学に現れた子どもの心の世界4」『教育心理』32巻3号　日本文化科学社　1984年3月

67 「児童文学に現れた子どもの成長1」『教育心理』32巻6号　日本文化科学社　1984年6月
「児童文学に現れた子どもの成長2」『教育心理』32巻9号　日本文化科学社　1984年9月
「児童文学に現れた子どもの成長3」『教育心理』32巻12号　日本文化科学社　1984年12月
「児童文学に現れた子どもの成長4」『教育心理』33巻3号　日本文化科学社　1985年3月

68 「母親のための〈子供の世界〉（本の周辺）」『潮』290号　潮出版社　1983年6月

69 「宮沢賢治の宇宙〈水仙月の四日〉」『保育の世界』第7号　筒井書房　1983年7月

70 「〈洗う女〉考―子どもの生と死をめぐって―」『現代思想』11巻10号　青土社　1983年10月

71 「揺れ動く親子の絆」『現代幼児教育研究』15巻1号　安田生命文化事業団　1984年1月

72 「〈新しい人よ眼ざめよ〉絶望の時代に希望を見る」『幼児の教育』83巻1号　日本幼稚園協会　1984年1月

73 「教育における芸術の復権」『兵庫教育』35巻12号　兵庫県立教育研修所　1984年3月

74　「原理としての思春期」『青年心理』第44号　金子書房　1984年5月
75　「他者としての子ども」『ライフサイエンス』11巻7号　生命科学振興会　1984年7月
76　「〈触ること〉と〈子ども〉―世界を触るものたち―」『ｉｓ』25号　ポーラ文化研究所　1984年7月
77　「〈起源伝説〉考―子どもに意味が与えられるとき―」『現代思想』12巻8号　青土社　1984年7月
78　「遊ぶ子どもの声聞けば…」『Ｗｅ』1984年8月、9月
79　「童女昇天」『現代思想』12巻10号　青土社　1984年9月
80　「幼児と言語の周辺」『ユリイカ』16巻12号　青土社　1984年11月
81　「〈家族〉の変貌をめぐって」『現代幼児教育研究』16巻3号　安田生命教育事業団　1985年3月
82　「プレイランド―機械仕掛けの盤上の饗宴―」『ｉｓ』28号　ポーラ文化研究所　1985年6月
83　「〈永遠の子ども〉と〈家族の神話〉」『現代思想』13巻6号　青土社　1985年6月
84　「老人の異文化性」『ライフサイエンス』12巻7号　生命科学振興会　1985年7月
85　「ナルニアを愛した時代」『幻想文学』12号　幻想文学出版局　1985年秋
86　「いまなぜ〈子ども〉なのか」『国文学』30巻12号　学燈社　1985年10月
87　「子どもの世界　子ども・老人・病者　1」『小児看護』8巻12号　へるす出版　1985年12月
「子どもの世界　子ども・老人・病者　2」『小児看護』9巻1号　へるす出版　1986年1月
88　「消滅か拡散か―子どもらしさのゆくえ―」『思想の科学』第7次71号　思想の科学社　1986年1月
89　「対談　爛熟時代の若者像　上」『三省堂ぶっくれっと』60号　1986年1月
「対談　爛熟時代の若者像　下」『三省堂ぶっくれっと』61号　1986年3月
90　「〈ごっこ遊び〉考―遊戯世界に他者を生きる―」『児童心理』40巻3号　金子書房　1986年3月

91　「子ども幻想―〈非力〉という力―」『国文学』31巻6号　学燈社　1986年5月
92　「〈少年〉変容―少女たちのまなざしのはてに―」『現代詩手帖』29巻6号　思潮社　1986年6月
93　「赤マントの行方」『ユリイカ』第18巻7号　青土社　1986年7月
94　「〈断片〉をめぐって」『へるめす』　岩波書店　1986年8月
95　「〈遊び〉の論議をめぐって」『幼児の教育』85巻10号　日本幼稚園協会　1986年10月
96　「他者の星雲―安吾世界の女人たち―」『ユリイカ』18巻11号　青土社　1986年10月
97　「花合美少女今昔―春信の系譜―」『ユリイカ』19巻2号　青土社　1987年2月
98　「大江戸曼陀羅5―江戸の美少女」『朝日ジャーナル』29巻5号　朝日新聞社　1987年2月6日
99　「〈少女〉断簡」『群像』　講談社　1987年3月
100　「いまどきの〈子ども〉」『ライフサイエンス』14巻8号　生命科学振興会　1987年8月
101　「女・子どもの江戸　1」『幼児の教育』86巻2号　日本幼稚園協会　1987年2月
「女・子どもの江戸　2」『幼児の教育』86巻4号　日本幼稚園協会　1987年4月
「女・子どもの江戸　3」『幼児の教育』86巻6号　日本幼稚園協会　1987年6月
102　「〈訪ない〉のうた―折口世界の〈音〉―」『現代思想』15巻4号　青土社　1987年3月
103　「〈少女〉断簡」『群像』42巻3号　講談社　1987年3月
104　「遊びの中の子ども」『児童心理』41巻5号　金子書房　1987年4月
105　「幼児期の意味するもの」『幼児の教育』87巻2号　日本幼稚園協会　1988年2月
106　「キツネ色の笑い、ラベンダーの一雫」『ユリイカ』20巻5号　青土社　1988年5月

107 「合わせ鏡のエンデ―エンデ断章―」『ユリイカ』20巻6号　青土社　1988年6月
108 「〈筆や〉をめぐる雑感―樋口一葉」『文学』56巻7号　岩波書店　1988年7月
109 「〈遊び〉の歴史を考える」『教育と医学』36巻10号　教育と医学の会　1988年10月
110 「子ども学関連事象の〈現在〉」『人文会ニュース』1988年12月
111 「女学生の系譜1　「女学生」の誕生」『ユリイカ』21巻1号　青土社　1989年1月
「女学生の系譜2　髷からの解放」『ユリイカ』21巻2号　青土社　1989年2月
「女学生の系譜3　風のいたずら①」『ユリイカ』21巻3号　青土社　1989年3月
「女学生の系譜4　風のいたずら②」『ユリイカ』21巻5号　青土社　1989年4月
「女学生の系譜5　宙に揺れることば①」『ユリイカ』21巻6号　青土社　1989年5月
「女学生の系譜6　宙に揺れることば②」『ユリイカ』21巻7号　青土社　1989年6月
「女学生の系譜7　恋と脳病①」『ユリイカ』21巻9号　青土社　1989年7月
「女学生の系譜8　恋と脳病②」『ユリイカ』21巻10号　青土社　1989年8月
「女学生の系譜9　〈少女〉への凝視化①」『ユリイカ』21巻11号　青土社　1989年9月
「女学生の系譜10　〈少女〉への凝視化②」『ユリイカ』21巻13号　青土社　1989年10月
「女学生の系譜11　『森』近世型女人の神話の時代①」『ユリイカ』21巻14号　青土社　1989年11月
「女学生の系譜12　『森』近代型女人の神話の時代②」『ユリイカ』21巻15号　青土社　1989年12月
112 「鬼女無情」『ちくま』216号　筑摩書房　1989年3月
113 「〈におい〉の子ども史」『ｉｓ』44号　ポーラ文化研究所　1989年6月
114 「遊びは指導されうるか」『児童心理』43巻10号　金子書房　1989年8月

115 「〈異文化〉として子どもを見る」『学術新報』155号　1989年
116 「異界からの使者・少女妖怪」『歴史読本』34巻24号　新人物往来社　1989年12月
117 「〈少年〉と〈少女〉」『is』47号　ポーラ文化研究所　1990年3月
118 「〈うたう〉ことをめぐって—共に生きるしるし—」『児童心理』44巻3号　金子書房　1990年3月
119 「イミテーション・ゴールド80—熱病の時代の風景　〈子ども化〉する時代とフィクション化する子ども」『朝日ジャーナル』32巻35号　朝日新聞社　1990年8月31日
120 「コンクリートの夢想」『建築雑誌』105号　日本建築学会　1990年9月
121 「子どもの遊戯宇宙〈比比丘女〉幻想」『日本の美学』15号　ぺりかん社　1990年10月
122 「〈こども〉と権力」『情況』情況出版　1990年10月
123 「〈S〉他愛なくしかも根源的な愛のかたち」『imago』2巻8号　青土社　1991年8月
124 「江戸の子どもたち」『歴博』48号　1991年8月
125 「メディアとしての幼児虐待」『幼児の教育』90巻12号　日本幼稚園協会　1991年12月
126 「病気—差別のコードとしての—」『小児看護』第15巻1号　へるす出版　1992年1月
127 「〈遊ぶ子ども〉をめぐって」『児童心理』46巻4号　金子書房　1992年4月
128 「〈美登利〉の孤独と少女愛」『日本児童文学』日本文学者協会　1992年5月
129 「子ども観・子ども像の選択」『学校経営』1992年5月
130 「トナカイと予言と……」『飛ぶ教室』42号　楡出版　1992年春
131 「古い器に注がれたもの—〈おもひでボロボロ〉の場合」『情況』1992年6月
132 「〈夢記〉を読む—夢を紡ぐ人々、明恵とその高弟たち」『国文学』37巻7号　学燈社　1992年6月

133　「子どもとの共生を考える」『望星』23巻7号　東海教育研究所　1992年7月

134　「母子乱菊の譜」『日本学』20号　名著刊行会　1992年11月

135　「二人の導師―挑戦のモデルと忍耐のモデル―」『教員養成セミナー』14巻5号　1992年

136　「〈身近〉なものを〈身近〉に」『保育専科』フレーベル館　1993年1月

137　「子どもの権利条約をめぐって」『幼児の教育』92巻1号　日本幼稚園協会　1993年1月

138　「子どもの遊びへの大人の関わり」『児童心理』47巻2号　金子書房　1993年2月

139　「再生の時間」『ファミータ』創童社　1993年4月

140　「保育史という基盤」『発達』14号　ミネルヴァ書房　1993年5月

141　「〈異文化性〉の復権」『情況』1993年6月

142　「〈小ささの発見〉と書き込まれたその〈意味〉―愛撫と虐待の両義性―」『imago』4巻6号　青土社　1993年6月

143　「発達研究によせて」『発達心理学ニュース』発達心理学会　1993年7月

144　「子どもの遊び文化の福祉的性格―その相互性を巡って―」『厚生』1993年12月

145　「猫の目から見た子ども」『幼児の教育』93巻2号　日本幼稚園協会　1994年2月

146　「制度化された乳房―乳母と権力―」『is』66号　ポーラ文化研究所　1994年12月

147　「少女現象―記号のだまし合い―」『imago』6巻4号　青土社　1995年4月

148　「〈物語〉としての世界把握―こどもにとっての文学―」『日本文学』44巻3号　日本文学協会　1995年3月

149　「〈新しい人よ眼ざめよ〉大江健三郎ふたたび」『幼児の教育』94巻3号　日本幼稚園協会

１９９５年３月

150　「〈無菌志向〉と失われた〈余裕〉」『情況』６巻４号　情況出版　１９９５年５月
151　「子どもへのまなざしと本の出現」『図書』５５２号　岩波書店　１９９５年６月
152　「子どもの権利条約を巡って」『ファミータ』創童社　１９９５年６月
153　「子どもにとって遊びとは？」『体育科教育』43巻８号　大修館書店　１９９５年７月
154　「〈女学生〉誕生」『女子高校生解体新書―別冊歴史評論』人物往来社　１９９５年８月
155　「子どもたちのいま」『みんなのスポーツ』17巻８号　全国体育指導委員連合機関誌　１９９５年８月
156　「フェミニティの世紀末」『国文学』40巻11号　學燈社　１９９５年９月
157　「子どもの遊びを考える」『児童心理』49巻13号　金子書房　１９９５年９月
158　「通過地帯―赤茶けた丘陵とオリーブの林と―」『ユリイカ』27巻11号　青土社　１９９５年10月
159　「飛躍する意識と救済のファンタジー」『週刊金曜日』　１９９５年10月
160　「表現の東西―こども―」『チャイム銀座』風工房　１９９５年10月
161　「笑わない子どもたち」『化粧文化』33号　ポーラ文化研究所　１９９５年10月
162　「子供と文化―変化する未来への展望―」『教育と情報』４５４号　文部科学省生涯学習政策局調査企画課
163　「国語教育と日本語教育」『国語教育研究』２８５号　日本国語教育学会　１９９６年１月
164　「教育学の課題―〈少女の文化〉」『ＡＥＲＡ　ＭＯＯＫ』13号　朝日新聞社　１９９６年３月
165　「異化する子どもたち」『月刊　国語教育』15巻13号　東京法令出版　１９９６年２月
166　「児童書の現在」『文化ジャーナル鹿児島』50号　文化ジャーナル鹿児島　１９９６年３月

167 「〈同じであること〉と〈同じでないこと〉―子どもにとっての夫婦別姓制―」『法律のひろば』49巻6号　ぎょうせい　1996年6月
168 「〈本〉と〈読むこと〉の変貌」『大学出版』31巻　大学出版　1996年10月
169 「いま、〈エンデ〉を読む」『月刊　まなぶ』450号　労働大学出版センター　1996年12月
170 「〈読書だけ〉の楽しみを探る」『教育と医学』45巻1号　慶応出版　1997年1月
171 「少年〈源氏〉の絵姿を追って」『源氏研究』2号　楡林書院　1997年3月
172 「マンガフェミニズム論」『AERA　MOOK』朝日新聞社　1997年4月
173 「〈児童の世紀〉を振り返る　その1」『幼児の教育』96巻5号　日本幼稚園協会　1997年5月
「〈児童の世紀〉を振り返る　その2」『幼児の教育』96巻7号　日本幼稚園協会　1997年7月
「〈児童の世紀〉を振り返る　その3」『幼児の教育』96巻9号　日本幼稚園協会　1997年9月
「〈児童の世紀〉を振り返る　その4」『幼児の教育』96巻11号　日本幼稚園協会　1997年11月
「〈児童の世紀〉を振り返る　その5」『幼児の教育』97巻1号　日本幼稚園協会　1998年1月
「〈児童の世紀〉を振り返る　その6」『幼児の教育』97巻3号　日本幼稚園協会　1998年3月
「〈児童の世紀〉を振り返る　その7」『幼児の教育』97巻5号　日本幼稚園協会　1998年5月
「〈児童の世紀〉を振り返る　その8」『幼児の教育』97巻7号　日本幼稚園協会　1998年7月
「〈児童の世紀〉を振り返る　その9」『幼児の教育』97巻9号　日本幼稚園協会　1998年9月
「〈児童の世紀〉を振り返る　その10」『幼児の教育』97巻11号　日本幼稚園協会　1998年11月
「〈児童の世紀〉を振り返る　その11」『幼児の教育』98巻1号　日本幼稚園協会　1999年1月
「〈児童の世紀〉を振り返る　その12」『幼児の教育』98巻3号　日本幼稚園協会　1999年3月

174 「〈児童の世紀〉を振り返る　その13」『幼児の教育』98巻5号　日本幼稚園協会　1999年5月
175 「〈児童の世紀〉を振り返る　その14」『幼児の教育』98巻7号　日本幼稚園協会　1999年7月
176 「〈児童の世紀〉を振り返る　その15」『幼児の教育』98巻9号　日本幼稚園協会　1999年9月
177 「〈児童の世紀〉を振り返る　その16」『幼児の教育』98巻11号　日本幼稚園協会　1999年11月
「〈児童の世紀〉を振り返る　その17」『幼児の教育』99巻1号　日本幼稚園協会　2000年1月
「〈児童の世紀〉を振り返る　その18」『幼児の教育』99巻3号　日本幼稚園協会　2000年3月
「20世紀の子どもの本―11冊―」『ユリイカ』青土社　1997年5月
「身体の行方」『教育展望』43巻8号　教育調査研究所　1997年9月
「少女たちの現在―情報と消費の過剰性のなかで―」『教育と文化』教育総研　1997年9月
「〈児童の世紀〉のパラドックス―あるゲットーの物語―」『ユリイカ』29巻12号　青土社
1997年9月
178 「対談　少年・少女の心にどう向き合うか」『総合教育技術』52巻11号　小学館　1997年10月
179 「中内敏夫氏とアリエス　ダブルショック」『機』8号　藤原書店　1998年1月
180 「インターネットと言葉の変貌」『国語教育研究』日本国語教育学会　1998年2月
181 「子ども―あらゆるニーズの代表者としての―」『エデュ・ケア』栄光出版　1998年4月
182 「ちびのミイ」『ユリイカ』30巻5号　青土社　1998年4月
183 「なぜ子どもは〈荒れる〉のか、なぜ？」『総合教育技術』53巻2号　小学館　1998年5月
184 「〈らしさ〉とは何か」『子ども文化フォーラム』明治図書　1998年6月
185 「〈少女〉と〈その身体〉」『性と生の教育』あゆみ書房　1998年7月

186　「モードのなかの女学生」『東京人』東京歴史文化財団　１９９８年７月
187　「〈コミュニケーション〉の現在」『日本語学』明治書院　１９９８年７月
188　「〈子ども論〉の行方」『教育ジャーナル』28巻６号　学習研究社　１９８９年８月
189　「闇に惹かれる子どもたち」『教育と文化』13号　教育総研　１９９８年10月
190　「〈おまけ〉と子どもの文化史」『別冊太陽　子どもの昭和史―〈おまけ〉と〈ふろく〉大図鑑―』
平凡社　１９９９年２月
191　「ただ傍らにいる人の意味」『教育展望』45巻３号　教育調査研究会　１９９９年４月
192　「大人巻き込み方法の探究」『子ども文化フォーラム』明治図書　１９９９年
193　「変貌する子ども世界の今」『子ども家庭福祉情報』15巻　１９９９年12月
194　「〈メディア世界の変貌〉と〈変貌する子ども世界〉」『視聴覚教育』53巻12号　日本視聴覚協会
１９９９年12月
195　「発掘される不遇の天才」『文藝別冊　金子みすず』河出書房新社　２０００年１月
196　「子どもの〈元気〉を考える」『児童心理』54巻４号　金子書房　２０００年３月
197　「子どもと分かち合う世界」『教育展望』46巻４号　教育調査研究会　２０００年５月
198　「エッセイを綴る女たち―〈書くこと〉と公認された私的空間―」『現代詩手帖』43巻５号　思潮社
２０００年５月
199　「消滅か？復権か？　その伴走の歴史」『日本児童文学』46巻４号　日本児童文学者協会
２０００年８月
200　「少子化への新視角」『社会保険』51巻10号　全国社会保険協会連合会　２０００年10月

201 「一人の教師としての津守真」『発達』88号　ミネルヴァ書房　2001年
202 「雑誌の運命〈幼児の教育〉創刊100巻記念に寄せて」『幼児の教育』100巻2号　日本幼稚園協会　2001年2月
203 「〈少女〉という制度の現在」『青少年問題』48巻3号　2001年3月
204 「女性学長座談会　リーダーシップを育てる」『女性展望』524号　2001年3月
205 「生命へのいとおしみ①」『キリスト教保育』385号　キリスト教保育連盟　2001年4月
　「生命へのいとおしみ②」『キリスト教保育』386号　キリスト教保育連盟　2001年5月
206 「少子社会の教育の課題」『初等教育資料』736号　文部科学省　2001年5月
207 「日本の顔：本田和子」『文藝春秋』79巻5号　2001年5月
208 「インタビュー：お茶の水女子大学　国際的に開かれた女性研究者の育成が使命―本田和子学長」『文部科学教育通信』30号　2001年6月25日
209 「競争と共生―キャンパスを支える二つの原理―」『大学と学生』440号　日本学生支援機構　2001年8月
210 「教育鼎談記録：子どもが開く21世紀」『教育展望』47巻10号　教育調査研究会　2001年11月
211 「変えるべきものと変えてはならないもの」『幼稚園じほう』29巻9号　2001年12月
212 「座談会：新しい学習指導要領について」『文部科学時報』1510号　文部科学省　2002年3月
213 「丘の上　アフガンの女子教育支援―単なる戦後処理に終わらせないために―」『三田評論』1044号　慶應義塾　2002年3月

214　「子どもたちの昨日・今日・明日①」『総合教育技術』小学館　2002年4月
「子どもたちの昨日・今日・明日②」『総合教育技術』小学館　2002年
「子どもたちの昨日・今日・明日③」『総合教育技術』小学館　2002年8月
215　「自立と依存」『学術情報』2003年
216　「コミュニケーションの新しい地平」『国語教育研究』2003年6月
217　「心の育みと豊かな暮らしの条件」『教育展望』49巻5号　教育調査研究会　2003年6月
218　「振り返る瞳に教師が大きく見えるとき」『道徳と特別活動』2003年8月
219　「新世紀の教育 ―子ども大人関係の再構築」『教育研修』31巻12号　教育開発研究所　2003年8月
220　「教育じろん―夢を育み夢を支える」『コミュニティ』132号　地域社会研究所　2003年11月
221　「〈家庭科〉の再構築を考える」『教科情報誌』創刊号　東京書籍　2004年3月
222　「男女共同参画と大学における課題」『大学と学生』473号　日本学生支援機構　2004年3月
223　「子どもは変わったか」『教育研究』初等教育研究会　2004年5月
224　「〈子ども―大人関係〉の昔と今」『GYROS』2号　2004年5月
225　「座談会　男女共同参画社会の将来像を語る」『共同参画21』内閣府　2004年9月
226　「対談　アフガニスタン女子教育の未来を語る」『国際交流』26巻3号　国際交流基金　2004年9月
227　「子ども―生命力の象徴―」『教育展望』50巻11号　教育調査研究会　2004年12月
228　「私の青少年問題―伸長し続ける現代の〈青少年期〉」『青少年問題』52巻1号　2005年1月
229　「ポップな〈少女〉の絵姿を追って」『国文学　解釈と鑑賞』至文堂　2005年1月

230 「異文化ではなく、文化を先取る者―〈子ども〉という時代の予兆―」『現代のエスプリ』457号　至文堂　2005年8月
231 「あさのあつこ〈ライトでライトなミステリー〉」『あさのあつこ完全読本』河出書房新社　2005年12月
232 「発達が〈老い〉と〈死〉を抱えるとき」『21世紀COE研究中間報告』2005年
233 「〈子どもの存在意義〉の確認のために」『幼児の教育』105巻1号　日本幼稚園協会　2006年1月
234 「長期化する人生の各ステージの位置づけ」『幼児の教育』105号4号　日本幼稚園協会　2006年4月
235 「創立130周年記念シンポジウム　お茶の水女子大学生活科学部のゆくえ：家政学から生活科学へ」における パネリスト提言「家政学部から生活科学部へ」『生活社会科学研究』13号　お茶の水女子大学生活科学研究会　2006年10月
236 「子ども・いのち・育ち」『1・2・3歳』赤ちゃんとママ社　2007年11月
237 「子どもにとって〈家族の変容〉とは？」『季刊　保育問題研究』232号　全国保育問題研究協議会　2008年8月
238 「〈動くアクセサリー〉と言われた時代」『TASC』393号　2008年9月
239 「〈幼児の教育〉誌の電子化・ネット化によせて」『幼児の教育』107巻9号　日本幼稚園協会　2008年9月
240 「講演記録　少子化時代における幼稚園、小学校教育」『総合研究』22号　高千穂大学総合研究所

２００８年

241「〈近代〉の子ども観・子ども政策の皮肉」『現代の理論』17号　２００８年

242「いま、〈子ども〉に託される〈夢〉とは?」『児童心理』64巻3号　金子書房　２０１０年2月

243「歴代編集主幹による〈幼児の教育〉にかけた思い②　倉橋惣三の遺産を継いで」『幼児の教育』１１０巻2号　日本幼稚園協会　２０１１年2月

244「東日本大震災と日本保育学会」『保育学研究』49巻2号　日本保育学会　２０１１年12月

245「少子化社会の家族愛」『ｍｙｂ』42号　２０１２年

246「講演記録　文字は人を殺す。ところで物語は?」『遊戯療法学研究』13巻1号　日本遊戯療法学会　２０１４年6月

附記

新聞・雑誌掲載の一般記事・エッセイ・ならびにインタビュー・対談・座談会などは省略した。また、他者の著作についての解説・月報類も省略した。本田和子先生は、本好きなことから数多くの図書紹介や書評をおこなっているが、これらについても省略している。

ラジオへの出演、テレビの放送大学や人間大学への出演もあるが、それらの記録、ならびに放送教材なども省略されている。

〈アルバム〉
本田和子先生と児童文化研究室の仲間たち

1988年

2016年

1973 年　お正月

1979 年

1979 年　舞々創刊号の合評会

1985 年　本田研究室

1985 年

1985 年　本田先生自宅

1987 年

1988 年

1992 年

1992 年　本田研究室

1988 年　舞々 10 周年記念パーティ

1993 年

2000 年　本田先生別荘（軽井沢）

第二部

舞々同人たちの仕事

1　児童文化研究室ならびに「舞々」の思い出

別館から始まった研究室

―「舞々」以前のお話―

大澤　啓子

一九七〇年四月、本田和子先生がお茶大に帰っていらした。

研究室は別館と呼ばれた本館の奥、今の理学部一号館あたりにあった古い平屋の木造校舎の中にあった。暗い校舎に入ると、演習室の奥に児童学科の助手さんがいらした児童学科の学科研があり、その隣が本田研、その奥には中文学科の先生の研究室もあった。

七一年四月からは当時大学院一年の増山民江さん（旧姓保川）が教務補佐員として研究室にいらした。別館は外見はおんぼろ校舎だったが、中に入り本田研の扉を開けると中央に赤と白のギンガムチェックのテーブルクロスのかかったテーブルがあり、壁際の本棚には国内外の名作絵本が並び、隣の学科研から漂ってくるコーヒーの香りに包まれたサロンのような小部屋があった。学生たちはこの部屋で絵本の世界に触れながら、お姉さんのような存在の本田先生を囲んで、恋愛やお見合いの話、家族の話、ファッションの話など女子会ばなしで盛り上がっていた。

この時私は四年生。本田研ではなかったのだが、本田ゼミにお邪魔して絵本について話を深めていた。ゼミでは持ち寄った絵本や児童書について想像力を働かせ深読みしたり、歴史や時代背景、他の作家の作品とつながりを探ったりと、これまではただ楽しい、かわいい、好き、と読んでいた本を深く掘り下げ、ますます好きになるような本の世界を学ばせてもらった記憶がある。本田研の四年生は五人、全員が幼稚園・保育園・小学校などの教職につき巣立っていった。唯一大学院に入学した武田京子さん（旧姓大沢）も大学院を休学して公立幼稚園の現場に就職された。

七二年四月、松村研だった私は、就職をためらっていたため、補佐員として本田研に残していただいた。新四年生は六人。この年のゼミの屋久島合宿は大きなイベントだった。現地集合・現地解散で、学科研の助手・松井としさんや津守研の四年生も誘っての拡大ゼミだった。もちろん勉強が目的ではあったと思うが、屋久杉を見に宮之浦岳に登ったり、熱帯魚の泳ぐ美しい透明な内海で、本田先生も水着に着替え学生たちと一緒に泳いだりという楽しい合宿だった。

この年には本田先生を頼って他大学の研究生も加わった。津田塾大学から二人、英米児童文学を学びにいらした梶原まゆみさん（旧姓有馬）と、ギターを抱えてふらっと現れる杉浦陽子さんだ。まじめで幼い印象のお茶大生にこのお二人は異文化の風を運んできてくれた。

また、ドイツ留学から帰国された院生のブッシュ孝子さん（旧姓服部）をお迎えしてドイツのお話を伺うという茶話会もあり、その際に孝子さんを追ってはるばるドイツからやって来たフィアンセのドイツ青年の存在に乙女たちは夢見るようなまなざしで話を聞き入っていた。

この学年は子ども達とともに過ごす保育・教育・福祉の現場に就職した人が多く、大学院に進学した人はいなかった。卒業と同時に結婚という人もいて、色々な人がいた学年だった。

この年最後のイベントは研究室の引っ越し。別館のおとぎの小部屋から本館三階へ。小さな研究室なので荷物はそれほど多くはなかったように思うが、運ぶのは業者に頼んだと記憶している。それでも引っ越しとなると荷作りや移転先の部屋の家具の配置など、先生もご苦労だったと思う。新しい研究室は本館三階、正面玄関のちょうど真上ぐらい、窓から正門に続く銀杏並木の見える部屋である。記憶があいまいだが、入るとすぐ図書室、隣にゼミ室、奥に本田先生のデスクがあった。

七三年四月。新しい部屋での本田研が始まった。私は幼稚園に就職が決まり、補佐員は新しい方に交代。院生がいなかったためか、津守研から中川芳子さん（旧姓奥村）が補佐員として本田研にいらした。その年の末に二度目の引っ越しがあったが、同じ三階のすぐ近くの部屋に移ったこともあり、私も手伝いに加わり女手ばかりの引っ越しとなった。作業が終わったころ松村康平先生からケーキの差し入れがあり、先生のお心遣いに感謝しながら皆でおいしくいただいた。

ここでようやく皆さんお馴染みの本田研に落ち着き、七五年には信州大からいらした院生の美谷島いく子さん（旧姓清水）が補佐員となられ、この部屋で「舞々」の活動が始まることになる。

本田研を通って、それぞれのナルニア国へ

武田　京子

本田先生がお茶大に着任された年に、私は、児童学科三年次に編入しました。その年、卒業研究に配属された学生はいませんでしたから、私たちが栄えある本田研の一回生になります。

当時、児童文学は現在のような研究対象としてメジャーではなく、編入後の必修単位の関係から、本田先生の授業をとることもなく、友人達から授業の内容を漏れ聞くことはありましたが、三年次の十二月頃まで卒業研究の対象として考えてもいませんでした。

ギシギシと床の鳴る別館二の奥まったところに本田研はありました。学科全体のお世話をして下さる芹沢さんのいるスペース、当時はとても珍しかったゼロックス・コピー機のスペースの横に本田先生のいらっしゃる部屋と学生のスペースがありました。学生スペースは窓もなく、長テーブルの両側にスチールの書棚が置かれ、カニ歩きで移動するような狭いところでしたが、大崎（大橋）さん、大野（山口）さん、長沢さん、穂積（椎名）さん、私の五人は、院生の増山さんがおめでたで学校には出てくることが少ないことをいいことに、自由気ままに時間を過ごしていました。毎週火曜日の午後がゼミだった記憶がありますが、おいしいお菓子と楽しいおしゃべりで時間が過ぎていきました。リリアン・スミスの児童文学論、ローズマリー・サ

トクリフ、リンドグレーン、エイリッヒ・ケストナー等の作品をみんなで読み、作品の読み取り方などを身に付けていったように思います。それまではストーリーの面白さばかりに目が行きがちでしたが、時代、国民性、宗教など読み取りの手がかりがたくさんあることを教えて頂き、児童文学の奥深さと子どものための文学であるからこそ要求される誠実さに、卒業研究のテーマに選んだことに間違いはなかった、と充実した日々を送ることが出来ました。

七、八月の夏休みには、研究室での小旅行も行いました。本田先生もご一緒の房総半島への旅（御宿？浜金谷）には私は就職活動のため参加できなかったのは、今思い出しても残念なことです。五人の研究テーマはそれぞれで、当時、津守研で行われていた現職研究会に参加していた大崎さんは、津守研の島田（浅野）さんと研究室を越えた共同研究をするなど自由度の高い研究をしていたと記憶しています。

上げ下げ窓のある、当時でもよく言えばクラシックな木造校舎の奥まったところで、私たちは本田先生に見守られながら、好きなテーマで、「ああでもない、こうでもない」と言いながら楽しみつつ苦しんでいたのでしょう。「私たちが帰ったら、リーピチープが出てくるに違いない」と長沢さんに言わせるほど、本田研は雰囲気のあるスペースで、少々薄暗いけれど安心できる格別の場所であったような気がします。本田先生のいらっしゃるスペースは区切っている扉を開けると、正面の上げ下げ窓から差し込む光は明るく、私たち五人にとっては別世界であって、ナルニア国を思わせるものであったような気がします。お茶大の本館や附属幼稚園にも共通している「ほの暗さ」は、初めは不気味な違和感を感じることもありますが、慣れれば心が落ち着き、包まれているような安心感が生まれます。本田研はナルニアのきょうだいたちが紛れ込んだ

「洋服ダンス」のような役割を果たしていたのではないか、という気がしています。

楽しかった本田研究室

吉岡　晶子

私たちの学年は昭和四十五年入学、指導教官は本田先生でした。先生がお茶大に赴任されての児童学科最初の学年です。本田研究室での日々を思い出すと、ゼミや卒論の相談をしていただいた部屋は本館正面三階の部屋、卒業の時は本館三階の左側の部屋、でもその他に床がギシギシいう木造校舎での映像も浮かびます。本田研究室にはいつもいろいろな人が集まっていました。学生、卒業生、研究生、お客様等々、誰が本田研のメンバーか分からないくらいでした。みんなが集うテーブルには先生が茗荷谷の小さなお花屋さんで買ってきたお花が飾ってあり、おしゃべりに花を咲かせ、お菓子を食べ、笑い声の絶えない部屋でした。「白ばら会」もそこから生まれたと思います。壽話題で盛り上がった時でした。選挙の時期だったのでしょうか、研究室のメンバーの写真を飾り、めでたく決まった人には赤いばら、まだ決まらない人には白いばらをつけましょうかとなり、未来への可能性に期待する人たちは「白ばら会」と命名されたと記憶しています。私も会員のひとりです。

楽しい語らいの場であった研究室は、たくさんの絵本や童話に囲まれた場でもありました。何冊も読み、私の絵本童話好きは本田研究室で始まったと思います。新卒で幼稚園の先生になった時、なにもできなくてあたふたする毎日でしたが、子どもたちに絵本を読んであげることが私の心の支えになっていました。

卒業して何年も経ってから児童学科を再訪した時、書棚の本の貸出カードに自分の名前を見つけ、「私はここにいたんだ」と、嬉しく感慨に浸ったことがあります。あのたくさんの本たちはいまどこにいるのでしょうか。

二年生の時、附属幼稚園の保育観察をして記録を提出するという機会がありました。観察の仕方、レポートの書き方については各自に任され、先生は全員のレポートについて講評してくださいました。他の人たちのレポートのついての講評を聞いているうちに、感想文のようなレポートを書いた私はだんだん肩身が狭く情けなくなってきましたが、先生は私のレポートから「見ようと思っていたのではないが、見えてきたこと」「見えてくること」を取り上げてコメントしてくださいました。自分でも意識していなかったことに「そうなんだ」と嬉しくなったこと、その情景までも覚えています。

先生が全員のそれぞれ異なる気付きを引き出されたこと、その鋭さに感動したこと忘れられません。同級生に聞いたらそれぞれ「私は……だった」と言ってくれることでしょう。

それぞれのもっているものに目を向け見つけ引き出すこと、長年保育の現場に関わった私の原点はあの日にあったのかも知れません。

本田研と『舞々』創刊

美谷島いく子

一九七三(昭和四十八)年四月、私は本田研の大学院生になった。部屋は、本館の三階の二部屋である。私は、大理石の正面玄関を入り、左手の木の香りのする柘植の階段を昇っていくのが好きであった。部屋は津守研の左隣で、西側の廊下からドアを開けて入ると、ゼミ室と奥に本田先生の部屋があった。私は、その奥の部屋の一隅に木の机と椅子を貰った。そこが、ありのままの私を受け入れてくれる居場所となった。院生は一人だけだったので、新宿の紀伊国屋で書物の探し方を教わったり、日本橋丸善の絵本展に行き、絵本を注文したり、銀座の懐石料理店やお寿司屋に連れていって貰った。五月のある日、本田先生が新聞の切り抜きを持って来て下さった。そこには、東京駅丸の内ビルにあるスウェーデン社会研究所でのスウェーデン語教室の開催が掲載されていた。「児童文学をやりたいのなら、英語とドイツ語の他に、新しい言葉を身に付けなさい。児童文学の作品を原書で読めたほうが良い。」との言葉だった。私は、六月から週二回二年間、その教室へ通った。それが二〇年後に、エルサ・ベスコフの絵本研究に繋がることになった。舞々一九号(一九八八年)の「小野寺百合子さんを悼む　幻の講演会」「小野寺百合子児童並びに児童文学年譜」に、また作品論「リーサとラッセ」になった。二〇一六年夏、NHKTVの終戦七〇年スペシャルで『百合子さんの絵本』の放映に先立って、遺族から案内状を頂戴した。

本田先生は、一九七三年五月に『児童文化』（光生館）を出版された。私は六月一日に、その『児童文化』を「──好きなことをパラパラと書いていたら、こんな本が出来ました。おひまなときにでも……」という言葉をそえて頂いた。

本田先生は、一九七三年七月から一九七五年三月まで、隔月で『子どもの館』（福音館の月刊誌）に「境界にたって」の連載を始められた。『児童文化』は、広範な隣接領域にまたがり境界を接するという理由から、院生は児童学や児童文学の他に、現象学、イメージ論、ユング心理学、民俗学（柳田國男・折口信夫）、文化人類学、神話学などの莫大な書物を読んだ。そこから学んで、自分のテーマとクロスさせて自分で考え、自分の言葉で表現することが課題となった。

ゼミは、毎週一回自発的に発表者を選び、当事者は自由に題目を決めて発表した。本田先生は鋭く厳しい反面、発表の新しい発見やオリジナリティーを評価して下さり、それを大切に育てようとして下さった。休み中のゼミの場所は、学生が決めることになっていた。私たちは、山口昌男先生の『中心と周縁』の影響を受けたからではないが、辺鄙な場所（能登、飛騨高山、岩手、長崎）を選んだ。本田先生は、どんなに遠くても文句ひとつ言わず、飛行機も使って駆けつけて下さった。

私が、本田研の教務補佐員となったのは、一九七五（昭和五十）年四月からであった。

この頃から月に一度、院生や他大学からの研究生が本田先生の武蔵境の家に、作品論を持って伺い、勉強会を行った。本田先生は、手料理を作って迎えて下さった。そこでの読み上げ会では、他者に学び、自分の考えを自分の言葉で表現することが求められた。本田先生も、原稿用紙何枚もの作品論を用意して、私たちと同じように読み上げられた。先生の軽やかで豊かな表現を前にすると、私の言葉は、重く余りに貧しいと思ったことか。それらが、幾つか溜まり発表の場を作りたいという願いから、『舞々』の発刊となった。

第一号発刊までは、初めてのことばかりで、編集会議を守衛さんに追い出されるまで、喧々諤々とやっていた。熱い思いで同人が編集会議をしている傍らで、創刊号の「はじめに」をわくわくしながら書いたことを覚えている。本田先生はいつもそばにいらして、私たちと一緒に帰られるのであるが、本館を出て銀杏並木を見上げるとオリオン座が瞬いていた。

一九七八（昭和五十三）年十二月一日に、同人八名（太田留美、笹川真理子、清水いく子、田村さと子、角能清美、雨宮裕子、高原典子、皆川美恵子）で『舞々』を創刊した。『舞々』は、本田研で幸運にも八名が偶然出会い、切磋琢磨したからこそ生まれた奇蹟であると思う。一九七九年四月一四日、『舞々』創刊号の合評会をお茶大児童学科和室で行った。参加者は、本田先生他十三名であった。

『児童文学』（昭和五十四年五月号）に『舞々』創刊号についての原昌氏による講評が掲載された。他に、『舞々』二号（一九七九年）について、谷本誠剛氏による批評が、『児童文学』に掲載された。石井桃子、藤田圭雄、続橋達雄氏からお祝いの手紙が届いた。

私は、一九七九年一月に結婚し、三月で本田研の職を辞した。

『舞々』に掲載したものは、今読み返してみれば、「習作」に過ぎない。蝸牛よりも遅い覚束ない歩みではあるが、本田先生や同人から学んだことを、今後私なりに深め、発展させてゆきたいと思っている。

本田研で、本田先生に贅沢な程に愛情深く育まれ、「舞々」を通して盟友に出会えたことは生涯の宝物である。私にとって、本田研にいた時間は、シュテファン・ツヴァイクの言葉をかりれば、「星の時間(Sternstunde)」である。Sternstundeとは、坦坦と流れ去る歴史の時間の中に、星のように光を放って照り輝く劇的で緊密な時間のことである。それが、小さな瞬きであろうとも……。

「舞々」誕生のころ

小川　清実

私は、大学院を修了後、四国の松山東雲学園女子短大に二年間勤務し、東京に戻ってきてすぐに、古巣のお茶の水女子大学の本田研究室（本田研）に顔を出した。いくつかの非常勤をしていたので、その合間に行ったのだと思う。研究室には、大学院生や研究生の方々が在籍し、なかなか賑わっていた。

「同人研究誌」を創ろうと、その頃の本田研のメンバーは意気盛んだった。皆、二十歳代半ばから後半の人たちだった。話し合いが熱中し、午後九時になると守衛さんから帰るようにたびたび促された。時間を厭わない若さと篤さがあった。本田先生が積極的に話し合いに参加されていた記憶はない。いつも、研究室のご自分の机で仕事をされていらした。本田先生の背中を見ながら、私たちはワイワイと相談していた。私たちがやりたいように、自由にできるように、という配慮がおありになったのだと思う。「費用は出す」というのが本田先生の唯一の発言であった。費用のことは心配しないで、私たちの研究を世に出させたいというお気持ちだったのかと思う。その当時は、児童文化に関する研究が世に出ることはあまりなかった。大学などに勤務していれば、大学の紀要などに発表する機会はあるが、皆、まだ若く、大学などに勤務している人はいなかった。研究途上にある私たちだった。本田先生に指導をいただくために本田研に在籍しているが、本田先生はこうしなさい、ああしなさいと、指示するタイプではない。私たち、一人一人の関心によって、研究テーマがあり、それを一緒に面白がってくださる方だ。一人一人のテーマは様々で、研究だけではなく、創作もあった。その発表の場としての「同人誌」立ち上げが目的だった。

「同人誌」の名前、表紙などの装丁、もちろん、内容など、すべてを皆で話し合い、決定し、担当した。創る喜びがあった。初代の編集長は、私となったが、私が、大学院修了者の一人であったからだと思う。一〇号までの表紙を飾った「舞々」の文字は、私が書いたものである。書道を趣味としていたことがきっかけで、メンバーから、さまざまな書体で書くように促され、いくつも書いた中から選ばれたものである。皆が満足してくれた感じを得て、私自身もうれしく思った。

印刷所から完成品が送られ、購入希望者に郵送するために袋詰めし、それらを郵便局まで運ぶという作業は、大変ではあったが、楽しい作業だった。車ではなくリヤカーに積んで、近所の郵便局に運んだのであった。郵便局で、封筒に別送の印を押す。一つ一つの作業が楽しかった。郵送だけではなく、本屋さんでも『舞々』

を置いてくださるところがあった。本屋さんに依頼しに行った同人には感謝であった。置いてくださる本屋さんが少しずつ増えた。そして、読者からの反響も楽しいものだった。多くの本田先生のファンが『舞々』を求め、読んでくださった。ファンの方々が、それぞれ、世に広めてくださった。ありがたい状況だった。

その中に、今は亡き山口昌男先生がいらした。山口先生はイラストを投稿してくださった。山口先生のような方が『舞々』のファンであったというのが、今に思えば、何と幸せな同人誌であったのかということがわかる。当時は、皆、若者であり、同人誌を作ること自体が面白く、印刷代程度の料金ではあったが、よく売れて、残部があまりないということも当然のように考えていたのだ。まさに「若気の至り」であった。内容の水準を考えると、一年に一冊というペースがベストと考えた。発表するものが多くあれば、どんどん同人誌を世に出せるが、手持ちの研究や創作等があまりないので、一年に一冊という、まさに「まいまい」の歩みであった。

『舞々一号』発刊後は、同人の美谷島さん（旧姓清水さん）が結婚された。そして『舞々二号』後は、私が結婚となった。毎年、発刊後に結婚する同人がいるかもしれないと冗談もでた。『舞々三号』から、このジンクスが守られたかどうかは定かではない。『舞々』は、本田研に在籍する院生と研究生たちで細々とではあるが継続した。同人誌の宿命とでも言うのか、世話する人がいなければ発刊は厳しい。同人のメンバーは、それぞれ家庭を持ったり、正規の仕事についたりと、忙しくなった。自然に遠のいて行った。

『舞々』誕生から三八年。私も二〇一七年三月で、現在の職場は定年退職となる。時間がかかる研究はこれから！と考えている。

本田先生との学部時代

草信　和世

私は本田先生に家政学部児童学科の学部生の時にご指導を頂いた。その当時先生は『子どもたちのいる宇宙』を世に出され、時の人であった。また先生は同人誌『舞々』を刊行され、研究者養成にもお力を発揮していらっしゃる頃であった。このような華やかな表舞台を切り盛りなさる中、学部では地道にしかし確実に学生への教育を行う先生の姿があった。

このような時にご指導を頂いた周縁に位置する一学生の視点から、先生の隅々にまで届いていた教育の有り様の一端を描き出す試みに着手してみたい。細かなところでは記憶違いもあるかと思うが、あくまで私個人の印象を中心に語ってみたいと思う。

私は一通の手紙を通して児童学科と出会った。当時私は、地方から上京し大学生活を送る予定であり、これからの生活を楽しみとすると共に不安で一杯であった。そのような私に、児童学科の先輩は手紙を通して、「私たちはあなたを待っていますよ」と語りかけて下さったのである。震える位嬉しかった。そして安心と同時に、すばらしい人との出会いの期待に心が躍った。もしかしたら私も先輩のような人になれるかもしれない、いやなりたいと強く思ったのである。このような企画を実現するのは、学生だけでは難しい。当時助教授であられた先生の密かな心遣いがあったのではないかと推察されるのである。

先生との直接的な出会いは入学式後の集まりであった。私は学生寮に引っ越し、あたふたと慣れないスーツを着て、緊張しながら入学式に参加した。そして式の後、重厚な木の階段をぎしぎしと鳴らしながら登って、広く丸い舞台のある空間に入った。そこに椅子はなく、先生・保護者・新入生の全員が丸くなって立った。私は大学の先生という偉い方が、学生と同じ場に同じように立って接して下さることに驚き、と同時にとても嬉しかった。そして、先生の柔らかな雰囲気とリラックスした振る舞いがその場を暖めていた。私は大いに励まされ、これからの抱負を話すことができたのである。この時、先生は人を尊重し受け止めるということを、身をもって新入生に示して下さったと思う。ここは極めて児童学的な場であり、先生はその姿ですでに新入生を児童学科に招き入れて下さっていたのである。

「児童学演習」から専門の勉強は始まった。これは児童学科の先生方によるオムニバスの講義であり、学生にそれぞれの専門領域を持つ先生方との接近遭遇をもたらすものであった。先生は小柄な身体を素敵な洋服でつつんで、軽やかに学生の前に立たれ、少し首を回すようにかしげながら「本田でございます」とおっしゃった。かわいらしい高い声だった。私は先生の雰囲気に包まれて、一瞬のうちに違う世界に連れて行かれた気持ちがした。それに続く講義も、今まで味わったことのない次元のものであり、高校とは全く質のちがう時間に魅了されてしまった。大学とはすごいところであり、このような場に居て良いと言って下さったのだと思って、改めて嬉しくなった。

それに続く先生の「児童文化」という講義は、毎年内容が変わる意欲的なものであった。私は毎回圧倒されつつ、必死で理解を進めるべく参加するのが常であった。先生はその連続する講義の一コマでモーリス・センダックを取り上げ、幼い子どもの世界について講義して下さった。と同時に『かいじゅうたちのいるところ』の一部を読み聞かせて下さったのである。先生は軽やかな声で語り、ひらりとページをめくられた。それは絵本を読んでもらうという、実に幸せな時間だった。私は随分長い間忘れていた、絵本が大好きだった幼い頃の自分を、隣に呼び戻したように感じたのであった。

その頃、児童学科の学生は、他学科の学生に「児童学科の人は他の学科の人とは違う。見ただけで児童学科だと分かる」と言われていた。同級生をみても、屈託なく人と接し、明るく、そして何より自分で在ることに自信をもっていたと思える。私も自分を信頼し、自分で在ることを大切に出来るようになっていっていた。それは何より、先生に一人の人として尊重されていると思えていたからだと思う。この自己信頼感は他者へも向けられ、児童学科の学生は互いを尊重し合う関係性を築いていったのである。

三年生になり、憧れの先生のゼミに入れて頂いた。研究室の入り口は、重い木の扉であり、開くとカランと鈴《ベル》が鳴って、学生たちを招き入れてくれた。そこには絵本をはじめとして、数多くの書籍が整然と並んでいた。その奥には衝立をはさんで、テーブルと何脚かのいすがあり、ゼミの先輩方がいらっしゃった。そして更にもう一枚の衝立の奥に、先生は座っておられたのである。衝立は境界を築き、その奥の一角は日常とは質の違う時間が流れる場所だった。ゼミは週に一コマだったが、とにかく緊張した。衝立の向こうから、先生が出て来て下さると、その緊張はピークに達した。私は先生のピンクの華奢なお湯のみに癒されながら、やっと座っているという様子だった。

このように始まったゼミであるが、ゼミ生は先生に励まされ、自分の世界を探索できるようになっていった。そして自分を他者に開示したうえで、自分の世界に没頭できるようになっていったのである。時に先生が「面白い」などと言って下さると、ゼミ生は天にも登る気持ちとなり、もっともっと頑張れるのであった。

卒業研究は学部生にとって意味のあるものであることが望ましいという認識を先生が持っていらっしゃったことを知るのは、卒業後遥か後のことであった。当時この先生の思いの中で卒業研究に取り組ませて頂いていたゼミ生は、疑うことなく自身を表すことに邁進した。私は論文である必要があるとさえ思わず、表現する形式についても検討した。その結果、私は脚本のような表現をしたいと考えた。幼い考えであったが、先生はお許し下さった。加えてその内容を伝えるためには、劇による表現が適当と考えた。私はゼミ生の協力を得て、卒業研究発表会でパントマイムを演じた。前代未聞の発表であった。しかし先生はこれも「面白かったわ」と受け止めて下さったのである。心底ありがたかった。

そして、先生の言葉は更に私を後押しした。先生が「面白い」と思われることは、現代において取り組む意味のあることであると考えていた私は、この興味をもっと深めてみようと思った。そして身体ごとすっぽりと自分自身が子どもの世界に入って、子どもをそして保育を内側から感じてみようと思ったのである。

卒業式には、長い袴に草履姿の同級生の中で短い袴にブーツ姿の私に、「はいからさんね」と先生は笑いかけて下さった。また嬉しかった。卒業後、大学と縁のある幼稚園に勤めさせて頂いたが、しどろもどろで保育をする様子をそっと見に来て下さったのも、涙が出るほど嬉しかった。保育室の入り口に寄り添うようにしてそっと見ていて下さったその姿を、今もはっきりと思い出すことができる。卒業しても見守って下さる先生に、感謝の思いで一杯だった。

　私は学部時代に先生にご指導を頂き、一人の人として自分を生きる基盤を構築して頂いた。そしてこの基盤こそが、卒業後の私を支えてきたと感じている。

　現在私は大学の教員をさせて頂いている。大学で仕事をする時、私の中にはいつも先生の姿がある。あらゆる場面で先生はこのようにして下さったと思い出し、嬉しかった学生の時の気持ちを思い返している。先生のように学生にしてあげられないかと思い、してみようとするが大抵力不足である。十分の一、百分の一でも実現出来るよう努力することが、せめて私にできることである。しかし、人として尊重され受け止め受け入れられて育てられた学部時代の体験を学生に手渡し、保育者としての基盤を構築する援助がしたいという思いは確かである。児童学徒の一人としてご指導を頂さ育んで頂いた力を、次の世代に手渡していけるよう、微力ながらあらゆる場面で努めていこうと思っている。


　周縁に位置した学生も、先生はこのように教え育てて下さった。他の学生においては言わずもがなである。私の所属する昭和五十六年児童学科卒業生は、卒業後毎年のように同窓会を開き、何でも相談できる心強い集団となっている。このように、学部時代に頂いたご指導は、それぞれの学生の中で育ち更に確かになって、今もかつての学生達を導き続けているのである。

本田研究室！

上野　泰子

思い出すと笑ってしまう。本田先生のお顔を見るなり、森下さんが「先生、雨宮さんたらひどいんですよ～～」と、いかにも情けなさそうな声で訴えるのだ。「あらあら、なあに？」「研究室にやっと新しいポットが来たことがうれしくて、私、雨宮さんに『ねえねえ、なにか気づくことない？』と聞いたんです。雨宮さん、いっしょうけんめい探したあげくに、『そういえば冷蔵庫にキズがついてる！』なんて……！」「ホホホホ、あらあら、まあ～」

私が大学院に入学し、学部の時と同じ本田和子先生の研究室に所属したのは昭和五七年～六十年の三年間である。その頃、先生はすでに「少女論」によって各界から注目されておられ、魅力的な考察の切り口に惹きつけられて、お茶大の内外から多くの学生が研究室に集まっていた。後年先生の業績を踏襲しつつ深めていかれるキラ星のような先輩や後輩が頻繁に出入りされていた時期でもあった。また、五八年度にはゼミの中で『〈子供〉の誕生』（フィリップ・アリエス 一九八〇年）が取り上げられ、全員で各章を分担して読んだ記憶がある。大人の未熟型としてではない、独自の実在として発見された〈子ども〉。難解な部分もゼミの中で意見を交わしあうことでこなれ、生き生きと理解できた……はずだ。

それなのに今の私ときたら、本田研究室のことで思い出すのは、冒頭のような他愛もないことばかりである。中心に本田先生がおられ、群れるように私たち学生がいる。本田先生を知る人なら誰もが印象づけられる、高くて良く通るお声が聞こえる。赤いお洋服がお好きで、またよくお似合いであった。少しお年を重ねられると臙脂《えんじ》系が多くなったろうか。さらさらのお髪を全部白髪になったらされいな紫に染めてみたいわ、とおっしゃったこともある。本田研究室は本田先生を囲んだ、それこそ「少女性」を大事に留めたサロンのような雰囲気があった。学生に交じって、津守真先生がにこにこと笑って座っていらっしゃることもあった。

先生の上用賀のマンションのお宅にも何度かお邪魔させていただいたことがあるが、あるときストームのように大勢でおしかけ、今でいうサプライズで「教授就任祝賀会」を開いたことがある。先生は内心どんなにご迷惑だったろうかと、今なら想像できるのであるが、当時は先生をびっくりおさせしたいといういたずら気分の方が勝っていて、私もお赤飯を重箱につめて持参したものだ。そんな時も先生は「まあ！誰か一人くらいは漏らしてくださったらいいのに！」とはおっしゃりながら、キッチンの戸棚から何枚もお皿を出してくださった。その夜のパーティは九時過ぎてもお開きにならなかったと思う。

時は三十五年ほども流れて、紆余曲折の果てに、現在私が働いているのは、おもに心理臨床、教育相談と言われている分野である。児童文学や絵本を直接扱うことはほとんどないが、勤務している相談室の壁にはいつも、本田先生が授業で紹介してくださった絵本の『てぶくろ』、『かいじゅうたちのいるところ』、『ぐりとぐら』などの絵はがきをパウチして飾ってある。訪れる子どもたちが気づいて指さし、「これ好きなの？」

と聞いてくれることもあり、「見ていると落ち着くのよ」と返す。私はまずまず自分がなりたいものになれているのかもしれない、と思えるのはそんな瞬間である。

内田樹氏が師弟論で語って曰く（二〇一六年伊藤良子氏との対談）「師弟関係とは先生が何かを教えてくれるというものではなく、弟子の方が勝手にこうアドバイスを受けたと思い込んで自己造形していくものだ、だからエンドレスである。大切なものを習っているというスキームの中にいることで支えられ、自助努力していくものだ」。

サロンのような親しい雰囲気の研究室の中であっても、本田先生は素晴らしい記憶力と本質を見抜く直観力によって学生一人ひとりとそのようなスキームのある関係を結んでくださったと思い至る。それがどれほどの僥倖で有難いことであるか、年を重ねるほど身に沁みてくる。私など本田研究室の辺境にいた不肖の弟子の一人に過ぎないのに、今でもお会いすれば「あら、あなたはずいぶん久しぶりね」と無沙汰を責めてくださる。そのお一言で時空が消え、「ちゃんと自分の課題から逃げないでいますか？」と、先生の声で内なる叱咤激励が聞こえてくるのだ。

本田研究室の扉

増田真理子

私は、中学・高校の六年間、女子だけのミッションスクールに通っていたので、できれば大学は男女共学のところに通いたいと思っていた。しかし、受かったのは、女子大学だけだった。これも、自分の運命だと思い、お茶大の児童学科に入学した。

そして、本田先生の授業を受けた時、先生が紹介して下さる絵本や児童文学の魅力に、すっかり夢中になり、本田研に足繁く通ったことを覚えている。大人になってから出会った絵本や児童文学書がたくさん本棚に並んでいる本田研の扉をあけると、そこには、いつも、にっこりと微笑んでいる本田先生、助手さんがいらっしゃり、学生達と気さくにお話をして下さった。

本田研でのおしゃべりが、どんなに楽しくて居心地のいい時間であったか、説明するのは難しいが、私の大学の思い出が、まるでファンタジーのように思えてしかたがない。先生の授業で心に残っている絵本、ウィリアムズの『しろいうさぎとくろいうさぎ』、センダックの『かいじゅうたちのいるところ』、エッツの『わたしとあそんで』は、今でも、間違いなく私の大好きな絵本になっている。

卒業後、結婚して子育てをしている時も、本田研で出会った絵本を二人の娘によく読み聞かせていた。

そして、私の学生時代でもうひとつ、魅力的な出来事は、大学の中での子ども達との出会いだった。

子どもと遊ぶのが大好きだった私は、要助児研究会（松村研）と、乳幼児研究会（黒田研）に参加して、障害を持っている子ども達や、小さな乳幼児とお母さん達から、多くのことを学ばせていただいた。精神年齢が幼く、夢見がちな学生だった私にとって、大学の中の保育に参加することができたことは、とても貴重な経験だったと思う。そして、お二人の先生は、未熟な学生達の保育を温かく見守って下さった。大学の中にあるプレイルームは、トンネルや大型遊具があり、子ども達が遊びやすい環境で、とても恵まれていた。

私は、乳幼児研での一年間の保育がきっかけで、本田先生のご指導のもと、乳幼児絵本についての卒論を書くことができた。早いもので、卒業してから四十年になる。

ところで、長女が幼稚園に入園した時、自分の時間ができたので、コミュニティカレッジで、寺村輝夫さんの創作童話クラスに参加した。『ぼくは王様』の創作エピソードや、通いつめているアフリカの話や、寺村さんがお料理の達人であることを知った。この童話クラスがきっかけで、舞々の第一回目の勉強会の講師として、寺村さんが、お茶大にいらして下さった。私が書いた作品は、真面目で面白くないという厳しいご指導を受けたが、寺村さんは、とても魅力的な王様だったと記憶している。

さて、還暦を過ぎた今でも、本田研の先輩と、幼稚園の未就園児保育に関わらせてもらっている。クラスの若い親子は、私の娘と孫の年齢になっている。おばあちゃん先生である。

なんとか、保育を続けていられるのは、本田研の扉のむこうでの幸せな思い出のおかげだと、心から感謝している。

本田先生の簡易着物

矢崎　淳子

二歳の孫を膝に乗せて絵本『あおくんときいろちゃん』を読んでいた時のことです。

あおくんときいろちゃんが出会い嬉しくなってみどりになってしまうところで、孫は嬉しそうに笑いました。四十数年前に本田先生の講義でこの絵本が紹介された時の私たち学生の反応とそっくり同じです。そうよね、お友達と仲良くなるって嬉しいね、笑っちゃうね。青と黄色が仲良くなって緑になるなんて、誰もが感覚的にぱっと分かる、すごい絵本だなあと感動したものです。人との関係性という深い内容を楽しく伝える絵本の世界の発見が、私の背中を押して本田研に入れて頂いたように思います。

入ってみたら、なんと本田先生ご自身が、人と人との間に重なり合う美しい色彩の色を作られる方だったのです。未熟な学生の思いつきを否定することなく、かすかに光る微量粒子みたいなものを掬い取り、先生の言葉と混ぜ合わせると、光量が増すような気がしました。雑談のおしゃべりから卒論ゼミまで、とにかく楽しい、皆、延々としゃべったものです。おしゃべりって、会話って芸術じゃないかしら、なにか価値のあるものに違いないという漠然とした確信が残りました。

こども臨床の仕事に携わって長年になりますが、私は未だに誰かと関わって、あおくんときいろちゃんのように、間に緑色を作ることに没頭しています。統計やテスト分析ばかりの心理職と違うと密かに自負するのはこういうところです。目の輝きや一瞬の光るものにフォーカスしたくなるのは、やはり本田研の影響が大きいのでしょう。

さて、数人で本田先生の用賀のご自宅に遊びに伺ったことがありました。先生は着物姿でした。「こんな風になってるの。ホホホ」いたずらっぽい笑顔で、お召しになった簡易着物というのでしょうか、上下に分かれた着物をめくって説明されました。それから巨峰を出してもてなして下さいました。当時まだ高級品の巨峰が一粒ずつ半分に切られ種を除かれて、お皿にずらり並べられていました。先生って高価な着物もためらいなく半分に切って着やすくしてしまうし、高価な巨峰も半分に切って食べやすくしてしまうんだなあと思ったのでしょう。おしゃべりの内容はひとつも覚えていないのに、着物と巨峰だけは覚えているのです。当時私の周りでは、そんな斬新なことをする女性は居なかったのです。母は着るのが面倒と言いながら着物を後生大事に箪笥にしまいこみ、巨峰は手が汚れるけれど、指で種をかき出すものでした。私は先生の合理性と軽やかさに深く感じるものがあったのでしょう。もしかしたら私も、にこにこ笑いながら、ぴょんとどんな垣根も飛び越えていけるんじゃないかしらとそう夢想したのかもしれません。

言葉と表現、背後にあるその人のあり様、そこから何を共に生み出せるか、という人と出会う醍醐味はいくつもいくつも本田研での日々から頂いたように思います。懐かしい日々にこころから感謝しています。

「舞々」

―〈少年狩り〉と〈下剋上〉の時代―

森下みさ子

何やら波乱に満ちたタイトルをつけたが、裏を返せば、この時代は本田先生の著書が毎年産まれ、産まれると必ず各紙で取り上げられ話題になり、その恩恵にあずかって『舞々』もちょっと持ち上げられ、疾走する当時の思想の輝きを反射することのできた、いわば黄金期である。一九八一年から一九八四年まで本田研の教務補佐員をつとめ、その後も数年『舞々』の編集に携わったこともあって、この時代を語るお役目をいただいた。

私が大学院に入った一九八一年、その前々年に『舞々』一号は創刊されていた。短大で教鞭を取り始めた先輩、修士課程を終えた先輩、他大学から勉強に来た先輩など、本田先生を慕って集まったお姉様たちが、「雑談」という有効な方法を取り入れつつ勉強会を重ね、「わたしたちの考え」を「わたしたちの言葉」にするための冊子を誕生させて間もないころで、大学院生は私一人とはいえ、本田研は何かが産まれつつある活気に満ちていた。

ワープロもコピーも普及していない当時、「舞々」の勉強会では、それぞれが手書きの下書き原稿を持ち寄り、順番に「読み上げる」形をとっていた。今思い返すと、おそろしくアナログな方法だが、もしかしたら、これが私たちの思考や言葉を鍛えるのに役に立っていたのかもしれない。読み合わせの日の明け方まで、下書き用の原稿用紙に、心から溢れ頭から絞り出した「わたしの考え」が手を伝わって「わたしの言葉」になるように、祈るような思いで字を書き込んでいたのを思い出す。そんなに一生懸命に綴っても、みんなの前で読み上げてみると言葉が続かず、手厳しい指摘を受けることもあった。そんなとき本田先生は決して易々と助けてはくださらないのだが、「わたしの考え」とずれた指摘がなされた場合は、「これは、○○さんの考えなのだから」と、何よりもその人の考えがその人の言葉として表出されるように留意してくださった。ただ、卒論ゼミや修論の指導とは違って、「舞々」の勉強会の場合、本田先生は「わたしたち」の輪の中にいらして、ご自分でも原稿を用意されて読み上げてみんなの感想を聴くという「同人」の一人でもあったのだ。もちろん、一番鋭い指摘をし、各自のモチベーションを下げないようなみごとなフォローをし、一番完成度の高い原稿を読み上げて、その年にはそれを一部に組み込んだ著書が誕生するという、ケタ外れの「超同人」ではあったけれど……。

本田先生のご本が相次いで出版される中、先生が巧みに紹介してくださったおかげで、『舞々』に目を留めて評価し応援してくださる思想界の歴々も現れた。山口昌男、中村雄二郎、網野喜彦、多木浩二、立川昭二（以下敬称略）。振り返ると私たちの拙い歩みを見守ってくださった、それぞれの分野で頂点に輝く方々のお名前が浮かんでくる。さらに、本田先生のラブレターが功を奏したにちがいないが、「歴々」の中から私たちの勉強会に話しにきてくださる方もいらした。前田愛、阿部謹也、宮田登、横井清、河合雅雄、小澤俊夫、寺村輝夫……と、これもまた各分野で輝くキラ星のような方たちである。そして、この方々に加わるのが、私たち同人により近い年齢の新進気鋭の研究者たち、中沢新一、川本三郎、小松和彦、松岡心平、渡辺公三、吉見俊哉、今福龍太らであった。当時は「超新星」のごとく輝き始めたばかりの人たちが、今まさに取り組んでいる最先端の研究を、私たちにもわかるようにいさいきとレクチャーしてくださった。今は知らない人はいない著名人ばかりであるが、当時は今後が期待される若手研究者に早々と目をつけて講師にお招きしていたので、山口先生からは本田研の「少年狩り」という（たぶん……）褒め言葉をいただいた。

私がこれらの方々に共通して感じるのは、それぞれに鋭く深い研究をなさっていながら、「舞々」というささやかな「わたしたちの思考と表現の場」を大切に思ってくださっていたことである。「木を見ると、木よりも高い空が見える」ように、導かれて見上げた私たちの視線は、はるかに広大な思想の宇宙を垣間見ることができた。けれど、それでもなお「わたしが覚えた新しいうた」を歌うこと、「わたし自身の声」を響かせることの意味を教えていただいた気がする。それは、本田先生が常に私たちに注いでくださったまなざしと重なるものだった。

さて、院生一人で始まった贅沢な時間、気がつくと「かわいい」後輩が増え、「舞々」の同人名簿も三段組みでも収まらないほどになっていた。お姉様たちは、それぞれに活躍の場を得て旅立ち、いよいよ私が長姉として後輩をかわいがる時を迎えた……と思った矢先、何がどうしてどうなったのかわからないまま、本田研は「下剋上」の時代に突入していた。元気な後輩が一挙に増えたせいだろうか、みんな姓だけで呼び捨てにする平等方式が用いられ、「森下はお茶を入れるのがうまい」という評価を真に受けた私が、常に後輩にも「おいしいお茶」を入れてあげるようになっていた。とはいうものの、先生を巻き込んで三回に一回は食事会を挟んで続けられたゼミでは、アリエスの『〈子供〉の誕生』をはじめとする心性史研究を読み、江戸の『子育ての書』や柳田国男の著作を読み、〈子ども〉関連や児童文学に関する評論も次々と読んでいった。留学生や修論に取り組む人などのテーマに合わせて、一人では読み切れないような本を一緒に読みこなしていったことは、今思うと、各自の研究領域を広い視野から見直す良い機会になったと思う。時には、軽井沢で合宿までして最後の仕上げを行った。ようやく読み終えた深夜に、打ち上げに「大富豪」（トランプ）をして、たいてい私が大貧民で終わっていたけれど……。そんな日の翌日は、軽井沢の別荘で優雅に過ごしていらした本田先生がわざわざ来てくださって、リッチなお昼をご馳走してくださった。

今思い返してみると、「少年狩り」も「下剋上」も含めて、言い表せないほど贅沢な時間を過ごさせてもらったことに気づく。「真の贅沢というものは、ただ一つしかない、それは人間関係の贅沢だ。」（『人間の土地』）というサン・テグジュペリの言葉は、本田研と「舞々」の扉を開く銀の鍵となって、私の心に大切にしまわれている。

懐かしい日々を思い出す時

中村はる美

私が本田先生の研究室で過ごしたのは、学部四年生だった一九八二（昭和五七）年からの五年間。それは、私の人生の中で、特別な輝きをもって思い出される日々であり、貴重な経験に恵まれた時代だった。

本館三階の児童文化研究室での情景として真っ先に浮かび上がるのは、多くの作品がぎっしりと並べられた整然とした本棚の向こう側で、皆で大きなテーブルを囲み、いろいろな意見を軽やかに交わした、あのざわざわとした時空に他ならない。文化人類学に民俗学や歴史、映画に音楽、もちろん文学も……。話題として取り上げられる領域も時代も多岐にわたり、私にとって目新しいことの連続で、飛び交う会話に右往左往しながらも、どれほど刺激的であったことか。「知」の大きな転換点とも言える、時代の動きをしなやかに感じとった思考の交錯する中に私はいた。

研究室での五年間は、私の漠然とした卒論のテーマから始まった。作品の主題と描かれる場の関連性、その風景で語られる必然性、そんなことに興味があり、児童文学の作品を取り上げ、何とか卒論に仕上げた。作品を全体として慈しみ愛している方に耐え難い苦痛を与えるほどに、思うことを伝えきれない拙い表現だったかも知れないが、書き終えてなお「作品に風景や空間という視点で向かい合うことで何かが見えてくる」という思いは、私の中で消えることはなかった。

そんな時期は、ちょうど浅田彰氏の『構造と力』、中沢新一氏の『チベットのモーツァルト』が出版された一九八三年と重なる。研究室では、新しい波を楽しむように、様々な論が紹介され、考えが発せられ、やがて、私のもやもやとしたテーマも、渦に引き込まれるように一気に現代思想の海原へと導かれた。作品をテキストとして位置づけるとは？ 記号論とは？ 都市論とは？ 等々、知識の欠乏で溺れそうな混沌とした状況だった。ただ、それでも、仲間の一言を機に、持ち続けたテーマに思いを巡らすことは、苦しいながらも楽しかった。

ほどなく、卒論のテーマが新たな展開へと向かい出した流れは、一九八四年五月、八王子セミナーハウスで行われた、山口昌男氏の呼びかけで企画された記号論のセミナーにつながる。浅田氏、中沢氏はもちろん、正に「知」の最前線の方々を迎え、若手研究者の卵の大学生たちが泊りがけで論じ合った熱い時間。そこに私も参加した。随分と背伸びをして理解しようとしていたこと、整理できない事柄を抱えつつも、何とも高ぶる気持ちであったことは、今も忘れていない。捉える対象の領域の違いを超えて、捉える手法の力に魅せられていた。

その後、本田研究室のメンバーとして、さらに他大学のゼミや研究会にも参加させていただいた。

どれほど恵まれた境遇であったことか……。「考える」関わりを持った遥かな記憶が、ささやかな一歩で停止したままの、三十年を経た雑多な日常の礎にある。

本田研究室で過ごした時間

金子　省子

私が本田研究室の補佐員をさせていただいたのは、修士修了後一九八五年の春に四国の大学に就職をする前までの一年間である。

黒田淑子先生の研究室で乳幼児研や集団研の実践に参加し、母子の小集団活動で卒論をまとめ進学した私は、松村康平先生門下のお二人の先生のご理解で、修士の途中からゼミを移動させていただくことになった。本田先生の大学院の授業で、近世の子育ての書や社会史研究に触れて、養育に関する歴史研究に強く惹かれるようになったからである。

あの時、本田先生のお宅に御相談にお邪魔し、あれこれとおしゃべりをさせていただいたこと、ミーハーな私の話に合わせて下さって、先生と新旧アイドルの話などもした記憶がある。今でも先生が入れて下さった洋酒を入れたココアのことを覚えている。修士課程途中からの研究室移動は地方出身の自分としては大きな決断で、とても不安だった。受け入れていただけるということで緊張から一気に安心したのだと思う。

実際二つの研究室のカラーはずいぶんと異なっており、また私自身はフェミニズムの研究会で活動するなど、卒論から本田研の先輩方や後輩と異質な面がかなりあったのではないかと思う。でもそういう学生でも、居心地良く居させていただけたのが本田研究室の懐の深さだったのだと今思う。短い期間ではあったが、先生の御講義の内容が著作として刊行されていくその完成度の高さを知ったこと、ニューアカデミズムの研究者との交流の場への参加など、刺激的でかけがえのない時間を過ごさせていただいた。

補佐員としては、気が利かず、お役に立てたとは到底思えないのだが、先輩方と先生の会話を聞いているのも楽しかった。本田研究室にアイドルのコンサート応募のため、シールつきのお菓子を持ち込むなど、今思うととんでもない教務補佐員だったと思う。先生は学生たちのとりとめない話に、きれいな声で笑いながら楽しそうにされていたけれど。

自身が大学で教えるようになり、いろいろな個性の学生との出会いがある。ただ、それを楽しみ、学生の個性も生かすという本田先生のようなかかわりは、何年たってもとても難しい。むしろ年齢を重ねるとともに、「今どきの学生は」と言ってしまうところが出てくる。先生を思い起こすたび、反省するところである。

『舞々』には、歌舞伎の中の乳母のこと、それから日本の昔話のジェンダーについて書かせていただいた。養育とジェンダーについての問題関心としては一貫しているつもり（進歩がないだけかもしれない）だが、研究手法としては、本田研究室の軽やかさからは、大きく離れてしまっている。それでも、お茶大での拠り所はあの研究室で過ごした時間だと今でも思っている。

舞々に寄せて

渋谷　真樹

●末っ子

私は、本田研の末っ子だ。だけど、ちっとも末っ子らしくない。背は誰よりも高いし、声だって低い。なにより、ほとんど甘えない。泣いたりなんて、ましてしない。

すぐ上のお姉さま方は、よく先生に甘えていた。いいなぁ、と私は思っていた。困ったとかたいへんだとか、お姉さま方はよく、先生に相談していた。時々、泣きそうになっている人もいた。いいなぁ、と私は思っていた。だって、私は甘えないから。泣いたりなんて、ましてしないから。

私は、先生がとても好きだ。けれど、好きな素振りは、あまり見せない。たぶん私は、先生をおそれている。恐れているのではなくて、畏れている。だから、好きなんて、とても言えない。甘えたりしない。泣いたりなんて、ましてしない。

先生に褒められたことは、よく覚えている。大学一年か二年の時に、なりたい保育者像を書くレポートがあって、私は、からだに合わない小さな椅子に座って、明日の工作の準備などしながら、子どもの呼びかけにはあまり敏感に反応せず、ただそれとなく子どものようすを見ている、そんな保育者になりたい、というようなことを書いた。おもしろいこと書くのね、と言われたように思う。私はそれを、褒められたと思っている。そして、うれしく思っている。

大学院の試験で、長々と現代の若者批判をしている文章が出て、すっかり憤慨して報告したら、「ひとりだけおもしろい答案があった」とおっしゃった。「今の若者をつくったのは、上の世代の責任なんじゃないかって書いてた人がいたわ」って。私だった。おもしろがってもらえたならよかった、と思った。

卒業論文は早々に仕上げて、ブリュッセルで出産する従姉のところへ行った。

博士課程に入って半年で休学し、ロンドンに留学した。帰ってくる頃には退職しているとおっしゃった意味を深く考えもせず、行きたいから行った。「宮沢賢治とルイス・キャロルの比較」なんて言って奨学金をもらい、カルチュラル・スタディーズに転向して帰ってきた。

いや、転向ではない。先生がおっしゃっていることを英語で言ったらこんなことだな、というのがカルチュラル・スタディーズだった。もともと入るはずだった比較教育学は、制度の話でまったく肌に合わず、入学前にシラバスをめくりなおして、カルチュラル・スタディーズを見つけた。帰国した頃ずいぶん流行っていたカルチュラル・スタディーズだけど、本田研のおしゃべりをポリティカルにしたら、あんな感じに似てくると思う。

そんなこんなで、私は先生にとって、手がかからず、あまり寄り付かない、だけど、よくよく探せば少しは見どころもある、そんな教え子ではないかと思っている。

私は、先生と話したいけれど、なんだかこわくてあまり話せない。だから、お姉さま方といっしょに先生に会えたらいいなぁと思っている。お姉さま方が、困ったとかたいへんだとか、先生にいっぱい甘えているところを、私はテーブルの端っこで見ていたい。ひょっとして先生が、「あなた、おもしろいこと言うのねぇ」と気付いてくれたら、私はとてもうれしい。私が本田研の末っ子だということを、先生が覚えていてくださったら、私は本当にうれしいと思っている。

●ボーダーランド

そんなわけで、今の私は、本田研の研究内容を、あまり引き継いでいないようにみえるかもしれない。ひょっとして、もう本田研的なことはやっていない、と思われているのかもしれない。だけど、私にとっては、そう思われることが意外に感じられるくらい、本田研で学んだことと今やっていることがつながっている。

私はたぶん、こっちとあっちのあいだに興味があるのだ。卒論で書いた宮沢賢治の『どんぐりと山猫』に出てくる馬車別当は、子どもから大人になりそこねて、ぼうっと突っ立っているような、そんな人だった。いつの間にか山猫の国の名誉判事にもなろうかという少年・一郎よりも、あいかわらず「ひゅう、ぱちっ」と山猫のために鞭をふるっているデクノボウの方が、当時の私には気になっていた。

イギリスに渡ってもあいかわらず、考えていたことは、こっちとあっちのあいだだった。グリニッジ天文台に行くと、東経と西経とを分ける子午線が引いてあって、観光客がそれを跨いでしきりに写真を撮っている。東経に片足、西経にもう片足を置いてみたところで、やっぱり私は私である。とはいえ、極東 far East と呼ばれる国と経度の起点となる国とを移動すれば、それなりに戸惑うことや驚くことも生じる。そんな移動を繰り返している子どもたちにイギリスで出会い、夢中で追いかけているうちに、私は異文化間教育学なるものに鞍替えしたとみなされるようになった。

今、気になっている作家は、たとえば温又柔。台湾人の両親のもとに生まれ、幼い頃に家族で日本に移り住んできた若い女性。彼女の綴る水餃子とか、パスポートとか、恋とか、言葉とかの物語が好きだ。境界線を行き来する妙が、ひらがなとカタカナと漢字をすてきに織り込みつつ、ひらひらと綴られている。

温さんのような生き方が、今、私たちのまわりに珍しくなくなってきている。地域のボランティア教室で、中学一年の女の子とWhat is your name? のスキットを練習していたら、

「なんて答えようかな。私、名前、みっつあるから」

と言う。聞けば、彼女には、日本名と中国名と中国名の日本語読みとがあると言う。パスポートの綴りを書いたら、先生に、そんなローマ字はないと言われた。でも、日本語読みにすると、男子にからかわれるヘンな音になる。やっぱり日本名かな。でも、これって、私の本当の名前なんだろうか。本当の名前ってなに？場面に合わせて名前を変えればいいのかな……。

ボーダーランドに育つ彼女達は、つらい思いもしばしばしている。けれど、私は、むしろ、彼女達だからこそ見える世界に興味をもっている。自分の名前、自分の言葉、自分の国を一度も疑わずに来た人がもしもいるならば、ぜひ温又柔の『来福の家』で思考をシャッフルしてみてほしい。

●あこがれ

ここまで読まれて、ひょっとして、「やっぱり渋谷はもう本田研みたいなことはやってないじゃない」と思った方がいるだろうか。それならば、こう言いたい。私は本田研のエスプリを引き継いでいる、と。

本田研のエスプリ。それは思うに、書くことへの憧れではないだろうか。ただ書くのではなく、美しく綴る。シャープな視点。スタイルのある文章。スマートな結末。野暮ったいのは恥ずかしいけど、気障《きざ》すぎたら品がない。ガリ勉は疎まれるけど、無論、内容がなければどうにもならない。

そんな文章を綴ることへの憧れが、本田研のエスプリではないかと私は思っている。その気質が久しぶりに形になろうとしているのが、この出版企画ではないか。四百字詰め原稿用紙に縦書きで、という執筆要項。それは、効率よりもスタイルを求めている。誰に乞われるわけでもなく、「業績」とやらにカウントされるわけでもなく、ただ同人が集まって書く。しかも、少しでも美しく書きたいと足掻いてみる。なぜなら、書くことが好きだからにちがいない。そう思う時、私は、本田研のエスプリを引き継いでいると自負する。

夏が近づくとよく、先生はおっしゃっていた。

「夏はね、軽井沢で過ごすの。一か月のあいだに、一冊は書けるわ。」

部屋に帰ればもう旅行鞄が用意してあるにちがいないと思えるような、はしゃいだようすだった。そんな先生がまぶしすぎて、私はそっとうつむいていた。

残念ながら、私は軽井沢に夏の家がない。けれど、夏が近づくと、何か書こう、一本書こうと思う。今、私が書き散らしているものが、先生のお眼鏡にかなうのか否か、まったく心許ない。久しぶりに原稿用紙の縦書きに綴りながら、美しく書こう、いいものを書こう、と思いを新たにしている。今年も、夏が過ぎていく。

「サロン本田」の幕引きと旅立ちの時

内藤　知美

『舞々』十三号（一九九二年四月発行）から十六号（一九九五年三月発行）までの期間は、本田研究室の大学院生が編集の作業を担った。この間は、首藤美香子さん、早川麻里さん、川口知美に、渋谷真樹さんが加わり、時々研究室にいらっしゃった長戸優子さん、そして台湾からの大学院生である漩珮芸さんが編集に名前を連ねている。この間に前後して一九九一年（平成三年）から一九九三年（平成五年九月）まで、私は教務補佐を務めた。

その頃の本田研究室を覗いてみよう。

大学本館三階の廊下から、ヨシノヤの中ヒールのカツカツという速足気味の靴音が聞こえてくると、本田先生の到着である。Ａ４の書類が入る横長サイズのバックを腕にかけて、やや早い呼吸で、ご自宅から地下鉄の永田町駅乗り換えで、「今日も十人を抜いてきたわ」との会話に、研究室の日常が始まる。

研究室での本田先生は、ご自身の机に向かい仕事をされることもあったが、先生の出講される日は、頻繁に誰かが研究室に出入りしていたため、ピンクの刺繍のテーブルクロスがかかった大きなゼミ机の前で一緒におしゃべりされていた印象が強い。

現在、私自身も大学に研究室を持つようになって、毎日、学生が研究室にいては、仕事が片付かないと思う事もある。そんな時、本田先生はみんなに対して、ある意味平等によく付き合って下さったなと改めて思う。何よりもこの研究室でのおしゃべりが楽しかった。私は修士から本田研究室に所属したので、奈良女子大の質実剛健・古風な研究室の環境とは異なるこの「サロン」のような雰囲気がとても刺激的だった。一九八六年に開始した「ちびまるこちゃん」の最新の話題から、平塚雷鳥、羽仁もと子、若松賤子などのキリスト教につながる話題、『トムは真夜中の庭で』のフィリッパ・ピアスやE・L・カニグズバーグ、エリナー・ファージョンなど児童文学の話題、皆川さん、森下さん、首藤さんが取り組んでいた江戸研究の話題、フィリップ・アリエス、メルロポンティなどの図像学や現象学等の方法論の話題、そして、本田先生と刺激し合う知のネットワークの話題、たとえば、浅田彰、上野千鶴子、柄谷行人、河合雅雄、中沢新一、山口昌男氏など、ここでは書ききれないその時代の一歩先を行く方々の名前が挙がっていた。その中でも山口昌男先生の話題が多かったように記憶している。我々本田研究室の大学院生が山口昌男先生の研究会に参加させていただくこともあったし、山口昌男先生が坪内祐三氏（当時の東京人編集者）ほかのお仲間を連れていらっしゃることもあった。森下さんの文章に魅かれて車谷長吉氏が、ひょっこりと研究室にあらわれたことも印象に残っている。

このように書くと、相当に高度な学問的議論が常時行き交っていたように感じられるかもしれないが、実際の所、「渋谷のお店のなめこうどんが美味しい」「このピンクのお洋服は、先生が着られなくなったら○○がもらう」「桃剥きは苦手！」など、たわいのない女子トークが中心であったように思う。しかし、その様な会話の中にも物事を正確に捉えること、メディアの情報を鵜呑みにせずに批判的視点を持つこと、そして新視点で構想することを教わったように思う。

その当時、研究室に在籍した大学院生は、この「サロン本田」のおしゃべりから醸成してきたテーマや方法論を使って、歴史・文化的視点をもって学際的な研究を行うことが多かった。『舞々』十三号から十六号の論稿をみると、当時の『舞々』が研究成果の発表の場でもあったことを物語っている。

キラキラと輝くこの研究室での生活が永遠に続くのではないかという錯覚を抱いたこともあるが、一九九五年、人々が集い、心底自由に会話を弾ませたサロンは、本田先生のご退官とともにその幕を閉じる時期に差しかかっていた。大学の中庭からの木漏れ日がかすかに射すが、けっして明るいとは言えない研究室の書棚から本を取り出し、紐でまとめる作業が始まった。游さんや時折お手伝いに来てくださった森下さんらとともに梱包の作業をしながら、この研究室を「出る時」を感じていた。

一方、私のこのような感慨とは別に（本当のお気持ちはもちろん分からないが）本田先生はあっけらかんと「要らないものや要らない本は捨ててちょうだい」とちゃかちゃかとご自身でも片付けを進められた。本田先生の「潔さ」に支えられて膨大な量の本は、それぞれの行き場に分類された。書架にはいくばくかの古書が残っただけである。

一九九五年三月末に、本田先生のご退官とともに、研究室を居場所にしていた我々は、いよいよ本田研を巣立つこととなった。本田先生、森下さんは新居である聖学院大学へ、そしてこの場所で時をともにした「舞々」は、皆川さんが勤められていた十文字学園女子大学へと引っ越しをした。

ふりんじんぐしあたーの時代

皆川美恵子

『舞々』十七号から二十二号までの編集は、十文字学園女子大学の皆川研究室を事務局に移して発行していった。そして、原稿募集、合評会、研究会などの諸々のお知らせを伝える為、新たにニューズ・レターを作製することにした。そのニューズ・レターの名称を「ふりんじんぐしあたー」としたのであった。平成八年（一九九六年）九月一日発行の第一号には、名称とした「辺縁の劇場」の想いが綴られている。お茶大の舞々誕生の舞台であった本田研究室が閉じられてしまったが、同人それぞれが活躍する場所を、これからは〝舞台〟としましょうと呼びかけている。同人の各舞台からの情報を発信してもらいながら、相互交流を図っていくことを願っての命名であった。

フランスのレンヌにいる雨宮裕子さん、イギリスのロンドンにいる笹川真理子さん、台湾の林真美さん、アメリカのワシントンで生活していた首藤美香子さんから、それぞれ近況報告も寄せてもらった。同人は結婚や就職などで転居も多くなっていたので、ニューズレターには、毎回、住所録も付けられた。会計報告も掲載した。

「ふりんじんぐしあたー」には勉強会、合評会のお知らせも掲載してあるので、どのような集いがなされたのか、次に書きあげて見よう。

○平成七年十一月二十五日　河野邸
　勉強会講師　川端康雄「ジョージ・オーウェル『動物農場』を読む」
○平成八年十一月九日　十文字学園女子大学
　宮澤賢治生誕百年にちなみ、講演とシンポジウム
　基調講演　河合雅雄「宮澤賢治と動物」
　シンポジウム　川端康雄、渋谷真樹、河合雅雄
○平成十年三月二十八日〜二十九日　会津若松の東山温泉　新瀧旅館
　十八号の合評会
○平成十年八月一日　松本市池上百竹亭
　勉強会講師　水野知昭「北欧神話のなかの鳥と植物」
○平成十一年五月二十三日　駒場幼稚園（向山陽子園長）
　十九号の合評会
○平成十一年十月十六日　桜蔭会館
　勉強会講師　藤原正彦「子どもたちに物語を」
○平成十三年十二月二十三日　十文字学園女子大学

勉強会講師　吉増克實「解剖学者　三木成夫をめぐって」

○平成十四年十一月二日　十文字学園女子大学

児童文学スライド講演　池田正孝「アーサー王物語」

○平成十七年七月十六日　東横学園女子短期大学　子育て支援センター「ぴっぴ」

ぴっぴの見学会とラウンドテーブル（懇話会）

十文字学園女子大学の皆川研究室を舞台にした活動としては、舞々同人に呼びかけて、児童文学の書評研究会が始められたことが挙げられる。これは『幼児の教育』の編集を担当していた仲明子さんの、定期的に雑誌に絵本紹介をおこなっていきたいという提言によって開始された。各自が気になる絵本を持ち寄り、書きあげてきた書評とともに、合評をおこなっていった。合評によって完成された書評は、適宜、『幼児の教育』誌の「子どもの本から」という欄に掲載されていった。

私が最初に取り上げた絵本は、『ウッレとスキー』というベスコフの絵本であった。当時、スキーが息抜きで、年度末には戸隠高原の白銀のゲレンデでスキーを楽しみ、新年度の学校生活へと滑り出すことが、年度を区切るリズムであった。冬の王様と春の女神様が交代する大自然の描き方に、日本の雪山での節分・立春の気配が重なった。スキーを存分に楽しめる冬が去って、雪解けの春を迎えなくてはならないウッレの悲しい想いに、大いに共感してしまったのだ。

ベスコフを取り上げると、訳者である小野寺百合子さんのことが話題となり、『バルト海のほとりにて』

などの伝記への関心もあり、舞々研究会に講師としてお招きをしたいという話がもちあがった。美谷島いく子さんが、エルサ・ベスコフの絵本に長年、傾倒しており、学生時代にはスウェーデン語にも挑戦していた。ぜひともお話を直にお聴きしたいということになったのである。お手紙を差し上げて、快諾のお返事をいただき、日程調整などをしていったが、そのなかで他界されてしまった。時間は待ってはくれなかったのである。もっとすばやく行動していればと、身に沁みて感じた本当に残念な思い出である。

大学での教師生活は、授業だけではなく、教育系の常として実習巡回がついてまわる。さらに研究活動、そしてさらには社会的貢献と、おおよそ三つのことをこなすことが要求されている。私は社会的貢献でも子どもの本に関わる仕事を選んでいた。十文字学園女子大学・高齢社会生活研究所での異世代交流研究班では、高齢者たちが、子どもたちへ昔話を語ることが、活性化につながることを調査していった。

会津若松在住の藤津麻里さんの協力で、福島県大内宿の昔話を語るグループの調査では、舞々同人たちを巻き込み、いっしょに調査旅行をしている。群馬県藪塚温泉の高齢者施設への視察も、佐塚公代さんの尽力によって実施したが、その時も同人たちといっしょであった。

同人たちは、年々、各自それぞれに家庭生活や職場での勤務に多忙を極めていった。そしてやがて同人誌活動にまで手がまわらない情況となっていった。

私は十文字学園女子大学の定年退職を迎えるにあたり、舞々の荷を全て内藤知美さんに譲り渡して、大学の研究室を閉じることとなった。

2

舞々総目次

●第1号　一九七八年十二月一日発行

はじめに

作品論　海のファンタジー　ルーシー・マリア・ボストン作『海のたまご』　清水いく子

『息子と恋人』について　笹川真理子

私の『港についた黒んぼ』論　高原　典子

寄稿　「もじゃもじゃ」の系譜　―鼻つまみ者から救済者へ―　本田　和子

わらべ唄研究の試み　―「めぐる」ということ―　津守　房江

詩　生　田村さと子

眠

母

評論　紙風船のこと　皆川美恵子

「かくれんぼ」考　角能　清美

創作　鬼ごっこするものよっといで　椎名　裕

同人紹介

編集後記

デザイン・カット　太田留美

題字　角能清美

●第2号　一九七九年十月一日発行

作品論　地下世界の通過　―心的成長の一過程として―　森下みさ子

ヴァージニア・リー・バートン作品論序論　清水いく子

詩　「牛女」　小川未明作　高原　典子
　誕生　田村さと子
　ねんねのうた
　八月
寄稿　流行型「あそび」の非「伝承」性と「非現実」性　小川　博久
　　—インベーダー・ゲームの流行を一例にして—
　夭逝の系譜　—物語世界における「子どもの死」—　本田　和子
評論　「鬼ごっこ」の魅力　—追う、追われること—　角能　清美
　神婚譚が異類婚譚化する過程に関する一考察　村上　敏子
同人名簿
編集後記
デザイン・カット　太田留美　森下みさ子
題字　角能清美

●第3号　一九八〇年十二月一日発行

特集《少女に就て……》
　リリヤンの詩学　皆川美恵子
　おんなにならない少女たち　北村留倫子
　ひらひらの系譜　—少女たちのために—　本田　和子
スケッチ　ビバ一年生！　なかあきこ
詩　お客様　清水いく子

なめる
スケッチ　サンリオの仕事部屋　小澤　誉子
作品論　安野光雅のＡＢ・Ｃ　森下みさ子
詩　授乳　田村さと子
踏切
随想　「月と海豹」に寄せて　高原　典子
同人名簿
編集後記
デザイン・カット　太田留美　加藤れい子
題字　小川清美

●第４号　一九八一年十二月二十五日発行

特集《縁日、その万華鏡のコスモロジー》
媒介者としての子ども　―解題にかえて―　本田　和子
清正公縁日の生態　皆川美恵子
見世物〝狼娘〟　森下みさ子
夢の旅　近藤　麻岐
詩　脱皮　田村さと子
初乳
女装の世界と「永遠の夢」　香取　昌子
ふたゝび「ひらひら」をめぐって　―一九二〇年、花開く少女―　本田　和子

おやつですよ！　なかあきこ
憫笑「鼠の嫁入」—近世、婦女子由縁草—　森下みさ子
フラフープ　仲　明子
同人だより
編集後記
デザイン・カット　太田留美
題字　小川清実

●第5号　一九八三年一月十五日発行

特集《覗機關《のぞきからくり》母子《ははこ》紋様《もんよう》》
「桑名日記・柏崎日記」にあらわれた子どもの病い　皆川美恵子
『子孫繁昌手引章』をめぐって　森下みさ子
〈乳母論・その1〉歌舞伎の中の乳母たち　金子　省子
近世「育児書」異聞　—現代の遠いこだま—　本田　和子
サンタを想う日・ひさの星・星の王子さま　山本加代子
蒼海の母神　雨宮　裕子
詩　草原
　　村　田村さと子
帽子・はちまき・サンバイザー　仲　明子
〈創作〉海の話　桐ケ谷まり
マールブルク子ども歳時記　—その一、冬の章—　美谷島いく子

同人だより
編集後記
デザイン・カット　太田留美
題字　小川清実

●第6号　一九八四年三月三日発行

都市空間における成長　―『クローディアの秘密』をめぐって―　遠藤はる美
山姥が男を喰う日　―21世紀の昔話に向けて―　金子　省子
論前論後　混氣散　―薬、劇作、そして女子用往来物―　森下みさ子
絵本を読む1　谷川俊太郎「あな」　大井　公子
「少女論」への誘い　本田　和子
　PART 1. 劇評風に　「少女」宣言
　PART 2. 少女マンガ讃歌「少年」変容
イラスト「少年」の来迎　―2100年のShinwa―　十兵衛
絵巻の中の子どもたち　―その身体からのメッセージを読み解く―　山本加代子
マールブルク子ども歳時記　―その二、早春の章―　美谷島いく子
桃色《ピンク》の言葉　高原　典子
同人だより　大澤　京子
編集後記
デザイン・カット　太田留美
題字　小川清実

●第7号　一九八五年四月三日発行

《特集》作品を読む

作品論『《ねんねこはおどる》』―老人と子どもをめぐって―　藤井　佐弓

白い髪のメッセージ　―「幼ごころの君」をめぐって―　長戸　優子

都市・原っぱ・子ども　―『楡家の人びと』を手掛かりとして―　遠藤はる美

『ミオよ　わたしのミオ』をめぐって　高原　典子

《宮沢賢治を読む》『狼森と笊森・盗森』―祝祭としての盗み―　皆川美恵子

絵本を読む2　ユリー・シュルヴィッツ「あめのひ」　大井　公子

園児のコトバ面白集　草信　和世

さよなら三角またきて……―子どもたちは積木をどう分けたか―　永倉みゆき

洗う女　雨宮　裕子

詩　闘技　田村さと子

「お七」論のために　―デッサンその1―　本田　和子

私見「假名文章娘節用」―人情本と女子教育の接点―　大澤　京子

〝鼠の里〟三様　―小異空間と人間界の関係の構図　森下みさ子

子ども時代の台湾お節供の食べ物　李　恵加

A letter from Canada　山本加代子

同人だより

編集後記

題字　小川清実

●**第8号**　一九八六年一月十五日発行

朝鮮時代の女・子ども観　―『東医宝鑑』の一考察―　朴　香俄

子ども・扉・わたし　山手　法子

現象としての子ども　―身体論的宇宙へ―　矢萩　恭子

親の心　―寺院の奉納品にみられる変化と矛盾―　藤井　佐弓

ピーター達への詫び状
―小さな生き物たちとのつきあい方を考える―　永倉みゆき

鬼のお母さん　松井留倫子

「セーラー服」―少女たちの異装―　本田　和子

「座敷八景」諸見合　森下みさ子

小さな人・小さな世界　―『だれも知らない小さな国』に寄せて―　長戸　優子

都市・狂気・子ども
―『楡家の人びと』を手掛かりとして・その二―　遠藤はる美

現代の状況としての「専業主婦」とは何か　小川　清実

同人だより

編集後記

題字　小川清実

デザイン・カット　太田留美

●**第9号**　一九八七年二月十五日発行

「虎姑婆」考　林　真美

幼稚園が見えてくる　―子どもが幼稚園に住みつくまで―　永倉みゆき
《特集》　図像を読む
児童研究資料としての写真　―報道写真にみる子ども像―　馬場加代子
『まどのそとの　そのまたむこう』を読む　遠藤はる美
―侵略される境界、獲得する輪郭―
微意識の気泡　―春信の〝いたずら〟―　森下みさ子
江戸美女文画競合《いろむすめふみえのきそい》　―「美少女」から「江戸」を見る―　本田　和子
ただなかの出会い　―問いの生起してゆく瞬間―　大石　恭子
「壁の中」　―佐藤さとる論に向けて―　長戸　優子
創作　白い蝶　高原　典子
中国の龍　近藤伊津子
マトリョーシカの遊び　松井留倫子
同人だより
編集後記
題字　小川清実
カット　上田和代

●**第10号**　一九八八年三月二十三日発行

《安藤昌益》への接近　―女・子どもをめぐる思考―　首藤美香子
亀裂に顕つ超児　―金平の出現と凋落―　森下みさ子
捕獲される「身体」、あるいは「比比丘女《ひふくめ》」考　本田　和子

特別寄稿　子どもの国のアリス達とそのファン達　山口　昌男
子どもの行為が教えてくれること　―コトバの芽生える頃―　上垣内伸子
特別寄稿　狂言『鎌腹』の背後　―鎌倉初期の発心入道譚と狂言―　横井　清
鬼ごっこ以前のこと　仲　明子
いまどきの同人　その1　こもりうた　松井るり子
誘拐事件、その報道を探る　―子どもの失踪をめぐって―　馬場加代子
いまどきの同人　その2　私の中の「都市」　遠藤はる美
「ことわざ」の育児意識に及ぼす影響について　小川　清実
いまどきの同人　その3　小説を書きはじめた時　はじめて
あるのに気付いたノートのこと　桐ケ谷まり
『泥の河』と子ども　長戸　優子
「農民竈建て往来」を読む　武田　京子
いまどきの同人　その4　スカーフ　高原　典子
文庫の子どもたち　―文庫日誌から―　近藤伊津子
フランスだより　雨宮　裕子

舞々の歩み
編集後記
題字　小川清実
カット　上田和代　草信和世

●第11号　一九八九年九月一日発行

体験としての奉公　―口述の記録から―　早川　麻里
〝お茶っぴい〟の登場　―江戸、娘が跳ねるとき―　森下みさ子
「出産」における近代　―回生術の変容―　首藤美香子
死の調律・死の儀法　―『桑名日記・柏崎日記』にみる死の周辺―　皆川美恵子
ちびまい子ちゃんの表紙奮戦記　増田真理子
〝親バカ〟大特集
我家のバク達　ロンバール・雨宮裕子
わたしのママごと　佐藤　和代
K・S通信　なかあきこ
ビバ4才！　美谷島いく子
娘と共なる日々　―伝統行事・儀式の折々に―　上野　泰子
母親語・例えば「どでんごをうつ」　草信　和世
S・K・E・T・C・H　小川　清実
「親バカ」をめぐっての夫婦の対話　上垣内伸子
お乳を断つの記
〝親バカ〟座談会
〝せんせい〟というなまえのおかあさん　永倉みゆき
みそっかすのジャンケンに探る　仲　明子
おばあさんと夜　松井るり子
マリリンという名のもう一人の私　桐ケ谷まり

創作　月　草　高原　典子
編集後記
表紙デザイン　翠川竜矢
カット　佐藤和代

●第12号　一九九〇年十一月二十二日発行

「女学雑誌」に現れる女性・子供　川口　知美
江戸のブライダル1　「見初め」られて「玉の輿」　森下みさ子
〈研究ノート〉「出産」における近代Ⅱ　首藤美香子
Kの〝赤ちゃん絵本〟日記　佐藤　和代
宝の庫を開けて　—「日本児童文庫」誕生序説—　早川　麻里
きんきらこはにくらしい　松井るり子
〈みそっかすのジャンケンに探る2〉かぼちゃのたね　仲　明子
児童学の第二ラウンド　矢崎　淳子
アメリカ便り　上垣内伸子
OSHABERI（henshusha H・K・M）
　暑いね
　DOLLS
　校門
編集後記
表紙　翠川竜矢

扉絵デザイン　草信和世　游　珮芸
カット　早川麻里

●**第13号**　一九九二年四月十日発行

特集《食》をめぐって　皆川美恵子
『ハイジ』―白いパンの旅―　佐藤　和代
ごはんができたよ、サラダでげんき　早川　麻里
絵本とCooking！　上垣内伸子
レモンジェリーのなかで、泳ぐことができるでしょうか？　首藤美香子
おにぎりからサンドイッチへ―子どもが異文化と出会う時―　仲　明子
牛乳入り味噌汁　森下みさ子
ビバ5才！
江戸をさまよう女性名―「おまん」をめぐる旅―

〈研究ノート〉
江戸期の胎教論にみる胎児観（1）　首藤美香子
宝の庫を開けてⅡ―「日本児童文庫」の成立譚―　早川　麻里
若松賤子がみた世界―『Little Women』『Good Wives』を中心として―　川口　知美
みそっかすのジャンケンに探る(3)　仲　明子
保育を器から考える　永倉みゆき
ベスコフ大好き　松井るり子

子育ての中の昔話　上野　泰子
編集後記
表紙　翠川竜矢
扉絵デザイン　草信和世

●第14号　一九九三年三月三日発行

《児童文学特集》

『どんぐりと山猫』論　―宮沢賢治のデクノボーをめぐって―　渋谷　真樹
雑誌『童話研究』の一考察　―アンデルセン関連事項を中心に―　游　珮芸
子育ての中の昔話②　上野　泰子
父へのオマージュ　―回想『ドリトル先生航海記』―　首藤美香子
ただ、とてもしりたがりやで、ひとまねがすきでした……　永倉みゆき
〝弟妹〟という記号　児童文学における「もう一人の子ども」　森下みさ子
作品論　ビアトリクス・ポター作・絵『ティギーおばさんのおはなし』　美谷島いく子
とけあう関係、輪になる関係　―工藤直子『ともだちは海のにおい』『ともだちは緑のにおい』に寄せて―　早川　麻里
〈創作〉形見　黒須　恭子
キャナイ　プレイ?　松井るり子
みそっかすのジャンケンに探る(4)　グ・ピ・パ　仲　明子
子どもとの会話　桐ケ谷まり
若松賤子がみた世界II　―小説"The Wide Wide World"から―　内藤　知美

ジュディ・ブルームへのラブコール　―合衆国南部の小さな町から―　入江　礼子
編集後記
同人名簿
表紙・扉絵デザイン　草信和世

●第15号　一九九四年三月十九日発行
特集《女・子どもから時代を読む　1》
「児童虐待防止協会」と原胤昭　齋藤　薫
「組上」の世界　―玩具からの発信1―　森下みさ子
西『つぼみ』・東『女学生』(1)　内藤　知美
―女学校連合の文学誌誕生・その経緯を探る―
『台湾の少女』の物語　游　珮芸
子育ての中の昔話③　上野　泰子
《同人・いま》
舞々同人の皆様へ　奥　桃子
ただいま　向山　陽子
小さい本　長戸　優子
小さな戦士と「伽」のこと　高原　典子
特集《女・子どもから時代を読む　2》
知恵と歯は毎日磨け！　―子どもの歯磨き習慣の始まり・その1―　早川　麻里
宮沢賢治の子ども観　―児童文学を再検証する「道具」として―　渋谷　真樹

赤い鳥の表紙に関する一考察　美谷島いく子
〈創作〉忍者星丸　黒須　恭子
同人名簿
編集後記
表紙・扉絵デザイン　草信和世
カット　早川麻里

●**第16号**　一九九五年三月三十一日発行
歯を磨くに日曜日なし！　―子どもの歯磨き習慣の始まり・その2―　早川　麻里
江戸の手鞠風景　―玩具からの発信2―　森下みさ子
昔話「三びきの子ぶた」のテクストを読む　高原　典子
見える自我としての笑い　友定　啓子
子育ての中の昔話④　上野　泰子
言葉が幼児理解の壁になるとき　入江　礼子
《同人・いま》
私の十一月二十五日　向山　陽子
九時間遅れのグルーミーな街より　渋谷　真樹
最近台所が好きです　奥　桃子
まるでカタツムリのように　小川　清実
感化院という「親」　齋藤　薫
雑誌『幼児の教育』の口絵に探る　―昭和初期の東京女高師附属幼稚園―　仲　明子

《歴史を生きた女性たち》
婦人宣教師A・M・ドレナンの足跡を追って
（その1）シャトーカ読書会　内藤　知美
想い出の飛行機　―或る在日台湾婦人の語りより―　游　珮芸
舞々小史　―新しい巣舞いへの出発―　皆川美恵子
同人名簿
編集後記
表紙　草信和世
カット　早川麻里
装丁　森下仁

●第17号　一九九六年九月一日発行

《児童文学の周辺》
よだかと児童文学
宮沢賢治評価から見る日本児童文学の性格およびその変遷　渋谷　真樹
『舞々』勉強会に参加して
―川端康雄氏によるジョージ・オーウェル『動物農場』を読む―　岡住　留美
同人・いま　1
好きな音楽、好きな歌　松井るり子
「BISUMAN」の謎？　藤津　麻里
「震度4」の波に揺れて　中村はる美

立春の越の国高田から　水野　恭子
《保育の周辺》
人形劇場のある幼稚園　小川　清実
—富士見幼稚園（茨城・結城）の公演活動をめぐって—
対話するこころを求めて　矢萩　恭子
小学校の《図工》の窓　永倉みゆき
同人・いま　2
わたしがディズニーランドに行かないわけ　近藤伊津子
アイ・ラブ・ドッグ　増田真理子
『銀の匙』の伯母さん　矢崎　淳子
鳥の震える国から　—日本人形玩具学会・訪中紀行—　皆川美恵子
同人名簿
編集後記
表紙イラスト　草信和世
カット　藤津麻里
表紙装丁　森下仁

●第18号　一九九七年十一月一日発行
「ジャパン・エヴァンジェリスト」婦人欄と巖本嘉志子　武田　京子
家庭学校の生活　～日課と行事にみる「独立自営」の営み～　田澤　薫
『ブレーメンの音楽隊』にうさぎが登場するとき　藤津　麻里

まいまいを折ってみよう　仲　明子
ティーン雑誌の中の「外国」～消費・体験・キャリア～　渋谷　真樹
《創作》風の子ピュー　高原　典子作　高原　晶子絵
三十五人の『エルマー』　矢萩　恭子
マラソンが楽しいなんて！　～カリフォルニアのランニングレース～　松井るり子
八百屋お七の覗機関　～膝でチョックラ突いて眼で知らせ～　皆川美恵子
同人名簿
編集後記
表紙イラスト　草信和世
表紙装丁　森下仁

●第19号　一九九八年十二月一日発行

《小野寺百合子さんを悼む》
幻の講演会　美谷島いく子
小野寺百合子児童並びに児童文学関係年譜
リーサとラッセ　美谷島いく子
《追想『児童の世紀』》
二〇世紀米国の育児書の変遷と「スポック博士の育児書」の革新性　首藤美香子
〝ブレーメンのうさぎ〟ができるまで　藤津　麻里
《酒と子どもと文学と》菊酒幻譚　―『ハンカチの上の花畑』をめぐって―　皆川美恵子
「いやだいやだ」のルルちゃんがいなくなったら？　田澤　薫

おもかるさま　松井るり子
子どもを抱きとめるもの　―『幼ものがたり』から―　矢崎　淳子
子どものことば　岡住　留美
同人名簿
編集後記
表紙イラスト　草信和世
表紙装丁　森下仁

●**第20号**　二〇〇〇年三月一日発行
横浜お茶場学校　―保育・託児所の試み―　内藤　知美
倉橋惣三と「お茶の水人形座」　―幼稚園における人形芝居事始め―　仲　明子
お月見どろぼう　中村はる美
言葉にすること・しないこと　喜田　裕子
匂やかな庭　松井るり子
ことばがふくらむとき
　―忙しいあなたに『だいすきっていいたくて』を―　大澤　啓子
こわい話は好き？　―『のんのんばあとオレ』より―　矢崎　淳子
絵本の中の多文化社会　―『チキン・サンデー』を読む―　渋谷　真樹
同人名簿
編集後記
表紙イラスト　草信和世

かたつむりカット　奥津麻子
表紙装丁　森下仁

●第21号　二〇〇一年八月一日発行

こぐちゃんのおかあさん　田澤　薫
くるまれることの安心　—絵本『こんとあき』の〝だいじょうぶ〟—　大澤　啓子
絵本を「しぐさ」と「ことば」で読む　藤津　麻里
日本の学校における「帰国生」の適応と抵抗の過程
—より積極的な帰国子女教育をめざして—　渋谷　真樹
育児啓蒙活動家　三田谷啓　の研究
—一九二〇年代の育児観と子ども観—　首藤美香子
芝生だより　—その一—　松井るり子
Yの描いた十二枚の旅の絵　戸次　佳子
子どもの顔に誇りを見た日
—「ふれあい広場」の体験を通して子育て支援を考える—　仲　明子
同人名簿
編集後記
表紙イラスト　草信和世
表紙装丁　森下仁
扉カット　岡住留美

●第22号　二〇〇五年三月一日発行
鉛筆のある風景　戸次　佳子
北京家政婦物語　首藤美香子
新しい試み　大学の中に誕生した親子の遊び場「ぴっぴ」　小川　清実
「世界の巨匠のおもちゃ展」〈作家からの贈り物〉香月美術館を訪ねて　岡住　留美
芝生だより　―その二―　松井るり子
創作童話　しゃっくりの神様　矢﨑　淳子
みいちゃんを送りだしたあと『はじめてのおつかい』は誰を支えたか　田澤　薫
同人名簿
編集後記
表紙イラスト　草信和世
扉カット　岡住留美
カット　中島麻子

3　舞々同人たちの著述リスト

舞々同人著作一覧

それぞれの居場所でさまざまな活動を刻んでこられた同人のみなさん、その足跡のひとつとして、これまでに書かれた著作物をお尋ねしたところ、28名の方からご回答をいただきました。本に限ったにもかかわらず、合計するとその数300冊あまり！　量だけでありません。題目から測っても、多種多様に大切なこと・素敵なこと・面白いこと・伝えたいことを著していらしたのがわかります。全部を掲載したいところですが、それだけのスペースがないので、優先順位をつけて一人5冊を限度とし、同人はあいうえお順で並べさせていただきました。新しい年代順で単著、共著、教科書類の順。作品の場合は、創作・翻訳・解説書の順です。掲載の仕方にご不満を持たれる方、あるいは提出がかなわなかった方もいらっしゃるかもしれません。が、編集の事情をお汲み取りいただき、お許しいただければと思います。それぞれの足跡をご覧いただくことで、今後の活動の励みにしていただければ幸いです。

雨宮裕子

『Du Teikei aux AMAP – le renouveau de la vente directe de produits fermiers locaux 提携からアマップへ－再生する地産地消』（単）レンヌ大学出版局、2011年

『Agriculture participative -Dynamiques bretonnes de la vente directe 参加する農業－ブルターニュに台頭する産直実践』（単）レンヌ大学出版局、2007年

『Vierge ou Démone – statuaire insolite en Bretagne – 聖女それとも魔女－ブルターニュの奇怪な彫像をめぐって－』（単）Keltia Graphic 出版、2005年

「La longue marche de l'agriculture familiale au Japon 日本の家族農業の変遷」『Revue Tiers Monde 第三世界』（共）Armand Colin 出版、2015年

「Notes de terrain, portraits de quelques paysans et acteurs du système Teikei après la catastrophe de Fukushima 福島の震災を提携の消費者と生産者はどう受け止めたのか」『Désastres et alimentation : le défi japonais 食と震災』（共）L'Harmattan 出版、２０１４年

小川清実

『子どもに伝えたい伝承あそび』（単）萌文書林、２００１年

『保育学講座４　保育者を生きる―専門性と養成』（共）東大出版会、２０１６年

『演習　児童文化』（編著）萌文書林、２０１０年

『プロジェクト型保育の実践研究』（共）北大路書房、２００８年

『「あたりまえ」が難しい時代の子育て支援』（共）フレーベル館、２００７年

上垣内伸子

『保育者論』（共）同文書院、２０１４年

『我が国の幼児教育・保育と国際交流』（共）OMEP 日本委員会　２０１２年

『臨床発達心理学・理論と実践③　保育の中での臨床発達支援』（共）ミネルヴァ書房、２０１１年

『倉橋惣三文庫⑩　倉橋惣三と現代保育』（共）フレーベル館、２００８年

『倉橋惣三文庫⑥　幼稚園雑草（下）』（共）フレーベル館、２００８年

喜田裕子

『教育カウンセリングと臨床心理学の対話』（共）文化書房博文社、２００６年

『精神保健福祉士養成セミナー⑭　心理学』（共）へるす出版、２００５年

草信和世

『新版　児童文化』（共）ななみ書房、２０１６年

『保育における感情労働』（共）北王路書房、２０１１年

河野優子

『子どもの育ちと「ことば」』（共）保育出版社、２０１０年
『新保育内容シリーズ「言葉」』（共）一藝社、２０１０年
『児童文化がひらく豊かな保育実践』（共）保育出版社、２００９年
『新版　児童文化』（共）ななみ書房、２０１６年
『モーパッサン短篇選集』（共）弘学社、２０１４年
『演習　児童文化』（共）萌文書林、２０１０年
『共につくるグループ活動』（共）朝日クリエ、１９９８年

小宮山みのり

『徳間アニメ絵本シリーズ全36巻』（共）徳間書店、１９８８年～２０１５年
『ディズニーフェアリーズ　ムービーストーリーブック』（単）講談社、２００８年～２０１５年
『新版　ディズニーアニメーション大全集』（共）講談社、２０１４年
『ディズニーフェアリーズ文庫』23冊（翻訳）講談社、２００５年～２００９年

佐藤和代

『楽しい小学校の壁面飾りアイデア集』（単）ナツメ社、２００８年
『壁面飾りアイデア集』（単）ナツメ社、２００７年
『手づくり工作・おもちゃ大全集』（単）ナツメ社、２００７年
『きりがみだいすき』（単）大泉書店、２００５年
『漫画でつづる共働き夫婦のドタバタ育児日記』（単）フレーベル館、１９９０年

渋谷真樹

『「帰国子女」の位置取りの政治』（単）勁草書房、２００１年
『異文化間に学ぶ「ひと」の教育』（共）明石書店、２０１６年
『日本の外国人学校』（共）明石書店、２０１４年
『「往還する人々」の教育戦略』（共）明石書店、２０１３年
『異文化教育学の研究』（共）ナカニシヤ出版、２００８年

須藤麻江

『十二支のおもちつき』（単）童心社、２０１６年
『はしれ　ディーゼルきかんしゃデーデ』（単）童心社、２０１４年
『まなつのみみず』（単）佼成出版社、２０１４年
『子どもと楽しむ　行事とあそびのえほん』（単）のら書店、２００７年
『ざぼんじいさんのかきのき』（単）岩崎書店、２０００年

首藤美香子

『近代的育児観への転換―啓蒙家三田谷啓と１９２０年代』（単）勁草書房、２００４年
『保育と家庭教育の誕生』（共）藤原書店、２０１２年
『ＯＥＣＤ保育白書―人生の始まりこそ力強く：乳幼児期の教育とケア（ECEC）の国際比較』（共訳）明石書店、２０１１年
『子どもと表現』（共）日本文教出版三晃書房、２００９年
『母性から次世代育成力へ』（共）新曜社、１９９１年

髙原典子

『保育内容「言葉」』（共）大学出版局、２００７年

武田京子

『いしをきるおとこ』学研ワールド絵本（共）学習研究社、１９９９年
『児童文化』（共）保育出版社、１９９５年
『はるかぜさーん』学研おはなし絵本（共）学習研究社、１９８７年
『絵本論』（単）ななみ書房、２００６年
『新版　児童文化』（編著）ななみ書房、２０１６年
『東日本大震災と家庭科』（共）ドメス出版、２０１４年
『新保育学』（共）南山堂、２０１１年
『子どもの生活と文化』（編著）樹村房、２０００年

田澤　薫

『仙台基督教育児院史からよむ　育児院と学校』（単）東北大学出版会、２００９年
『留岡幸助と感化教育』（単）勁草書房、１９９９年
『ジェンダー研究が拓く地平』（共）文化書房博文社、２００５年
『ジェンダーで読む健康／セクシュアリティ』（共）明石書店、２００３年
『児童虐待　その援助と法制度』（共）エデュケーション、２０００年

田村さと子

『百年の孤独を歩く　ガルシア・マルケスとわたしの四半世紀』（単）河出書房新社、２０１１年
『サラマンドラ』詩集（単）思潮社、２００４年
『謎解きミストラル ―ガブリエラ・ミストラルの「死のソネット」』（単）小沢書店、１９９４年
『南へ―わたしが出会ったラテンアメリカの詩人たち』（単）六甲出版、１９８６年
『イベリアの秋』詩集（単）思潮社、１９７８年

友定啓子

『育児日記からの子ども学』（単）勁草書房、１９９６年
『幼児の笑いと発達』（単）勁草書房、１９９３年
『幼児教育　知の探究⑯　領域研究の現在〈人間関係〉』（共）萌文書林、２０１７年
『保護者サポートシステム』（編著）フレーベル館、２００４年
『幼稚園で育つ』（編著）ミネルヴァ書房、２００２年

内藤知美

『保育学講座③　保育のいとなみ―子ども理解と内容・方法―』（共）東京大学出版会、２０１６年
『保育者のためのキャリア形成論』（共）建帛社、２０１５年
『演習　保育内容　言葉』（共）建帛社、２００９年
『日本の就学前教育の歴史』（共）お茶の水女子大学開発途上国女子教育センター、２００６年
『幼児の保育と教育』（共）学文社、２００２年

永倉みゆき

『幼児教育・保育課程論』（共）建帛社、２０１１年
『シードブック　保育原理』（共）建帛社、２０１１年
『シードブック　保育者論』（共）建帛社、２００９年
『保育内容　人間関係』（共）ミネルヴァ書房、２００９年
『演習　保育内容　言葉』（共）建帛社、２００８年

美谷島いく子

『新版　児童文化』（共）ななみ書房、２０１６年
『保育のこれからを考える　保育・教育課程論』（共）保育出版社、２０１２年

藤津麻里

『子どもの育ちと「ことば」』（共）保育出版社、２０１０年
『教育課程・保育課程総論』（共）同文書院、２００９年
『児童文化がひらく豊かな保育実践』（共）保育出版社、２００９年
『叢書　児童文化の歴史Ⅲ　児童文化と子ども文化』（共）港の人、２０１２年
『叢書　児童文化の歴史Ⅰ　児童文化の原像と芸術教育』（共）港の人、２０１１年
『ものと子どもの文化史』（共）勁草書房、１９９８年

戸次佳子

『交響して学ぶ』（共）東洋館出版、２０１４年
『小学校国語科学習指導の研究㉙「豊かな読みと確かな読み」』（共）東洋館出版、１９８９年

松井るり子

『絵本でほどいてゆく不思議―暮らし・子ども・わたし』（単）平凡社、２００７年
『絵本をとおって子どものなかへ』（単）童話館出版、２００５年
『可愛がられるために来た』（単）学陽書房、２００２年
『うれしい気持ちの育て方』（単）ほるぷ出版、１９９８年
『七歳までは夢の中』（単）学陽書房、１９９４年

皆川美恵子

『雛の誕生』（単）春風社、２０１５年
『頼静子の主婦生活』（単）雲母書房、１９９７年
『津軽こぎんと刺し子』（共）ＩＮＡＸ出版、１９９８年
『Japanische　Kindheit』（共）Karl Alber、１９８６年

『日本児童文学史上の7作家③　宮澤賢治　千葉省三』（共）大口本図書、1986年

嶺村法子

『シードブック　保育者論』（共）建帛社、2016年
『学校経営と特別支援教育』（共）東洋館出版社、2013年
『シードブック　保育内容総論』（共）建帛社、2009年
『シードブック　保育内容　人間関係』（共）建帛社、2009年
『発達心理学』（共）丸善、2002年

向山陽子

『おたより実践集』（共）フレーベル館、2011年
『保育教育ネオシリーズ　保育者論』（共）同文書院、2004年
『保育学』（共）建帛社、2002年
『保育実践事例集』（共）第一法規出版、1998年、2003年
『保育の基本　環境を通しての保育とは』（共）フレーベル館、1997年

森下みさ子

『おもちゃ革命』（単）岩波書店、1996年
『娘たちの江戸』（単）筑摩書房、1996年
『江戸の花嫁』（単）中公新書、1992年
『江戸の微意識』（単）新曜社、1988年
『消費社会と子どもの文化』（共）学文社、2010年

矢萩恭子

『保育・教職実践演習　保育者に求められる保育実践力』（共）建帛社、2013年

『最新保育講座③　子ども理解と援助』（共）ミネルヴァ書房、２０１１年
『教職入門　未来の教師に向けて』（共）萌文書林、２００８年
『家族援助の基礎と実践』（共）文化書房博文社、２００７年
『保育教育ネオシリーズ⑨　保育者論』（共）同文書院、２０１４年

游　珮芸

『宮崎駿動畫的「文法」』（単）玉山社、２０１０年
『日治時期台灣的児童文化』（単）玉山社、２００７年
『植民地台湾の児童文化』（単）明石書店、１９９９年
『大家來談宮崎駿』（編著）玉山社、２０１１年

同人による著作・教科書（前記掲載と重複あり）

『ものと子どもの文化史』本田和子（編著）皆川美恵子・森下みさ子・早川麻里・内藤知美・遊珮芸・首藤美香子・西村和代・雨宮裕子・渋谷真樹、勁草書房、１９９８年
『新版　児童文化』皆川美恵子・武田京子（編著）草信和世・河野優子・田澤薫・内藤知美・美谷島いく子・森下みさ子他、ななみ書房、２０１６年
『児童文化』皆川美恵子・武田京子（編著）河野優子・首藤美香子・田澤薫・内藤知美・美谷島いく子・森下みさ子他、ななみ書房、２００６年
『高等学校用　児童文化』武田京子・友定啓子・皆川美恵子・森下みさ子、文部科学省、２００４年
『高等学校用　子ども文化』武田京子・内藤知美・皆川美恵子・森下みさ子、文部科学省、２０１４年

第三部

舞々同人たちの現在《いま》

『舞々』二十三号・終刊号に替えて

《児童文化・児童文学からの接近》

再　考

―「児童文化」・「児童文学」―

本田　和子

緒　言

子どもにとって、「今日」という日は束の間に「昨日」へと押しやられる。そして、「明日」もまた、すばやく通り過ぎて「昨日」へと変化する時の流れに過ぎない。日々成長し続ける彼らにとって、日々の生活は日々新しいことの出会いであり、未知の「明日」は驚きの「今日」となり、瞬時に「昨日」に変わるのである。加えて、めまぐるしく変化するテクノロジーの速度もまた、彼らの「明日」を驚きへと誘う力に満ちたものとして、彼らの「今日」となり、より未知をはらんだ「明日」によって色褪せた「昨日」へと追いやられて忘れ去られる。そして、子どもたちは、動き続けるテクノロジーの伴走者なのだから、その速度をもまたしっかりと共有している。

私たち、「大人」と呼ばれる人々にとって、「今日」も「昨日」も、よりゆっくりと身体にまつわりつきながら過ぎていくものだったなどと、繰り言を重ねてみても始まらない。何しろ、「いまの子どもたち」は、「いま」を生きているのだし、「いま」という時代を呼吸していることは確かなのだから。

この小論は、めまぐるしい時の流れの中で、変化を余儀なくされる「児童文化」「児童文学」の世界に戸惑いつゝ、それでも「いま」について何かを語ってみようとする、小さな試みの一つである。

一 「児童文化」論の始まり

児童読物は、子どもの成長にとって少なからぬ影響を及ぼすものであり、それゆえに「よい読物＝中心的価値を持ち、芸術性の高い読物」は、彼らにとって不可避の文化財である。と、こういう位置づけで子どもの読物が論壇に浮上したのは、わが国の場合、大正期以降のことである。

波多野完治論文「児童文化の理念と体制」（昭和十六年・一九四一）が、本格的児童文化論の嚆矢とされるのは、この動きを物語るものと言い得よう。波多野論文は、内務省による『児童読物改善ニ関スル指示要綱』（昭和十三年・一九三八）に即応している。大正末期から昭和へかけての社会変化の影響もあって、児童読物にも頽廃の影がしのびよっていた。内務省の要綱は、この動きに対する当局の意向であろう。「児童読物」と言えども、子どもの成長と無縁ではなく、また、それは、国家社会の未来にかゝわるという意識が、立法者・行政者の側にも湧き起こってきたと見ることが出来よう。

この動きに即応して、「国語教育学会」が『児童文化論』と題する一書を刊行した。先の波多野論文はこの中の一篇である。というより、後世の位置づけその他からみて、この論考がこの書物の中心的位置を占めるものかと思われるほどだ。

そして、これ以降、単に「児童読物」に限らず、「玩具」にしろ「遊び」にしろ、子どもたちがかゝわるものすべてに、大人たちの目が行き届くべきであり、延いては、大人たちを支える国家社会の「方向づけ」が必要であると自覚されるようになる。それまでは、子どもたちが自ら楽しむためのあれこれが、成長に必要な一領域と位置づけられ、大人たちの「教育的なまなざし」に支えられるようになった。子どもの日々の活動に、成長発達との関連で特有の意味づけが試みられ、良貨と悪貨の分類にも、大人たちの熱意が注がれるようになっていく。

こうみてくると、波多野論文はたんに「児童文化」理論化の嚆矢であるだけではなく、子どもたちの自ずからなる生活の中から、大人たちの、延いては国家社会の、方向づけに叶うものを選び出し、「児童文化」という領域内のことがらとして監視下におくという営みの始まりと見ることも出来る。わが国の近代社会が、子どもを将来の財貨と位置づけ、「義務教育」の普及・徹底に意欲的であることからみて、この動きもまた、止むなしと言うべきであろう。

二　領域「児童文学」の誕生とその位置

かつて、私はある誌上に、「児童文学の終焉」という一文を載せたことがある。子ども数の減少と、子どもの興味が読書以外に向かう社会情勢などに言及しつゝ、「児童文学」が、「児童向けの児童のための文学」である時代は、終りを告げつゝあると論じたのである。しかし、「『児童文学』という文学の一領域」は、「児童以外の人々」の求めに応じて、今後とも生き続けるに相違ないと予見したのであった。

もちろん、この私稿には賛否両論があったが、いま、その予言は的中しつゝあるように見える。何しろ、子どもたちは、「本以外のもの」、たとえば、パソコンやスマホに熱中し、大人たち、とりわけ高齢者などから児童書を求める声が耳に入ってくるのだから。

「児童文学は、社会を写す鏡である」とは、誰が呟いた言葉であったろうか。いま、その呟きに改めて耳を傾けてみる。子どもの数は減少の一途を辿り、高齢者の数は増え続けている現状にあって、子どもが本を求めなくなり、高齢者が逆に求め始めているのだから。それらの現象を歴史的に捉え直すことで、「児童文学の終焉」の意味も、より納得可能と思うからである。

子どもの読物の濫觴を、わが国の場合は江戸の赤本に求められることは、関係者たちの定説であろう。たゞし、それが「子ども向け」に世に贈られたか否かは判然としない。一般向けの娯楽本を、子どももたのしんだと見ることの方が妥当かも知れない。ましてや、「児童文学の祖」などと範疇化することも正しくはない。「文学」などという概念がいまだ発生していない状況下で、「児童文学」などという捉え方が許されよう筈もないからである。

明治維新以降、近代国家への道を歩み始めたわが国は、そこで初めて「国家社会に有用な存在」として「小さい人々」を発見し、それに「児童」もしくは「学童」という名を与えた。

それまでは、顧みられることもなかった庶民の子ども、野放途に遊び暮すか、見様見真似で親の生業をまねるかしていた庶民の子どもを含めて、「小さい人々」全体が対象とされ、そのための小学校が用意された。そして「義務教育」が施行される。この制度の普及と徹底は、わが国の近代化にとって、不可避の国家的事業とされたのであった。

しかし、明治の子どもたちは、学校教育の中に囲いこまれたとしても、「放課後」という自由にデザイン可能な時間を所有していた。そこで、彼らのある者は、身近な書籍・雑誌の類いから好みのものを選び出し、好みのまゝに読み耽る時間をも持つことになった。もっとも、この「読み耽る力」も、学校教育の成果ではあるのだけれど……。

彼らのこの行為が、「児童向け読物」というジャンルを確立させることに機能する。彼らのこの行為が、大人たちの目を引いて、それを市場にのせる試みに着手させたからである。『少年園』に代表される少年・少女向け雑誌の出版など、その好適例というべきであろう。

三　初期少年・少女読物の「教育色」

初期の少年・少女向け読物にかゝわる出版者たちは、新しく子どもの世界に君臨し始めた「教育」という価値と無縁ではあり得なかった。何しろ、天皇に連なる少年たちから貧民階層の子どもまで、均《ひと》しなみに学校教育を受けるべき者とされたのであったから、この価値を欠落させるわけにはいくまい。彼らは、挙《こぞ》って自らの行為を教育色で彩ろうとして、その産出物を教育色に満ちたものにしようと企てた。彼らの行為は、権力に強制されたものなどではなく、近代国家へ向けて努力するいじらしい姿でもあった。何しろ、子どもは、近代国家の不可欠の財貨となったのだから。

子ども読物に、「芸術性」が求められるようになるのは、明治も終って、新しい時代、大正期に入ってからであろう。鈴木三重吉の主導した『赤い鳥』の運動は、その典型例である。大正期の主題は、「童心」であった。昭和初期に刊行された『少年戦旗』、第二次大戦下の軍国主義的読物、あるいは、敗戦後に雨後の筍のように輩出した民主主義的児童読物など、いずれも、「主題」をそれぞれの時代の中心的価値に求め、その「主題」を芸術性の高い筆づかいで表現することで、その時代の良貨であろうとしている。そうした仕方が、子どもの成長を助けるものと評価されたのである。そして、それ以外のものは、子どもの未熟な興味に阿《おもね》っただけの、低俗で非芸術的なものと貶められ、悪貨として子どもの世界から追放すべきものと評価された。

さて、こうして確立した「主題」と「表現の芸術性」という、児童文学の構成要素は、読物以外の子どもの放課後活動をも支配するようになる。かつては、子どもたちの自ずからなる快楽追求の現れであった「遊び」や、それを助ける「玩具」までもが、大人の監視下に入り、「教育的効果」を問われることになった。「遊び」や「玩具」も、何を目的とし、何を育てるかで評価されるようになっていくのである。たゞ、このことについては、後に詳述することとしたい。

四　「学校教育」と「児童文学」

「児童文学」が大正期の発生とされるのは、それが、対象の「読む力」に依存するからである。この時期に、児童文学運動が盛んになり、『赤い鳥』その他の児童文学誌が相次いで世に贈られたのも、このことと無縁ではない。大正期には、義務教育制度が徹底し、「読む力」を持った子どもたちが増えていったことが、児童文学運動を後押ししたものと思われる。

芸術的児童文学が、一定数の読者を想定し得たのも、教育制度の整備と無縁ではないし、また、読物や雑誌を良貨と悪貨に分けることに世間一般の注目が集まったのも、同様に教育制度と結び付く。つまり、中等教育の広がりが、インテリ女性を増加させ、彼女たちが都市中産階級の主婦となって、わが子の教育に熱心になったからである。彼女たちは、子どもの周辺に、芸術的な香気に溢れた雑誌類を置こうと心掛けたのだった。

学校教育は、学校教師に委ねるのが正当であろう。しかし、せめて家庭内の教育は、母親自身の価値基準で、尚かつ、「自身の好みのまゝに」、行いたいと考えたのではなかったか。大正児童文学が、小川未明に代表されるように、とかく感傷的で幻想的なのも、このことと無縁ではあるまい。

興味深いのは、国が定めた教師養成、すなわち「師範教育」に対する彼女たちの無自覚的な評価があるように思われる。「学校教育は教師に任せる」とは、師範教育を受けた者たちを、とりあえずは「教育のプロ」とみなす彼女たちの評価をあらわにする。しかし、「芸術教育はわが家で」と考えるのは、都市中流家庭の母親たちの無意識裡の評価を物語っていよう。

当時の子どもたちは、学校教師を「教えることのプロ」として尊敬し、その教えに従いながら、家に帰ると、母親の目に叶った絵本や物語に親しみ、母親の口ずさむ童謡を耳にしながら成長していったのであろう。もちろん、小学校教師たちの中にも、雑誌『赤い鳥』を購読する者が少なくなかったことを考えれば、教師たちも自身の欠落に気付き、芸術性に触れようと努力していたらしい。

さて、大正期児童文学が、子どもたちの「読む力」と、母親たちの「良貨への憧れ」に負うところ大であるとするなら、学校教育を批判するかに見える「児童文学運動」も、実のところ「学校教育の成果」に依存して発生したものと言い得る。より正確には、学校教育が子どもたちの放課後も「読むことへの興味」を誘発し、中等教育によって「教養」と「芸術性」に憧れる女性たちを作り出したことで、「芸術的児童文学運動」が発生し得たと言えるのではないだろうか。

五　「主題」と「表現」と「価値」

「児童文学」は、言葉と文字を媒介とし、書物の形で公にされる。そして、この形は、何ごとかを、また、何ものかを、「伝える」ために極めて有効であった。

たとえば、大正期の児童文学は、「童心主義の文学」と呼ばれる。ところで、この「童心」なるものは、無形で漠とした概念に過ぎない。日常的現実とは異なり、あり得ぬかも知れぬ目にも見えず耳にも聞こえぬもの。しかし、その童心の跳梁する世界を、現実の出来事であるかのように描き出さねばならぬ。そのためには、子どもの言動や彼らの夢想を借りることが必至であったし、「芸術的」と呼ばれる文章の力を借りねばならなかった。こうした模糊たる世界を浮かび上がらせるのに、芸術的文章表現は、極めて有効だったのである。

そして、この「主題」と「表現」が、個別の作品の「価値」を決定づけた。意味ある「主題」が、適格な「芸術性」で彩られてこそ、「児童文学」であり、子どもたちの読書にふさわしい。そして、いつの間にか、「子ども」は、斯《か》分野《の》について語ろうとする人々の視野から抜け落ちてしまう。後世、この時代を代表する小川未明に別れが告げられ、未明作品が全否定されたのは、この所以に他ならない。

先に触れたように「児童文化」が一つの領域とみなされると、かつては子どもたちの思いのまゝの「もて遊びもの」であった玩具や、彼らの自ずからなる身体の戯れであった「遊び」も、この領域に組み込まれ、「児童文化財」として教育的なまなざしに曝されるようになった。そして、その各々の「主題」や「表現」が分析され、その「価値」が求められるようになった。この玩具は、この遊びは、何を主題とし、いかなる表現をとるのか、と……。そして、「子どもの成長に、いかなる影響を与えるものか」と……。児童文学を構成した「主題」「表現」、そして「価値」などが、これらの文化財にも求められるようになったのである。

しかし、言葉と文章の構成体である児童文学とは異なり、玩具や遊びを同様の分析視点で分析し、価値づけることは困難と言うべきであろう。

たとえば「鬼ごっこ」という遊びは、ジャンケンその他の約束ごとによって「鬼」と定められた子どもと、その他との「追いつ追われつ」する遊びである。その場合、子どもの身体動作は「走る」という一点に集約されるから、「走ること」の身体効果を求めることが出来るかもしれない。しかし、この場合の「走ること」は、学校に遅れそうになって走ったり、忘れものを取りに家に向かって走るのとは大いに異なる。「遊び」を対象にして、構成要素ごとに分解し、その効果を問うことは、果たして可能か、また、妥当か、という問いを発せざるを得ない。

何しろ、遊びは、子どもの快楽を求める欲求と、同じく快楽を求める身体動作が、両者協応で動く時にのみ、「遊び」となるのだから。「玩具」もまた、しかりである。それらは子どもとのかゝわりを欠くとき、小さく奇妙な「たゞの物質」に過ぎない。何の役にも立たない「もの」なのである。

これらが、「児童文学」と決定的に異なる点はこゝにある。児童文学は、子どもが読む体制に入らなくとも、特有の価値を内包したまゝ、厳然としてそこに存在する。未明の作品は、子どもが読もうと否とにかゝわらず、「未明作品」として、そこにあり続けるのだから。

近代以降、子どもの読物は「児童文学」として「文学」の領域に組み込まれ、言葉と文章の構成体であることによって、「価値」を伝える役割をも担わされてきた。さらに「児童文化」というより広義の概念をも発生させ、それを一つの領域とみなして、様々な活動や、物質をもその領域内に組み込んで考える方向に機能してきた。しかも、「児童文化」という領域内で、「児童文学」の位置が大きかったことに刺激されて、その他の文化財も「主題」や「表現」が、そしてその「価値」が云々されるようになった。

ところで、現在では、大人たちも児童文化財に価値を探ること、より具体的には、子どもの成長に及ぼす影響を探り、そのものを価値づけることに飽き果て、あるいはその空しさに打ちのめされている。例を挙げよう。子どもたちが、スマホをのぞきこんで「ポケモンＧＯ」に熱中するとき、大人たちは手をつかねてみつめるしか、術を知らない。しかも、大人たちを自失させたとしても、これもまた「子どもの遊び」であり、「子どもの世界」であることは疑うべくもないのである。

六　言葉と文章と身体活動の後退

子どもの世界から、言葉と文章の後退が著しい。そして、身体活動もそれに続く。私たちは、そのことに敏くあるだろうか。

就学前の幼い子どもは別として、「小学校」という近代的な教育制度に組み込まれ、「読む力」を獲得した筈の子どもたちが、身につけた「読む力」とは逆比例して、放課後の時間を読むことに割かない。彼らの大半は、その興味を「読むこと」とは別の方向に向けているということのようだ。子ども向けの図書、延いては「児童文学」の衰退が歎かれるのも、止むを得ないことではある。彼らは、書物に向き合うよりは、スマホを手にして「ポケモンＧＯ」に熱中していたりするのだから。

子どもが野外で遊ばなくなったことも、大人たちの嘆きの一因である。屋内で部屋にこもっている彼らの時間を、大人たちはやきもきしつゝ、かつ心を痛めつゝ見守っている。

しかし、彼らは彼らの遊びを、「遊んでいる」。屋外ではなく部屋にこもって、仲間たちと戯れるのではなく、一人っきりで……。しかも、極めて「熱心に」、「時間を忘れて」、遊び続けている。そして、彼らの部屋にはパソコンが置かれたり、その手にはスマホが握られていたりする。子どもたちは、新しい器機に接触し、それを使いこなし、彼ら流の遊び方でそれらをもて遊ぶ。時に大人たちよりす早く、大人たちより巧みに、さらに大人たちよりも自由に……。

しかし、新たに一つの領域として確立した「児童文学」という書物群は、消滅することなく、新たな読者の前にその姿を誇示する。超高齢者社会と事ある毎に話題を呼ぶわが国では、高齢者たちが児童書を歓迎し始めたのだ。とりわけ、より長寿を誇る女性たちがその先頭に立つ。ある老人施設では、女性入居者たちから、次のような希望が出されたという。「図書費の一部を児童書の購入に当て、ライブラリーに並べて欲しい」と……。「児童書は、私たちの慰めとなるだけでなく、人生をゆっくりとみつめ返す手助けになるのだ」と……。

文字の大きさが高齢者の視力にふさわしいのか、挿絵の懐かしさに負うのだろうか、あるいは作品の奥深さを主張するのではなく、優しく語ろうとするその表現に魅力を感じるのだろうか。いずれにせよ、これらの書物群は、人生も終りに近く、自身の生き方をみつめ直そうとする人々にとって、それを助け励ますことは確からしい。

しかも、洋楽のレコードを収集し、ピアノコンサートに足を運ぶ人々であっても、選ばれるのは翻訳ものではない。日本作家による国産のものが好まれるという。「児童文学」は、ナショナル・アイデンティティの終局を彩るとでもいうのだろうか。

私たちのまなざしが、今後とも児童書に注がれ、私たちの愛がこれからも変わりなく児童文学作品に向けられるとするなら、これら新しい読者との関係にも目を向けるべきではないだろうか。そして、児童文学の消滅を歎くのではなく、こうした新しい出発を喜ぶべきではないだろうか。

近代社会が「児童文化」という領域を作り出し、その中に組み込んだあれこれ、すなわち、「遊び」や「玩具」や、その他もろもろも、「児童文化」という囲いの外に飛び出して自由に伴走者を探し求めているのではないか。子どもたちは別の相手を見つけ出して遠くへ行ってしまった。徒にこのことを嘆くにまして、新しい関係に目を向け、子どもと新しい器機たちとの、また、子ども以外の人々と、かつては「児童文化財」と範疇化されたあれこれとの、新たな結び付きとその動きを喜ぶべきではないだろうか。

子どもに関して言うなら、もし、新しい体制との間に欠損が見出された場合は、制度的にそれを補う方策を講じるべきであろう。たとえば、身体全体を使う遊びの衰退に子どもの側の欠陥が見られるとするなら、学校教育の中でそれを補う方法を考えればよい。スポーツでも、野外教育でも、あるいは部活や自由時間の使い方でも、補う方法は多々ある筈である。放課後の時間は、子どもたちのもの。彼らの好むまゝに使わせてやりたいと思う次第である。

結語
―この小論の結語、と同時に『舞々』という小雑誌の結びとして―

『舞々』の終刊号に掲載の機会を得たこの小論は、子どもたちが「児童文化財」との関係に疎になった現状に対して、半ばそれを肯定するような姿勢で書き進められている。確かに、私は、「児童文学」の衰退を歎き怒る境地には立っていないし、「遊び」の消滅を歎いて闇雲にそれと子どもたちを結び付けようとも考えていない。そんなことをして、彼らの自由な時間を奪う権利を、私には与えられていないと思うからだ。それに、昔から「本好きな子ども」はさほど多くはなかったし、「遊び嫌い」の子どもも、数は多くなかったかも知れないが、いることはいた。

私の個人的な経験の挿入を許されるなら、私は、「本に耽読し、外で遊ばない子ども」であった。しかも、読みふけった本は、「児童文学」ではなく、「少年少女名作全集」でもなかった。小学生の私が貪り読んだのは、父母の書棚に並ぶ「世界文学全集」や「日本古典全集」であった。もっとも、題名を見て、こっそりとひっぱり出すのである。もちろん、題名につられる選書は、失敗することも珍しくはなかった。

中で一番の傑作は、デュマ・フィスの『椿姫』である。可愛らしいお姫様の物語かと思いきや、娼婦を愛してしまった若者の悲恋の話であった。それに、冒頭は、亡き愛人の墓を暴く場面であるとは……。「何故、こんなすさまじい話に、『椿姫』などというまぎらわしい題をつけたのだろう」と恨めしかった。

やがて、小学校を卒える頃になると、母の郷愁もあってか、吉屋信子や北川千代の作品を買い与えられた。吉屋の不思議な美文に魅了されて、「こんな文章が書けたら」などと思ったりした。

「児童文学」などという書物群が、それほど普及していなかったのでもあろうか。私には小川未明の作品を幾つか読んだ記憶しかない。大正期児童文学を代表する『赤い鳥』など、成人になってから知ったほどだ。たゞし、北原白秋の童謡などには、比較的親しんでいて、母と一緒によく歌った思い出がある。

大人向けの『世界文学全集』や『日本古典全集』を読み耽った女の子としては、他の子どもと比して、文学的知識は豊富だった。少年少女向けの『巌窟王』が、『モンテ・クリスト伯』の簡略版であり、『あゝ無情』が『レ・ミゼラブル』の子ども版であることなど、すぐに解った。モンテ・クリストが最後に呟く「待て！而して希望せよ」は、これほど印象的な言葉はないと思えて、子ども版もこのまゝでなければ許せないとすら思った。もちろん、『源氏物語』が、源頼朝や義経の話ではないことも、早くから承知していたように思う。

「児童文学」に触れずに成長したことが、私にどんな影響を与えたかは判然としない。しかし、長じて後、翻訳児童文学に魅されたことは確かである。サトクリフやファージョンなどは、いまも時々読み返したりしている。しかし、こんなにも魅力的な作品に、子ども時代に触れていないことを後悔する気持ちはない。もしかしたら、「児童文学」とは、「大人のため」のものかも知れないと思ったりする。性愛とは無縁の友情のあたゝかさや、老人の魅力的な振る舞いなど、こんな世界がどこかにあってもよいと思うこともある。

私たちは、いま、「児童文学」の「児童」にだまされ過ぎている。むしろ、子どもを対象とした「読物」と捉えることの愚かさに気付くべきではないか。読者対象が、子ども以外の人々に移りつゝあることに敏くあるべきであろう。

「児童文学」に限らず、「児童文化」に関してもこのことは同様である。「児童文化」という概念を作り出し、それを一つの領域と考えた時代に、それはそれなりの意味を持った。しかし、いま、その領域内に組み込まれ、「児童文化財」と呼ばれたものやことを、解放し自由にしてやることが必要ではないか。「児童」との強い結び付きから解かれたそれらは、自由に伴走者を選び得ることで、あたらしくその命を輝かせ得るのではないか。

激しく動くこの時代に、私たちは、歴史が作り出し、その時代には意味を持ったであろうものやことを、新たなまなざしで問い直すことを忘れるべきではないと考える。

＊　＊　＊　＊　＊　＊

さて、『舞々』と名付けられたこの同人誌は、私の研究室に威勢のいゝ院生や研究生がたむろして、連日、気勢を上げていたことに始まる。各々が興の趣くまゝに、好みの文体で書き綴ったものを、そのまゝに、いさゝかの修正もなく活字に出来るような雑誌を、自分たちの手で作ってみようという試みであった。

創刊号から一〇号くらいまでは、私も、「好みのテーマ」で、「好みの文章」を書き散らして掲載していた。後にその幾篇かを私の単著に収録してみたが、その文章たちが借りてきた猫のように居心地悪そうにしていたことを想い出す。『舞々』は、ことほどさように、各々の文章に居場所を提供する雑誌であった。

たゞ、私自身は、その後の校務の忙しさや、依頼原稿などにかまけて、一〇号以降は手を引いてしまった。一〇号記念の祝宴を芝公園内のレストランで開いたとき、当時の論壇の先頭を走っているような方々から、祝電や生花などが届いて、大変に恐縮したことを覚えている。

私は、この小雑誌を長く続けるつもりはなかった。こゝから巣立った人々もいたし、この雑誌に掲載した論稿を単著にまとめた人もいた。「もうそろそろ」と思ったのである。

しかし、この小雑誌が、私の研究室から出ていった人たちを結ぶ場であることを惜しんで、「畏妹」の皆川美恵子さんが主幹となり、今日まで続くことになった。「畏妹」という言葉があるかないかは定かではない。しかし、彼女には、この言葉が、一番ふさわしいと思えている。

永年にわたる「畏妹のご努力」に、心からなる感謝を贈りたい。そして、同人の皆にも「ありがとう」「ご苦労さま」と告げて、この雑誌を閉じることとしよう。

ダッコちゃん論

―異形を身に付けた〝時代〟の女性たち―

皆川美恵子

はじめに

一九六〇年（昭和三十五年）四月、のちに「ダッコちゃん」と呼ばれるようになる人形が売り出され、日本全国に広まる一大ブームを巻き起こした。空前の爆発的な売り上げを記録したその人形は、三十㎝たらずのビニール製による女児の〝黒ん坊人形〟（当時の表記による）であった。空気を入れてふくらませると、輪形になった腕が抱きつくようになる。人形の目には、見る角度によって画像が変化するレンチキュラー印刷による特殊なシールが貼られており、ウィンクすることから「ウィンキー」と名付けられた。また、抱きついてぶら下がることから「木のぼりウィンキー」「黒ん坊ブラちゃん」としても売り出されたが、マスコミによって取り上げられる中で「ダッコちゃん」という名称が広まっていったとされる。

製造は、宝ビニール工業所で、一九五五年、葛飾区本田宝木塚町（現在の宝町）において佐藤安太（一九二四―　）が創業した佐藤ビニール工業所から発展した会社であった。佐藤ビニール工業所は、ビニール雨合羽などビニール製品の雑貨を製造していたが、ビニール人形の製作を進めることになった。

発売元は、ツクダヤである。ツクダヤは、佃光雄（一九一三―二〇〇七）が一九三五年、台東区浅草寿町で創業した玩具商店であり、一九五一年に水飲み鳥、一九五八年にはフラフープを、さらに後年の一九七三年にはオセロゲームを大流行させた玩具問屋である。

ところで、「ダッコちゃん」は、どのようにして世に送り出されたのだろうか。「ダッコちゃん」をデザインした大木紀元（一九四〇―　）が、五〇年以上を経て述べていることをまとめると、次のようになる。（註1）

① 当時、武蔵野美術大学一年生の学生であった大木紀元は、授業のない日に出社するという条件で佐藤ビニール工業所に採用されていた。デザイナーとして新しいおもちゃの試作品をつくっていたが、新素材の軟質ビニールを用い、当時の流行色であった黒で人形を作ることを思いついたという。

② 黒い玩具は子どもに売れることはないと、試作品は社内では不評だったそうだが、ウィンクするカマボコレンズをツクダヤが持ちこんできて、目に取りつけられた。この大木の記述から、デザインした黒ん坊人形を取り上げ、製造へと導いたのは佃光雄であったと思われる。大木は、「当時のおもちゃ業界は、問屋が圧倒的な力を持っていました。決定権も強かったのです。」と述べている。

③ ツクダヤは、発売後には、地下鉄の中吊り広告を打つなど売り出しに力を注いでいる。大木は、おもちゃ一つをそこまでして売り出すことを偉いなと思ったと回想している。当時としては、異例の販売戦略がとられたわけであり、玩具問屋であるツクダヤが販売を仕掛けていることが判明する。

④ 一八〇円のダッコちゃん人形は、発売直後から大売れに売れ、都内のデパート前には、客が、深夜から行列して買い求めたという。行列には整理券が配られたが、その整理券を五百円で売るダフ屋も出たという。勿論、人気に便乗して偽物も多く作られた。

　このようにして一九六〇年度、「ダッコちゃん」は、二四〇万個が販売されたのである。たかがビニール製のおもちゃのような人形が、市民経済を動かすような動きを見せ、経済界に大きな衝撃を与えた。人形玩具が日本経済を揺さぶった一大事件でもあったのである。

一　一九六〇年という歴史的背景

　ダッコちゃんブームが起きた一九六〇年（昭和三十五年）は、どういう年であったのだろうか。

　前年の昭和三十四年四月一〇日、皇太子御成婚により日本国中が明るく輝き出した。昭和三十三年十一月二十七日の皇室会議を経た正式発表によって、皇室が民間から化嫁を迎えることが告げられたのである。人々は、皇太子妃となる正田美智子が、経済的豊かさに裏打ちされた教養・趣味そして学識に優れた女性であることに加えて、何よりもそのような優秀な女性が民間人であることを、我が事のように喜び祝った。たとえ民間人であってもテニス、ピアノ、文芸に秀でることが可能であり、皇室に迎え入れられて妃になれるということなのである。誰でもが皇室という別世界に手が届くこと、皇室に近づくことができると信じられたのである。正田美智子の、友人からの愛称は「ミッチー」だった。こうしてミッチーブームが巻き起こったのであった。

　当時の少女雑誌には、ミッチーのブロマイドはもとより、多種多様なミッチー・グッズが添えられた。ぬり絵や着せ替え人形も登場した。昭和三十年、重要無形文化財保持者（人間国宝）となった人形作家の平田郷陽は、昭和三十四年二月の陽門会人形展に「佳き日」というテニス姿の正田美智子の人形を出品している。

同年十一月二十七日に完成した「美智子妃」は、御成婚前から取り掛かった作品と思われ、婚約中のカチューシャをした振袖姿の人形である。なお、カチューシャのようなヘアーバンド姿は、正田美智子のトレード・マークであった。完成は、四月一〇日の御成婚からすでに半年が経過していることから、人形は「美智子妃」という銘になっている。（註2）

このように人形や玩具の領域で、少女や女性たちが熱い憧れを寄せてやまなかった正田美智子は、皇室に入る前の民間人であることから、許されるかぎりのことが次々に繰り広げられたのである。

「ダッコちゃん」が発売された一九六〇年四月、戦後の日本の歴史において重要な事件が起きている。岸信介首相のもと戦後の経済復興が図られているが、日米新安保条約をめぐって、労働者ならびに全学連などの学生を巻き込み、激しいデモによる安保阻止の反対運動が起きている。六月四日のストライキには、国鉄が止まり、教職員もデモに参加したことから小学校の授業も取り止めになったところがある。全国で五六〇万人が安保反対に立ちあがったとされている。しかし、反対運動が起きても、新安保条約は自然成立して、貿易為替自由化となり、日米連携のもと日本は世界経済の真只中に向かっていった。そして、カラーテレビ、自家用車が普及してゆき、所得倍増の掛け声のもとに経済成長を遂げていったのであった。

日本はどこへ向かっていくのか。これから日本は、どうなっていくのか。戦後の社会的混乱が治まったが、経済的に安定した暮らしを実現するには、どうしたらよいのか。昭和三十一年の経済白書は「もはや戦後ではない」と景気上昇を明言している。このような急速な経済成長のなかにあって、昭和三十五年は、日本の進路が決まる重大な岐路に立った時であった。

二　「ダッコちゃん」の登場

一九六〇年（昭和三十五年）の春、日本の政治経済の分岐点において、突如、登場してきたのが「ダッコちゃん」であった。〝黒ん坊の女の子〟で、耳が大きく、唇は赤く、黄色の渦巻きのちょこんとした額髪、黄色のアイライン、見る角度によってウィンクする眼。どこかとぼけてウィンクする愛嬌のある女の子は、オレンジ色の腰蓑をつけ、誰にも抱きつくふわふわした空気の入ったビニール人形であった。［写真参照］　大人の女性が、まずは飛びついた。アクセサリーのように腕に巻きつかせて、外に出歩いたのである。夏の海水浴にも連れていった。テレビ、週刊誌は大々的に取り上げ、全国に瞬く間に広がっていった。

「ダッコちゃん」を製造した（当時の）宝ビニール工業所の佐藤安太は、五〇年前を回顧してのインタビューにおいて、流行の経緯を次のように述べている。（註3）

「銀座にあったデパートに展示しましたら、店員さんが『何コレ、

かわいい』って椰子の木にしがみ付いているウィンキーを外して、腕につけて昼ご飯を食べに行ったらしい。これがブームの着火点です。いつしか『ダッコちゃん』の愛称がついて、工場に注文が来るようになったのです。

ブームの爆発になったのは六月末の〔大相撲〕名古屋場所のテレビ中継でした。ダッコちゃんをつけた女性が桟敷席にいて、テレビに映ったのです。これで全国にダッコちゃんの存在が広まり、あっという間に話題のおもちゃになったわけです。それまで、おもちゃが全国的にヒットになるまで三年はかかると言われていたんです。それがテレビによって一瞬に変わった。商品のライフサイクルが変わったのは、この頃からでしょうね。」

この証言から明らかなように、ラジオからテレビへ移り変わった一九六〇年という情報社会の変化の中で、人形の「ダッコちゃん」は、テレビというメディアの力によって全国に瞬時に広がっていったのである。（註4）

人形というものの多くは、この世の幸せを願う呪的な意味が込められている。人形を歴史的にみていくと、主なものには、次のような人形があるだろう。

① 子どもの生命を守護する形代《かたしろ》としての「這子《ほうこ》」、そして子どもの未来の吉祥多幸を念じて贈られた御所人形など。

② 男児の健康と勇猛な成長を祈った端午人形、女児の健康と〝理想の結婚〟への祈りを込めた雛人形など、家門繁栄のために家内で祝われた節供人形。

③　子どもが、着せ替えなど、遊びの世界の密儀に同伴する抱き人形。
④　家の繁栄・寿福、そして邪祓いなどの意味が込められ、飾られた人形。
⑤　地域の祭礼の山車《だし》人形や、見世物としての菊人形など、多くの人々の眼前に出現し、都市の感性・人々の想いを奮い立たせる人形

しかし、「ダッコちゃん」というのは、それまでの人形文化から大きくかけ離れている。大人の女性が我が身に引き寄せ、身に付着させたのである。女児の遊びの抱き人形からも大きく逸脱している。それは女性たちが初めて外に向かって連れ歩いた異形の人形なのであり、人形文化の中で新たな地平を切り開いた人形なのである。

「ダッコちゃん」をデザインした当時十九歳だった大木紀元は、その頃、「黒」が大流行していたと語っている。

一九五六年の冬季オリンピックで、アルペンスキー三冠王となり、三つの金メダルを獲得したオーストリアのスキーヤー、トニー・ザイラーがいる。彼は、スキーヤーから映画の世界へ俳優として転身し、出演した映画が次々と日本で紹介され、やがて日本の蔵王や八方尾根を舞台に映画『銀嶺の王者』が撮影された。一九五九年十一月十四日に来日して翌年の四月十一日に離日する五ヶ月間、映画製作の為、トニー・ザイラーは日本に滞在している。甘いマスクで歌唱力もあるスターであり、「黒い稲妻」の異名をもつことから、東

洋レーヨンが新素材で開発したスキーウエアーは黒にして、トニー・ザイラーの人気に乗じて宣伝に起用している。日本のスキーヤーも黒いスキーウエアーに身を包み、トニー・ザイラーにあやかろうとして、日本のスキー場は、黒一色になったとまで言われている。鰐淵晴子と共演した映画『銀嶺の王者』は、「ダッコちゃん」発売の同時期に公開されているのだ。

一九六〇年の七月には、ジャマイカ民謡「バナナ・ボート」を歌ってアメリカで大ヒットをとばした黒人歌手のハリー・ベラフォンテが来日している。（註5）一九五七年から日本では浜村美智子が南洋スタイルの腰蓑をつけ肌を露出させながら異国の風情を醸しながら歌っていた。「デーオ、イデデーオ、コンミソタリマン、タリリバナーナ」と、多くの日本人にとって意味不明の不思議な響きは、まるで呪文のような異国の歌であった。ヨーロッパからもアメリカからも、異国の文化が「黒」という色彩で、刺激的に日本へ流入してきたのである。

国内に目を向ければ、前年の昭和三十四年七月、水原弘は、「黒いはなびら」という失恋の痛手の哀歌を大ヒットさせて、年末の紅白歌合戦に出場、第一回の日本歌謡大賞も受賞している。

また一九六〇年の流行語は「黒い霧」であった。松本清張の社会推理小説『日本の黒い霧』に拠ったものであった。第二次世界大戦後のＧＨＱによる統治下、激しい労働運動や社会不安の中、下山国鉄総裁の誘拐殺害事件が起きており、謎の多い未解決事件となっていた。その事件が米軍ＣＩＡの関与によるものだということを取り上げている。その他、次々と起きていた戦後の闇のなかでの不可解な諸事件を明らかにした。日本の政治経済、芸能文化の節目となる昭和三十四年から三十五年、「黒」の文化が瞬時に、強烈に花開いたということであろう。その「黒」こそは、幕末から日本沿岸に突如、現れて、開国を迫って徳川政権を倒すことになった黒船来襲と響き合っていることであろう。

一九六〇年は、まさに時代の大きな節目であったのだ。皇太子御成婚によって美智子妃が四頭立ての馬車に乗って宮中に昇っていくという晴れやかな国民的祝賀は、「表の文化」を華やかに彩っていった。沿道には五十三万人の人々が祝意を表わし、テレビの契約数も百万台から二百万台へと増えて、全国で喜ばしい結婚の儀を見守ったのである。

そして同時に、未来への不安感は、「裏の文化」として「黒」の色彩によってさまざまな分野と形態を以て突出してきたのである。その代表格ともなったのが、黒い「ダッコちゃん」という何者とも判明しない異形の人形だったのである。

皇太子と皇太子妃は、御成婚以来、いつも国民の前に二人なかよく寄り添っている。美智子妃はやがて皇后の位に就き、天皇の傍らに寄り添い続けている。二人の姿こそは、日本国民が理想とする男女のあるべき姿そのものである。私は雛研究において、「雛とは、男雛女雛の男女一対、つまり夫婦を雛型とした人形である。」と述べた。（註6）天皇・皇后が並び立つ雛のあり方の中に、生命の永遠性を求める日本人の「雛の心性」が具現されていることを提示している。

黒い「ダッコちゃん」は、わずか一年の爆発的な大流行で終わってしまった。しかしながら、ブームは短かったが、日本の大事な時代の一瞬を見事につかみとった人形だったのである。異形の人形「ダッコちゃん」は、伝統的な雛の文化の対極に位置づくものでもあった。その異形性をすばやく選び取り、引き寄せて、わが身につけたのは、若い女性である。安保反対の激しいデモが繰り広げられ、「黒」の色彩で将来のそこはかとない不安が渦巻いていた時、得体の知れない「ダッコちゃん」を腕に巻きつけたことには、巫女のような感性が働いているとも言えるであろう。

三 「黒」に秘められた両義的思想性

一九六〇年（昭和三十五年）が、日本の歴史上、特別な時間であったことを述べてきた。前年の皇太子御成婚の明るく晴れやかな希望に満ちた舞台から、六十年安保という政治経済的岐路に立った不安感に溢れた舞台へと転換したのである。皇室の祝典、国民的祝賀を「表の文化」とするなら、不安感から導かれた「黒」に彩られた文化を「裏の文化」と捉えてみたい。さまざまな「黒」が登場してきたが、ひときわ「ダッコちゃん」という黒い人形が、若い女性たちを初めとして、そしてさらには老若男女の心をつかまえていったのであった。

日本の民俗文化は多神教を基にしており、西欧の一神教文化と大きく異なっている。善と悪、正義と悪者とを明確に対立化させるのではなく、荒ぶる力も神々しい神として崇敬する。台所には、黒い竈《かまど》神（荒神）が祀られるのである。時に暴力的な悪魔的とさえ思える「裏」の黒い力を愛する思想性が日本にはある。皇室によるアマテラスの和神《にぎがみ》の尊崇とは別に、「黒」に秘められた、裏でありながらも優れた神性を尊ぶのである。「黒」に対して日本人は、両義的な感性を抱いていると思われる。「黒」の中に、豊かな力を見てとる感性があるのである。

黒い「ダッコちゃん」を生み出し、それをかわいいと愛した日本人だが、海外では事情が違って受け止められる。アメリカへ輸出された「ダッコちゃん」は、白人女性がかわいいと買ったとされるが、黒人たちには売れなかったという。ましてや南部では売れないと予想された。黒人の地位向上を求めての公民権運動が繰り広げられていたからでもある。

ところで「ダッコちゃん」が人種差別で問題視される事件が起きている。それは、一九八八年（昭和六十三年）七月二十二日の東京発の記事が載った新聞「ワシントン・ポスト」に端を発している。（註7）女性記者・マーガレット・シャピロが書いた記事には、アメリカではすでに見つけることのできない人種差別的な黒人キャラクターや玩具、シンボル・マークなどが、日本ではまだ存在するという内容である。当時の日本人には差別意識などはなく、むしろ好ましいという思いから用いていたのであった。特に槍玉にあがったのが、サンリオの黒人人形（サンボ＆ハンナ）、そごうデパートで用いていた水着姿の黒いマネキン（ヤマトマネキン製造）、カルピスの黒人を描いたシンボル・マーク、そして「ダッコちゃん」だった。タカラはすでに、黒い「ダッコちゃん」の製造・販売を中止していたが、社標である「ダッコちゃん」マークを、一九九〇年三月をもって中止したのであった。（註8）さらに、当時の日本では、絵本『ちびくろサンボ』が岩波書店をはじめとして約十社から出版されていたが、絶版に追い込まれ、本屋の店頭から消えることとなった。

一九八八年の日本は、バブル経済の真只中にあり、それに比してアメリカの経済は失速していた。日本社会は人種問題に無知であり、気配りに欠けると糾弾されたのだが、日本側は、理解力がないということではなく、黒人に対して差別意識が強くはなかったと言えるのではないだろうか。そして、多くの日本人は、黒人を用いていることに愛着心をもっていることから、日本バッシングとして受け止め、沈静化を待つという態度に出るしかなかったかと思われる。

日本人が抱く「黒」への両義的思想性を海外へ向けて発信するのは難しく、黒人問題という人種差別に触れることとなると、なおさら言及が至難となる。日本の幼児たちが、アンパンマンのみが好きなのではなく、バイキンマンも好ましいと思い、バイキンマンの悲しみの涙に共に泣くということ、裏の文化を愛おしく想う感性が醸成されていることを丁寧に伝えていかなくてはならないのだと思われる。

先に、一九六〇年七月にハリー・ベラフォンテが初来日して、公演を行っていると書いたが、その舞台を観た三島由紀夫は、昭和三十五年七月十五日の「毎日新聞」夕刊において「偉大な官能の詩―ベラフォンテの初公演」と題する評を執筆している。（註9）

三島は、ベラフォンテを「まさしく太陽のやうに輝いてゐる」「褐色のアポロ」であると讃えている。次に紹介するように「黒」への讃歌を惜しまない。

「ここには熱帯の太陽があり、カリブ海の貿易風があり、ドレイたちの悲痛な歴史があり、力と陽気さと同時に繊細さと悲哀があり、素朴な人間の魂のありのままの表示がある。」と書き、さらにまた「ベラフォンテには、衰弱したところが一つもない。ソクソクとせまる悲しみと叙情がある。これは、言葉は悪いが、『ドレイ芸術』とでもいふべきものの神髄で、たとえば『バナナ・ボート』で、彼が悲痛な声をふるつて『デオ、ミゼテオ』と叫び歌つて、強い声がハタと中空に途切れるとき、そのあとの間にわれわれは、力の悲哀といふやうなものを感じ、はりつめた筋肉からとび散る汗のやうなものを感じ……これらの激しい労働を冷然とながめおろしてゐる植民地の港の朝空のひろがりまでも完全に感じとる。」と続けている。

三島由紀夫は、黒い世界が胚胎した神々しい輝きを見事に言いあてている。抑圧の悲哀に裏打ちされた黒人ならではの歌唱の高貴さを称賛しているのである。

四　「ダッコちゃん」が生み出したもの

「ダッコちゃん」を製造した当時の宝ビニール工業所の佐藤安太は、五〇年後に次のように語っている。「ダッコちゃんブームは、私にとって〝真夏の夜の夢〟のようなものでした。一年後には完全に過去のものとして、ブームは跡形もなく消滅し、誰一人としてダッコちゃんに振り向かなくなってしまったのですから。」と。（註10）

一九六〇年に生まれた「ダッコちゃん」は、夏の数カ月でブームが去っていったが、その後も変化を加えた品々が作られた。そして一九八八年のアメリカからの糾弾によって、黒い「ダッコちゃん」が製造を中止し、社標も変更したことは前述した通りである。二〇一〇年は「だっこちゃん」誕生五〇周年であった。その記念として、黒ではない七色の「天使の羽」を生やした「だっこちゃん天使」が「ＶＩＮＫＹＳ　ビンキーズ」という名で発売されている。三世代にわたるファミリーによって愛されることが強く願われたが、広まることはなかった。

しかし、人に抱きつくアイディア、「だっこ」というポーズが好まれて、現在でも子どもに向けていろいろな「だっこ」人形が作られている。たとえば「アンパンマンだっこちゃん」「ドラえもんだっこちゃん」

「パンダだっこちゃん」「鉄腕アトムだっこちゃん」「キティちゃんだっこちゃん」などが発売されている。二〇一五年の永谷園（お茶漬けふりかけ発売元）の景品では、ＣＭを担当している相撲取りの遠藤関のだっこちゃんが製作された。とはいえ、それぞれは一過性のものでしかなかった。

時代は、「黒」の持つ両義的なダイナミズムを、すでに失っていたと言えるのだ。

ところで、宝ビニール工業所は、「ダッコちゃん」の大成功を基盤にして、人形玩具を開発していった。そして、株式会社タカラに社名変更した一九六七年（昭和四十二年）の七月、ビニール加工の技術を活かして、着せ替え人形・リカちゃんを発売する。すでに前年、中嶋製作所によって国産初のファッション・ドールであるスカーレット（十七歳の年齢設定）の人形が発売されていた。当初のタカラの目論見としては、先行発売されている人形が用いる「ドール・ハウス」を作ることであったという。しかし、先行人形のサイズが大きすぎて、「ドール・ハウス」遊びには適さなかった。そこで「ドール・ハウス」サイズにあった、女児たちの掌におさまるサイズの小さな人形（二十一㎝）を考案したのであった。このように、まず「ドール・ハウス」があっての人形誕生である。

当時の着せ替え人形、つまりファッション・ドールの状況について概略を説明してみよう。

一九五九年（昭和三十四年）、アメリカのマテル社がバービー人形を日本で製造していた。当時は、日本での人件費が安く、繊維産業も隆盛であったことから、日本において、山一商店、協和加工、中嶋製作所、セキグチなどを下請けとして生産を開始している。バービー人形の洋服製作リーダーを担当した宮塚文子によると、日本側のとりまとめは、ＫＫ国際貿易の野村貞吉であるという。（註11）なお、バービー人形の日本での発売は、逆輸入という形で一九六四年（昭和三十九年）から開始されている。

一九六二年（昭和三十七年）には、アメリカのアイデアル社のタミー人形が同じく日本での製造を始め、日本で売り出されたのは、一九六四年（昭和三十九年）である。

前述したように一九六六年（昭和四十一年）には、国産初のファッション・ドールであるスカーレット人形が、中嶋製作所から発売されていた。このように、バービー、タミー、スカーレットと、すでに多くのファッション・ドールが売り出されていたなかでのリカちゃん人形の登場であった。今や他のファッション・ドールの群を抜いて、日本の女児に愛され続けているが、リカちゃん誕生当時は、増淵宗一の言葉のように「遅れてきた小さなひ弱な」人形であった。（註12）しかし何と二〇一七年には、五十歳を迎えようとしているのである。なぜ、リカちゃんは、これほどまでに愛され続け、着せ替え人形として定着したのだろうか。

そこには、リカちゃんとして生み出されたキャラクターの特異性に、秘密があると考えられる。

五　西欧文化への憧憬

「ドール・ハウス」で遊ぶように作られた人形には、家のなかの物語、つまりファミリー・ヒストリーが必要になって来る。初代リカちゃんの顔の原型を描いた漫画家の牧美也子をはじめ、『週刊少女フレンド』による少女マンガの物語、リカちゃんで遊んだ多くの女の子の声などが集約されて、家族物語が作られていった。さらにそれらを書き換えての新物語など、リカちゃんの家族物語をめぐっては、五十年にも及ぶ歴史の

なかで、その時々に書き加えられたり変更もなされてきている。それら詳細な考察は、増淵宗一の研究が詳しい。(註13)

長い時間の経過のなかで、ファミリー・ヒストリーは紆余曲折しているが、落ち着いたところでは、母は服飾デザイナーの日本人、父はフランス人の音楽家(指揮者)であり、リカちゃんは、日本で母親と暮らす十一歳(小学五年生)の、ハーフのかわいい女の子ということである。リカちゃんが他のファッション・ドールと大きく異なるのは、バービーやスカーレットが、十七歳というティーンエイジで、人形も八等身の三十㎝と大きく、その年齢の着せ替え遊びとなるのに対して、リカちゃんは細身できゃしゃな五等身、二十一㎝の小さな人形であり、日本の女児が手にして遊ぶのに適しているという点である。ハーフであるものの黒い瞳、栗毛色の髪であることは、自分の分身のようでもあり、また異国性をも秘めている。父はフランス人と設定されたことは、アメリカ文化よりヨーロッパ、それもパリ文化の香気が漂っている。なお、スカーレットは、父親が日本人で母親はスイス人と物語が設定されているが、ヨーロッパ、それもスイス・アルプスの花々の香りに満ちている。

なお、リカちゃんとスカーレットの家族を比較すると、リカちゃんの母親は日本人であり、母系家庭であることがあげられる。スカーレットは父親が日本人なので父系家庭ということになる。増淵宗一は、『リカちゃんの少女フシギ学』において、早くから「母子枢軸」に着目しているが、日本社会の家族のあり方としての特性が、リカちゃんというキャラクターに込められているといえよう。リカちゃんは母親からの影響を強く受け、母親の深く大きな愛情が注がれてやまない子どもなのである。

デザイナーである母親の影響によりファッションセンスに優れたリカちゃんは、世界に流行しているお洒落な洋服に身を包む着せ替え人形でもある。日本の伝統的な家庭ではなく、両親が国際的に活躍する家庭の子どもであり、世界基準で理想的な「しあわせな家庭」のアイドルなのである。そして「リカちゃん」という個人名が付されたことにより、物語に包まれた、みんなが憧れるアイドル人形となったのである。

リカちゃんの最初のドール・ハウスは、持ち運びのできるトランク型の折り畳み式で、室内はボール紙製の三枚の背景カードによって部屋を変えるというものであった。つまり、住空間を含めた着せ替えであった。環境を着せ替えながら、快適なドール・ハウスに変幻させ、さまざまなかわいいファッションの着せ替えを楽しむアイドルなのであった。

一九六七年（昭和四十二年）生まれの「リカちゃん」は、やがて、その後の日本のアイドル・ブームを牽引するようになっていったのだった。テレビ番組「スター誕生」の開始は、一九七一年（昭和四十六年）十月であるから、「リカちゃん」発売の四年後である。つまり、人形が、生身の人間を先導していったのである。かわいい系の美少女アイドルたちは、リカちゃんのように、可愛らしいお洒落な洋服に身を包んでいった。ある精神科医は、自らを「香山リカ」と名乗ってアイドルに重ねている。

高度経済成長を遂げた時代、女児の夢見る理想としての少女像は、「リカちゃん」だった。国際社会のなかでリッチな家庭に生まれ育ち、かわいい洋服を次々と着ることができるのだ。香山リカの家の物語は、次第に富裕層への家族物語へと紡がれてゆき、揺るぐことのない完全無欠さであり、一抹の不安の影すらない。

「ダッコちゃん」は、一九六〇年の日本の不安感を秘めながら将来を抱きとめた異形の人形であった。異形性を湛えた「ダッコちゃん」から始まり、今やアイドル・タレントのみならず、アニメ文化、コスプレ文化へと連綿と続く、正統なファッション・アイドルの先駆け「リカちゃん」を誕生させたのは、タカラ玩具（註14）であった。このように「ダッコちゃん」を契機として、「リカちゃん」というアイドル人形を世に送り出したという意味で、タカラ玩具は、日本人形玩具史において、特筆される人形製造業社であり販売会社と考えられる。

六　アイドル文化の隆盛

銀幕の向こうの手が届くことがない映画の世界には、燦然と輝きを放つ憧れのスターが存在したが、カラーテレビの普及によって、多くのアイドルが生み出され茶の間に届けられていった。テレビの芸能番組では、一般公募のオーディションによって視聴者参加による手法を用いて、多くのアイドルを誕生させていったのだ。それは、かつての役者、歌手といった習練を積んだ特別の技能・職能をもったスターではない。時代が求めている雰囲気を湛えた、テレビの視聴者に支持されるアイドルが浮かび上がってきたのである。

アイドルという名称は、後から付けられている。最初、テレビの芸能番組では、「スター誕生！」の呼び声で募集された。「スター誕生！」は、若い歌手の発掘を目論んだ日本テレビのオーディション番組であり、歌手を目指す一般人が参加した。（註15）やがて歌唱力から「スター」というより、「タレント」の名称で呼ばれた。その後、茶の間の人気者ということで、ようやく「アイドル」の名称に落ち着いていった。

このようにアイドルは、見た目こそが大事であり、風体《ふうてい》が何よりも優先された。つまりは、歌唱力など拙くてもかまわない。何よりもかわいいことが求められたのであった。平成二十年代にまで続くジャニーズ系のさまざまな美少年アイドル、また、おニャン子・モーニング娘。・AKB48・きゃりぃぱみゅぱみゅ・パフューム等のかわいい系の少女アイドルたちは、世の若い男女が我が身に引き寄せ、自分を重ねたい偶像なのである。時代が求める雰囲気は、選び出されたアイドルの個性をより引き立てる為に、衣装・アクセサリーや、髪形・メイクなどのファッションによって補強される。アイドルを売り出すのは、プロの手によって演出されていくのである。アイドルは、人々の願望・欲望を引き受け、時代の想いを託された存在なのだ。やがて時代が進むと、アイドルは実在の人物を越えて、マンガ・アニメなどのヒーローやヒロインにまで広がり、多くのフィギュアが生み出されていった。そして今日、バーチャル・アイドルの初音ミクにまで至っている。

ところで、一九八〇年頃、東京原宿の歩行者天国のストリートで、中・高生が自己存在を示すかのように派手な衣装とメイクによって集団で躍っていた。彼らは、「ブティック竹の子」で衣装を調達したことから竹の子族と呼ばれた。一九九〇年には、ティーンエイジャーの女の子が顔を黒くして、髪はオレンジ、ピンク、金色、シルバーなどに染めたガングロ・ファッションが登場してきた。そしてヤマンバ、マンバと続くギャル・ファッションは、原色の服、光る装飾品を奇抜に取り合わせ、長い爪には派手なデコレーションがほどこされ、人目をひくメイクである。それらは無国籍であり、異形の風体《ふうてい》である。自分たちが求める自己イメージを自分で演出して街中を闊歩する少女たちは、芸能史における「風流《ふりゅう》」の系譜の亜流とも言えよう。

中世から近世にかけて、誰でもが参加可能の祭礼、念仏踊り、盆踊り、鹿踊りといった群舞が出現している。歓び祝う熱い想いは、踊りそのものにも、また衣装においても際立っていた。扮装などに趣向を凝らし、きらびやかに飾り立てて祭礼に参加したその華やかな芸態は、今日、「風流《ふりゅう》」と呼ばれている。

ガングロ、ヤマンバなどが自己投影させた、それらのファッションには、遠くは「風流《ふりゅう》」の人々の系譜に連なり、近くには「ダッコちゃん」に繋がる異形性に満ちていることは一目瞭然であろう。一九六〇年から三〇年を経て、一九九〇年には、腕に「ダッコちゃん」という異形の属性を巻きつけ街頭に出るのではない、自分こそが「ダッコちゃん」という異形そのものに変身を遂げたと言えるのである。すでに世界の中に投げ込まれている日本の不安感を敏感に読みとった少女たちは、どこの国にも依拠しない無国籍のアイドル像を求めたのであり、そのアイドル像に自己投影させたと考えられよう。

おわりに

「ダッコちゃん」という人形が、一九六〇年（昭和三十五年）の夏に突如として誕生し、夏の終わりとともに消え去っていった。人形史上、強烈な記憶を人々に残した「ダッコちゃん」とは何だったのだろうか。本稿は、その読み解きをおこなってきた。一九六〇年という時が、日本の政治経済の重要な岐路であったことと重ね合わせて考察を試みたのである。皇太子御成婚の国民的祝賀と対照させながら、未来への不安感が「裏の文化」を引き立たせ、「黒」という色彩への大いなる関心を呼び起こしたことを述べた。さらに、その「黒」の形象化を引き受けた人形として、「ダッコちゃん」という何者とも判明しない、空気の入ったふわふわとした異形の人形が登場し、国民的な支持を得たことを論じたのである。

日本の人形史においては、「這子《ほうこ》」という子どもの誕生から寄り添い続け、子どもの生命を守護する分身のような人形が、古くから存在している。その「這子《ほうこ》」が、抱きついてくる「抱っ子」へと突然変異したのが、「ダッコちゃん」とも考えられる。

「ダッコちゃん」は、短期間のなかで爆発的に日本中に流行したが、やがて同じビニール加工の製造業者から、うってかわって着せ替え人形の「リカちゃん」が生まれてきた。黒い人形から白い人形への転換、アメリカ文化からヨーロッパ文化への傾斜、抱きつくという今までにない形態の人形から女児に抱かれるという伝統的な人形への回帰、何者か不分明な人形から固有名詞と家族をもった着せ替え人形への急転。

こうして、ソフトビニール製の「リカちゃん」人形は、日本の小さな女の子に半世紀にわたって抱きとめられるという支持を勝ち得てきた。さらには、アイドル文化という時代の雰囲気を投影する人気者たちを輩出する文化を牽引してきたのであった。「ダッコちゃん」「リカちゃん」――二つの人形は、時代文化と深く関連している人形なのである。人形とは、時代によって生み出され、その時代の人々の想いを抱きとめる存在であることを際やかに証明していよう。

人形は、家々で密やかに、幸運を引き寄せる呪的な力が信じられてきた。やがて都市祭礼に曳き出された山車（だし）人形など、広く多くの人々の願い、コミュニティの祈りが込められていく。時代それぞれの要請を受けながら人形の呪的（ダイナミック）な力は、絶えることなく変貌していくのだ。

一九六〇年、大量生産・大量消費という大衆文化が爛熟する経済成長期を迎えようとしていた。その日本の政治経済の行方を決定する途上において、重大な時代の一瞬をつかみ取ったのが、異形性そのものの「ダッコちゃん」であった。

「ダッコちゃん」を身に付けて外出した若い巫女性を秘めた女性たちによって、日本国中で大流行が巻き起こった。日本人形史において、新たな人形文化が生まれた瞬間であった。あまりにも見事に時代の雰囲気を映した人形は、一大ブームとなったが、しかしながら、すばやく役目を終えたのである。

それは、「ダッコちゃん」が、まるで「風流《ふりゅう》」の神霊を呼び立てる「採《と》り物《もの》」にも似た、呪的ダイナミズムの象徴性を湛えていたからこそであろう。

《註》

（1）大木紀元「ダッコちゃんブーム」『文芸春秋』九十一巻二号　二〇一三年二月

（2）平田郷陽の多くの作品は、没後三〇年にあたる二〇一一年に開催された佐野美術館ならびに佐倉市立美術館の特別展において展示された。なお、その時に「美智子妃」も出品された。

（3）佐藤安太「ダッコちゃんブーム」『文芸春秋』八十八巻十五号　二〇一〇年十二月

（4）ここで「ダッコちゃん」の名称について説明を加えておきたい。『日本人形玩具辞典』（斎藤良輔編　一九六八年東京堂出版）の「ダッコちゃん」の項目では、商品名を「ウィンキー」としている。販売元であるツクダヤの佃光雄の自伝『佃光雄―その人と遺言』（一九八六年　勁草出版サービスセンター）に収められた略年譜には、昭和三十五年・四十七歳の「できごと・おもちゃ」として、「ウィンキー（ダッコちゃん）一〇〇万個販売の空前のブームを巻き起す。」とカッコ付きで「ダッコちゃん」と表記している。このように発売商品名は「ウィンキー」であることが判明する。

先の『日本人形玩具辞典』には、十月アメリカへ一万ダースが輸出されたと説明があり、さらにヨーロッパ各国へも輸出されているという。つまり海外へ向けての販売企画があったことから「ウィンキー」と名付けられたと推測される。なお、アメリカでは、「ウィンキー」によく似た「ウィンキー・プリンキー」（パチパチ色目を使う人形の意）という人形を作って、日本からの「ウィンキー」に対抗している。

一九六〇年八月二十一日の「日本経済新聞」の夕刊には、「わが世の夏でした」という見出しで、夏を稼いだ商売を特集記事にしているが、筆頭は「だっこちゃん」だと紹介している。記事の小見出しは「だっこちゃん」の表記であり、文面には「ウィンキー」「ウィンキーちゃん」「黒ん坊人形」「黒ちゃん」の表記が混在している。なお大きな写真も入り「フル生産のウィンキーちゃん工場」として女性従業員によってダッコちゃんが生産されている風景が紹介されている。このように八月末頃には、いまだ名称が確立していないことが確かめられる。しかしながら、人形を手にした多くの人々によって、「だっこちゃん」が選ばれつつあったことが窺われる。こうしてやがて、表記が「ダッコちゃん」へと定着していったと推測される。

（5）ハリー・ベラフォンテは、一九二七年、ニューヨークのハーレムで生まれており、父親は仏領マルティニーク系黒人、母親はジャマイカ系である。一九六〇年に黒人で初のエミー賞を受賞しているが、その後は、黒人の地位向上に向けて社会活動をしており、公民権運動家としてマーティン・ルーサー・キング牧師と共に、一九六三年八月、ワシントンDCにおいて「ワシントン大行進」をしたことでも知られている。

（6）皆川美恵子による雛研究は、『雛の誕生―雛節供に込められた対の豊穣―』（春風社　二〇一五年）にまとめられている。

（7）一九八八年七月二十二日の「ワシントン・ポスト」による新聞報道、その後の日米両国の新聞報道を比較した論考としては、次の論文がある。しかし、この論文は、日米の黒人キャラクターのイメージや認識の差を示してはいるが、コミュニケーション・ギャップが、どのような文化のあり方から導かれているかについての言及はない。
清ルミ「日米マスメディアにみる『ちびくろサンボ』・〝だっこちゃん〟関連報道の考察」『時事英語学研究』三〇号　一九九一年九月
（8）「ダッコちゃん」は、一九六〇年の一年限りの爆発的な大流行だった。一九六六年に再ブームが起きており、一九七五年は、創業二〇周年を記念して復刻版も登場した。しかし、かつてのような大ブームは巻き起こらなかった。黒人蔑視という批判が起きたため、一九八八年六月をもって製造販売は中止している。初代ダッコちゃんからの販売数は、累計六〇〇万個である。二〇〇一年、「だっこちゃん21」の名で、心の温もりを表現した七色の架空キャラクターをデザインしている。二〇一〇年には、生誕五〇周年を記念した「ＶＩＮＫＹＳ（ビンキーズ）～だっこちゃん天使と森のなかまたち～」が販売されたが、どれもヒットには至っていない。なお、タカラは、一九六一年、社標を「ダッコちゃん」をデザインしたものにしていたが、海外からの批判を受けて、その社標を一九九〇年三月に中止している。
（9）三島由紀夫の新聞評は、後に「ベラフォンテ讃」の題に替えられて『美の襲撃』（講談社　一九六一年）に収められた。そして『決定版　三島由紀夫全集　三十一巻』（新潮社　二〇〇三年）にも収録されている。
（10）佐藤安太「ダッコちゃんブーム」『文芸春秋』八十八巻十五号　二〇一〇年十二月
（11）宮塚文子「バービーと共に五十二年」『日本人形玩具学会誌　十八号』二〇〇七年
バービー人形の日本側の窓口であったＫＫ国際貿易について説明を加えておきたい。浅草蔵前に人形玩具問屋として野村貞吉が、戦後から登場してくる。『東京玩具人形問屋協同組合百年史』によると、東京玩具卸商同業組合が昭和十九年七月に解散するが、その時の名簿に同氏の名前の記載はない。戦後の昭和二十三年一月、都内の玩具人形卸業者一〇四名が集まり、東京玩具人形問屋組合が設立されるが、その時、野村貞吉は理事の一人として名前を連ねている。子息の野村芳朗も文化厚生部の一員として組合の文化事業を担当している。株式会社野村トーイ、ならびに海外展開のため株式会社国際貿易を設立して、父子で事業を拡大している。野村芳朗による野村トーイは、日本テレビ「ロンパールーム」の幼児教育番組の提供会社となり、一九六三年（昭和三十八年）から一九七九年（昭和五十四年）まで放映されている。玩具「ロンパールーム」は、その時に番組で用いた玩具が販売されたものである。また『よいこのあそび』という幼児用の教材雑誌も刊行している。戦後から浅草蔵前を拠点にして、華々しい人形玩具事業を繰り広げ、人形玩具業界を先導してきた野村トーイだが、一九九二年（平成四年）、アメリカの大手玩具会社ハズブロに買収された。

(12) 増淵宗一は、『リカちゃんの少女フシギ学』（新潮社　一九八七年）において、少女文化論としてリカちゃんを取り上げ、論評している。

(13) 増淵宗一は、リカちゃん人形誕生二十周年において『リカちゃんの少女フシギ学』（新潮社　一九八七年）、二十五周年には『永遠のリカちゃん』（みくに出版　一九九二年）、二十八周年には『少女人形論　禁断の百年王国』（講談社　一九九五年）、四十周年には「リカ・カルチャー研究―〝家族の物語〟を中心に―」『日本人形玩具学会誌十八号』（二〇〇七年）の論考を発表している。

(14) タカラ玩具は、「ダッコちゃん」、「リカちゃん」を発売した後、チョロQ、ベイブレードなどの玩具を大ヒットさせていった。しかし、海外展開で失敗し、コナミグループ、インデックスグループの傘下を経て、二〇〇六年（平成十八年）三月、トミー（一九二四年創業の富山玩具製作所を起源とする玩具会社）と合併し、タカラトミーとなった。「リカちゃん」は、現在、タカラトミーのもとで製造販売されている。

(15) 日本テレビの視聴者参加によるオーディション番組「スター誕生！」は、一九七一年（昭和四十六年）十月三日から一九八三年（昭和五十八年）九月二十五日までの十二年間にわたって放映された。日曜日の午前十一時から十一時五十五分までの五十五分番組であったが、終了一年前からは四十五分番組となった。番組の企画者は阿久悠である。この番組出場からスカウトされて多くのタレントが誕生しているが、花の中三トリオと呼ばれた森昌子・桜田淳子・山口百恵をはじめとして、ピンク・レディー、中森明菜など多彩なタレントが輩出された。テレビ草創期から一九七〇年代までは、渡辺プロダクションが多くのタレントを出していたが、この番組を契機にしてホリプロ、サンミュージックなどの新興プロダクションが参入してきた。

☆写真は、左記のインターネット・ホームページからの引用による。
「二〇世紀ひみつ基地ダッコちゃんブーム」（二〇一六年十二月二十日現在）
http://20century.blog.fc2.com/?mode=m&no=62

「着せ替え」のゆくえ

―ケアする〈わたし〉から〈わたし〉のプロデュースへ

森下みさ子

◆五〇歳の着せ替え人形

まもなく五〇歳を迎える。といっても、私ではない。日本発の着せ替え人形リカちゃんのことである。もちろん、リカちゃんはどんなに時が経っても白樺学園の小学五年生なのだから、リカちゃんがタカラ（現タカラトミー）から発売された一九六七年から数えて二〇一七年が五一周年に当たるということだ。

リカちゃんが誕生したころ子どもだった世代よりも下の年齢の女性で、リカちゃんを知らない人はいないだろう。欲しくても買ってもらえなかった人はもちろん、あのソフビの手触りが苦手で遊んだことがない人や、外遊びに夢中で人形遊びには縁がなかったという人でも、リカちゃんは知っている。それだけ人気があって、かなりの女子が「リカちゃん」の名を口にしていたし、コラボ力も高くて「〇〇リカちゃん」と呼ばれるような時代に即したリカちゃんが発信されてきたからでもある。今でもなお玩具店の一隅にはリカちゃんが置かれているし、毎年開かれる東京おもちゃショーには歴代のリカちゃんから今年売り出すリカちゃんまでがずらりと並ぶ。ポーズをとるリカちゃんを前に「かわいい」を連発する人も、懐かしがってカメラを向ける人も多い。大学の「おもちゃ論」の授業でも、リカちゃんを持っていたという女子大生は半数を越える。

しかし、一頃のように「リカちゃんを着せ替えて遊ぶ」ことが女児の遊びの主流になっていないのが現状だ。二〇一六年の東京おもちゃショーを見ても、女児の欲求を活かしたおもちゃとして売り出されるのは、「ゆめかわいい」アクセサリーやスイーツが作れる玩具、スマホのまねごとができる玩具、人形の頭でヘアアレンジやメイクができるものなど、着せ替えからは遠のいているように見える。肝心のリカちゃんもドレスアップよりはヘアアレンジやショッピングモールのようなシチュエーションに力が入っているようだ。

いったい「着せ替えリカちゃん」の「着せ替え」は、どこへいったのだろう？　細い腕にひっかかりながらも袖を通し、豆粒のようなスナップを留め、指先で慎重にリボンやフリルを調えて、ポーズをとらせたリカちゃんに「かわいい」とため息をもらすひととき。日本の小学五年生にはありそうにないパーティやショッピング、海外旅行、もっとありえないマクドナルドの店員のユニフォーム（小学生はマックで働けない……）も含めて、シチュエーションを変えては着せ替え、遊んでは、また着せ替える。あの情熱的ともいえる女の子たちの「着せ替え欲求」は、リカちゃんから離れて消え失せてしまったのか、それとも違う形をまとってあり続けているのか……。

かくいう私は、実はリカちゃん世代であるにもかかわらず、リカちゃんを（バービーもタミーも）持っていなかった。机の引き出しの小箱に入れてあったのは、祖母が千代紙で作ってくれた姉様人形と、少女雑誌の付録の（リカちゃんのモデルになったという）牧美也子描く漫画の主人公の紙の着せ替え人形だった。姉様人形は、きれいな千代紙が手に入ると首から下を挿げ替える形で着せ替えた。紙の着せ替え人形は、牧さんが描いた二、三枚の替えでは物足りず、さまざまにデザインして描いて切り取った紙の洋服を紙人形にかぶせるようにして着せ替えた。リカちゃんの着せ替えもしてみたかったが、その欲求はリカちゃんと合わせてふんだんに着せ替え用の服を持っている友だちの家に遊びに行ったときに、お気に入りの服を着替えさせてもらって満たしていた。

今思うと、私は姉様人形、紙の人形、立体の人形と、時代を超えた「着せ替え」を楽しんでいたことになる。人形自体も着せるものの形も素材も着せ方も異なるものの、そこには手元にある少女の姿に好みの服を着せたいという欲求が貫かれていた。おそらく、これらの着せ替え人形を通して、それぞれの時代の女の子たちは「着せ替え欲求」を満たしてきたのだろう。とすると、今、女の子たちの「着せ替え欲求」はどうなっているのか……ファッションドールがもたらしたものが何だったのかをとらえ、新しい着せ替えの形を追うことで、「着せ替え」のゆくえとその意味するところを探ってみたい。この稿では、リカちゃんから現代にいたる動きに焦点を当てることとし、歴史をさかのぼった「着せ替え欲求」の解読は別稿で展開することとする。

◆平面から立体へ

リカちゃんの前姿であるバービーが誕生したのは、一九五九年。ドイツの新聞のコミック・キャラであるリリがダディドールとして立体化されたのを目にしたマテル社のルースが、「（紙人形を）立体的にできたら、なにかすごいものが生まれるだろうに」（註①）と直感したところから着せ替え人形の立体化が始まった。もともとセクシーなボディに見合う娼婦的な性格をネタにしていたリリを、アメリカ中産階級の少女たちの手元に引き寄せるために、イメージ戦略としてどのような読み替えが行われたか、詳細はすでに解き明かされている。ここで押さえておくべきは、同性として紙人形の着せ替えを遊んできたルースが、その遊びの奥に、自分より少し年上の女性の身体を借りてあこがれのライフスタイルとファッションを実現してみるという、少女たちの欲求を感じ取っていたことだろう。

完成した大人の女性のボディに、おしゃれにデザインされ細やかに作られた服を着せる。手の平には女性の身体の確かな形と重みと手触りがあり、布地の質感も、スナップやファスナーの留め心地も、私たちが服を着るときと何ら変わりない。ひらひらする薄っぺらい紙の人形と服に、ありったけの想像力を込めておしゃれな装いと暮しを思い描いていた女の子たちにとって、バービーは「合成樹脂製の未来」（註②）を携えて自分たちに近未来の（夢ではなくて）現実を見せにきてくれたファッションリーダーであった。そこには、未来の理想的な「わたし」を実体あるものとして所有するという、少し入り組んだ、しかし、女の子の遊びの核にある「〈わたし〉遊び」の精神が宿っていたといえる。発売当初からヒールの底に穴を開け、突起のついたスタンドに立てられるようになっていたのも、動かして遊ぶ以上にモデルとして立てて「見る」という欲求に添うものだった。ポラロイドカメラをセットした「フォトバービー」がよく売れたのも、写真に収めた素敵な「バービー＝わたし」をわたしが所有するという、究極の「〈わたし〉遊び」が実現できたからだろう。こうしてバービーは、平面に比べて格段に実在感のあるバーチャルリアリティを披歴したのである。

◆ケアする〈わたし〉と「かわいい」

バービーが世界的なシェアを誇るいっぽうで、日本で人気を博したのはバービーの発売から遅れること八年、一九六七年に誕生したリカちゃんである。平面から立体へと立ち上がる想像力に魅せられたのは日本の女の子も同じで、日本に上陸したバービーはやはり女の子たちの興奮をもって迎え入れられた。しかし、セクシーなボディに現実味を感じない彼女たちがバービーよりも愛したのは、アメリカでは（大人になれない）ピーターパンの少女版と酷評された童顔の「タミー」であったし、あこがれの少女像は（私が持っていた紙人形のように）牧美也子描く愛くるしい瞳の可憐な少女だった。そんな女の子たちの意見も取り入れて、タカラが「リカちゃん」を産み出し爆発的なヒットにつながったのは周知のとおりである。「かわいい」をキーワードに産まれたリカちゃんが、日本の少女たちの着せ替え文化に定着していった経緯は、いくつかの著述に取り上げられている（註③）。ここでは重複を避けて、本論稿の鍵である「着せ替え欲求」の現れ方に注目してみたい。

そもそも着せ替え人形の立体化がもたらしたものは、着せる洋服の立体化でもあった。ただ小さいだけで私たちが着るのと同じ型紙、同じ布地、同じ縫製、同じ留め具を用いてできあがった服は、単に紙人形の上に紙の服をかぶせるのとは異なり、手をかけて「着せる」ことを要請する。遊び手は、まだ一人で服を着ることがかなわない小さな子どもを相手にしているかのように、袖を通しボタンを留めスカートをはかせスナップをはめて「着せてあげ」なくてはならない。

この一連の行為は、これまでは「お世話人形」「赤ちゃん人形」などと呼ばれるような、自分より幼い人形相手に行われるものだった。今は「ぽぽちゃん」や「メルちゃん」のような幼児型の人形が定着し、幼児の成長にかかわるものとして家庭や保育現場でも積極的に用いられている。これらの人形は赤ちゃんのように見なされ、ごはんを食べさせたりおむつを替えたり着替えをさせたりする遊びの中で、幼児がそれまで受けた愛情と成長が確認されていると考えられている。それに比して、遊び手より年長であこがれの対象である着せ替え人形は、本来赤ちゃんのようにお世話してあげる対象ではない。もちろん、姉様人形でも紙人形でもこちらが手をほどこさない限り着替えることはできないが、実際に着せる行為は紙を用いて短時間に簡単に行われ、そのこと自体に大きな意味はない。いっぽう、リカちゃんの着せ替えには自分が服を着る以上に細やかな手さばきが求められる。さらに、小指の先ほどの靴を履かせて、髪をとかしてリボンをつけてあげなくてはいけないのだ。

同じことは、バービーにもいえるはずである。しかし、一人前のシングルガールであるバービーの場合、より成熟し完成した女性像を求める遊び手にとって「着せてあげる」行為が大きな意味を持つことはないだろう。経済的にも自立していない、「かわいい」少女のリカちゃんにおいてこそ、「着せてあげる」行為が意味を持って浮上してくるのではないだろうか。女の子たちにとってリカちゃんは、あこがれの対象でありながら手をかけて「着せてあげる」対象であり、「あこがれ」の中に愛しんで「ケアする」感覚を含みこんでいるといえる。

すでに指摘されているように「かわいい」という感情が上位から下位に向かって生じるものであるとすると（註④）、リカちゃんを着せ替えるという遊びは、上位をまなざす「あこがれ」の中に、下位に注がれる「かわいい」を内包した感覚を併せ持つ遊びなのである。さらに、これがリカちゃんに〈わたし〉を投影する「〈わたし〉遊び」であるとするなら、女の子たちの着せ替え欲求が目指すものは、（バービーがそうであるように）

気ままにおしゃれを楽しむ将来のわたしなどではなく、ずっとケアされ続ける「かわいい」わたしを継続的に愛おしむことであったといえる。

◆リカちゃんになる〈わたし〉

日本の少女にとってバービーとの距離はありすぎる。いかにも外国人で、いかにも大人でセクシーで、いかにも自立していそうなバービーは、少女たちよりはるか上位にあり、その距離を現実に埋めることは難しい。それに比してリカちゃんは、手を伸ばせば届くかもしれないほどの上位にいるだけでなく、着せ替えを必要とする頼りなさにおいて、わたしの下位においてケアすることもできる「かわいい」存在である。リカちゃんは、近距離で〈わたし〉を投影し、わたしが〈わたし〉を「かわいい」と包むことができる装置であるともいえる。このような人形と〈わたし〉の間にある距離がもっと縮まって重なった時、〈わたし〉はリカちゃんになり、わたし自身の身体を使って着せ替えを楽しむようになる。

その環境が整って表面化したのが、一九九〇年代に起こった「少女ブランド服」の流行だろう。それまで、敬遠されてきた少女服の市場、まさしくリカちゃんの年齢にあたる十代前半が着る服のブランド化に成功したのは、（株）ナルミヤインターナショナル（註⑤）である。思春期前期にあたるこの年齢は、急激な身長の伸びだけでなく、体型も変わりやすくアンバランスになりがちだ。おしゃれな服を買ったとしても、翌年にはもう着られなくなる。変化しやすい体に合わせる服は、その場しのぎの簡便なものになりやすく、新たな需要がのぞめないため市場が開拓されることはなかった。ところが、このすぐに洋服が不要になってしまう「成長し変化する身体」を、むしろ「消費可能な身体」として読み替えることによって市場が産まれたのである。今年の服が来年着られないのであれば、それこそ新しい服の需要を促すではないか。大人のように体型が定まっていないからこそ、次々と新しい服を着せ替える理由ができるではないか。ちょうどリカちゃんで育った世代が母親になっていたことも功を奏したかもしれない。リカちゃんに成り代わって着替えたい娘と、リカちゃんのように娘を着せ替えたい母親の「着せ替え欲求」を具現化したのが、「少女ブランド服」であったといえる。

しかし、少女ブランドがスムーズに波に乗ったわけではない。着やすい、動きやすい、洗いが効いて丈夫、大人が見て「子どもらしい」などという従来の子ども服の価値観をことごとく裏切って、ナルミヤが提案する少女服は、この年齢の少女たちだけが着ることができるインパクトの強い、彼女たち特有の「かわいい」を貼りつけたようなデザインに溢れていた。この独特のデザインと彼女たちが口にする「かわいい」との関係については別稿（註⑥）に取り上げたので、ここではその奥で蠢いていた「着せ替え欲求」の変化に目を向けていこう。

少女ブランド服を広めるのに貢献したのは、少女のファッションに特化した雑誌（『ニコラ』『ピチレモン』など（註⑦））と、その雑誌でモデルを務める少女たち（「ニコモ」「ピチモ」など）である。正面に大きくブランドロゴを入れる、ブランドキャラクターを貼りつける、柄と柄を組み合わせる、反対色をぶつける、ラメを使ってキラキラさせるなど、大人が抱く服の定式とは異なる「わたしたちの服」をわたしたちのものとして着こなすことで「かわいい」を発信したのは「読モ」たちだった。「読モ」すなわち「読者モデル」は、リカちゃんと同じ小学五年生をはじめとして、雑誌読者から選ばれる雑誌専用のモデルである。自分たちのファッションに興味を抱く読者と同年齢の少女として、彼女たちは「リカちゃん＝わたし」を演じてみせ、人形に仮託していた夢を軽々と実現してみせたのである。

しかし、ここで注目したいのは、彼女たちが少女のファッションリーダーとして躍り出るときの起爆力は、それまで蓄積されてきた服の美意識とは異なる、むしろ新しい刺激に満ちていて、それだけ他人の目を引くインパクトの強いものであったということだ。それは、あたかもステージにあがったタレントのように、「わたしがかわいい」を主張する。そこには、大人たちが根拠とするような常識的な美の基準はないといってもいい。むしろ、これまでの服に対する美意識をことともなげに覆して、「かわいい」という言葉を大量に発信することで「これがかわいい」というわたしたちの価値観を産み出していく。キモカワ、コワカワ、ゲキカワなどの合成語が、少女向けファッション誌に氾濫したのも、このころである。（註⑧）

空白といわれた市場に水を得た少女たちの主張の前には、従来の美意識が弾け飛ぶだけでなく、これまで服に求められてきた丈夫さも洗い安さも着心地も消え去る。ＴＰＯも関係ない。いや、無関係というよりも、彼女たちが「かわいい」という時の服がその「時」に似つかわしく、彼女たちが着て歩く場所こそが最もふさわしい「場所」になる。このとき、「かわいい」を貼りつけた少女たちの身体は、服を着る厚みを失い「かわいい」とされた記号を貼りつける平面のように薄くなるだろう。その姿は、「着せてあげる」ボディを持っているリカちゃんよりもはるかに軽量化されているのだ。

◆電子空間上の着せ替え

「かわいい」記号を貼りつける着せ替えの行く先は、再び立体から平面に向かう。その先に現れたのが、カードのデータをスキャンして電子空間上でキャラクターを着せ替えるカードダスゲームであった。二〇〇四年に発売となった「オシャレ魔女ラブ and ベリー」（セガ）は、二〇〇三年以降男児対象に流行したカードダスゲーム「甲虫王者ムシキング」（セガ）を参考に、女の子向けに作られた電子空間上の着せ替え遊びである。ラブかベリー、どちらかの少女を選んで髪型・服・靴などが描かれたカードをそれぞれゲーム機にスキャンすると、画面上にそれらを身に着けた少女が現れる。その時点で「オシャレパワー」が表示されるが、その後ステージに上がった二人のダンスに合わせてボタンをたたく音楽ゲームを行うと、さらに「いけてる度」が加わるという仕掛けだ。このゲームの人気に関しては別稿で取り上げているので（註⑨）、ここではゲーム化したことによって「着せ替え欲求」に何が生じていると考えられるかを探っていきたい。

立体から平面へ着せ替えが移行したと記したが、紙人形のそれに戻ったわけではない。手にとって着せ替えるファッションドールのボディを手放す代わりに少女たちが手に入れたのは、画面上でスポットライトを浴びてダンスするキャラクターの身体である。文字通り「ラブ＆ベリー」では、ダンスシーンを演じるためのステージが選択できるようになっており、キャラクターたちはステージに上がるアイドルとしてステージ衣装に着替えているのである。そこには、リカちゃんを保護膜のように包んでくれていたファミリーも、豊かなアイテムを調えた居心地のよさそうなハウスも、かわいいリカちゃんを演出する物語（設定）も必要ない。背景となる日常は（起床時以外は）取り払われて、あるのはステージで勝負するアイドル、そのファッションのみである。自分がリカちゃんになれる年齢の少女たちが専用のブランド服に目を向けるいっぽうで、それまでリカちゃんにあこがれていた幼い女の子たちは「アイドル」になりきるための着せ替えに夢中になる。

このアイドル着せ替え欲求に、より明確な形を与えたのが、二〇一一年に現れた「アイカツ（アイドル活動のこと）スターズ」、略して「アイカツ！」（バンダイ）である。カードダスを使って「トップス」「ボトムス」「シューズ」など五種類のカードをスキャンして着せ替え、ライフやダンスをはじめとするオーディションを勝ち抜いていくという展開は、基本的には「ラブ＆ベリー」と変わりない。ただ、「キュート」「クール」などのタイプ（キャラクター）が増え、それぞれにグレードアップやスターアピールのプレイがついているほか、ユニットメンバーを選んでコーディネートする機能も加わっているので、よりいっそうアイドルをプロデュースする感じが強化されている。クロスメディアとしてゲームと同時にアニメや関連グッズ、お菓子や食玩なども展開しているが、そのベースにあるのはキャラクターを使った着せ替えであり、アイドルをめざす少女たちがコーディネートするセルフプロデュースが主軸になっている。キラキラと輝く画面上で行われる着せ替えは、「セーラームーン」をはじめとして現在にいたる戦う美少女たちの「変身」に近い。着るのではなく、日常から離れて別次元に移動するための手段になっているのだ。

「アイカツ！」の成功に続いて、さらに「わたし」とアイドルを近づけたのが「プリパラ」（タカラトミー）である。ゲームの仕様はそれほど違わないが、「プリパラ」では自分のゲーム履歴が記録される「マイチケ」と、友だちと交換することによって互いのキャラクターと画面上でチームが組める「トモチケ」を用意して、より遊び手が中に入り込めるようになっている。背景となるアニメ『プリパラ』では、アイドル養成校が舞台となり、ユニットを組んでステージを競い合うという、さらにセルフプロデュースを進めた内容が展開されている。その条件に見合うかのように、カードにプリントされた服をはじめとするアイテムは、「アイカツ！」のさらに上をいくキラキラとまばゆい色彩と輝きに溢れており、着せ替えというよりは、魔法がかった変身といったほうがいい。どれくらい「かわいい」といえる情報を「盛る」ことができるか、情報同士の組み合わせで相乗効果が得られるかがゲームになっているのだが、そこに統一された基準があるわけではない。最初から多種多様なタイプに分かれてそれぞれが目指す「かわいい」に向かっていることを考えると、これもまた女児の遊びに共通する「〈わたし〉遊び」ゲームであるといえそうだ。ただし、そこに働いているのは、「かわいい」で〈わたし〉を包み込むケア的扱いよりは、「かわいい〈わたし〉」を演じて見せるプロデュース的志向だろう。そして、この志向は、後述するように、「〈わたし〉の身体」のとらえかたにもかかわる問題であると思われる。

◆シールによる着せ替え

多くの遊びが電子空間を活用する現在、着せ替えが電子空間上で行われるのは必然なのかもしれない。が、実はもっと手軽に、安価に、女の子たちに遊ばれ、さらにその対象年齢の幅を広げつつある着せ替えがある。それが「着せ替えシール」だ。

もともと「シール」は、子ども文化の中で男女ともにきわめて大きな領域を有する、人気の高いおもちゃの一つである。その前身は「うつし絵」といわれるもので、水や熱を使ったりこすったりすることで紙に印刷された絵を別のところ（紙製品や身の回りの物、肌の場合もある）に「うつす」遊びだった。それがどのような時代の要請と技術によって作られ広がり、「シール」という名称に変わって子ども文化に定位したかは、稿を改めて論じることにしたい（註⑩）。ここでは「シール」という名称が使われるようになった背景には、そのもとになったラベルやレッテルのように「貼る」機能が大きくかかわっていたことを押さえておこう。上手に「うつす」こと自体が遊びであった「うつし絵」に対して、簡単に「貼る」ことが可能になった「シール」はおまけなどに用いられ、ところかまわず貼って大人を困らせるか、大量に集めて見せ合うか、きれいなものを選んで交換するか、が遊びの主流だった。が、シールに「何度でも貼り替えられる（再剥離）」という新しい機能が加わったことで遊び方にも変化が生じる。「貼り替えられる」とは、すなわちシールを使って「着せ替えられる」ということである。

比較的低年齢（就学前から小学校低学年ぐらい）の女児を対象とした「着せ替えシール」の流行が報じられたのは、二年ほど前である。少し膨らみのあるシールでできた女の子に、シールでできた服や靴下や靴、帽子やバッグなどを貼りつけることで「着せ替え」ができる。吸着力があるのではがれることはないが、取り替えたいときは簡単にはがして貼り直すことができるのだ。さらに、着せ替えシール用のノートも用意されており、このノートが森やお城、街や海辺、物語の世界を想わせるシーンなどを描いているので、それにふさわしいかっこうをさせたシール人形を貼れば、それでシチュエーションが完成する。ゲーム以上に競い合う必要がなく、自分の好みの場所に、自分好みの恰好をさせて貼ることで、しばし自分の世界に浸る。持ち歩いて、いつでもどこでも開いて着せ替えることができるし、自分なりの物語を作って遊ぶこともできる。

そして何より、実際に服を着せる感触はないが、「貼る」という実感があることは確かだ。この一抹のアナログ感とメルヘンティックな日常感が、ステージ化されたゲームに抵抗を感じる年長者層にも受け入れられるのだろう。内藤ルネデザインの懐かしいおしゃれを楽しめる「着せ替えガールズ」や、ファッションに詳しいイラストレーター渡辺直樹デザインの「おしゃれノート」などは、母親世代までカバーする人気を発揮している。

◆「着せ替え」のゆくえと身体感覚

こう見てくると、少女たちの間で「着せ替え欲求」が消えたわけではないことがわかる。電子画面の光彩やシール面の光沢を得て、その欲求はむしろ華々しく、強く、主張するようにさえなってきている。そのいっぽうで、人形を「着せ替え」るという、手間と時間のかかる面倒な行為が省略され、同時に人形の「身体が服を着ている」という実感が薄れてきている。そして、この「着せ替え」に対する扱いの変化は、私たちが「服を着る感覚」の変容と密にかかわっているような気がするのだ。

かつて、少女たちが二次元面で紙の着せ替えを遊んでいたのは、大人側からすれば教育的価値が望めない着せ替え遊びに対応するような人形が作られていなかったからである。バービーを発信するときのハードルの高さを思い浮かべればよいだろう。しかし、一端ハードルが乗り越えられて、少女たちのあこがれの着せ替えが立体面で実現した後に、あえて二次元化がはかられた背景には、私たちの「着る」感覚の変化が読み取れるのではないだろうか。いつのころからか、私たちはネット上で服を選ぶことに抵抗感がなくなってきている。もちろん、私のような豆粒体型は実際に着てみないことには安心できないし、年配の人ほど手触りや着心地にこだわって試着を求めるだろう。が、若い人の間では、（さまざまな角度から撮られていたにしても）ネット上のフラットな面に写し出された画像をみて、気に入って「見える」ものをクリックして手に入れるのが当たり前のようになってきている。自分が着てみて、着方や着心地を確かめ、鏡の前でくるくる回りながらチェックして、ようやく決心するだけの「身体の厚み」がなくなってきているのだ。

私たちは、服を「当て嵌める」ように、あるいは「貼る」ように着始めているのかもしれない。今や服は「記号」として私たちの身体と出会うのである。もし、顔や身体と合わなければ、画面上で次々と服を変えてみるだけでなく、場合によっては顔色や身体の方を加工してもよい。変幻自在に加工して撮ることができるプリクラの写真のように。イメージの方を先行させて、そこに自分の身体を嵌めていけばよいのである。つまりは、服と同時に記号と化した身体を選び、軽々と身体を着替える感覚である。実際のところ、身体はそうそう簡単に着替えられるものではない。しかし、食事制限や運動などのセルフコントロールの大変さを見せずに、CM上は　before と after　を軽々と、まるで〈自分〉を着替えたかのように見せてしまう時代である。今日の技術によれば、写真でも映像でも画面に投影された身体は、実像を反映する鏡像とは異なり、画面上で加工可能な身体となる。「今、ここ」に在る身体ではなく、「今、ここ」に居る〈わたし〉でもない、画面に投射された像は、身ぐるみ「着せ替え」られるかのようだ。この変わり身の速さと軽さこそ、常にイメージが先行し、変化しやすい身体を持った少女たちが、いち早く、軽々と実現してみせた変身ぶりであり、それが「着せ替え」遊びの延長と重なっている、そんな気がしてならないのである。

《註》

①M・G・ロード／実川元子・野中邦子訳『永遠のバービー』（キネマ旬報社）一九九六、五〇頁

②前掲書、七〇頁

③解釈を伴うものとしては、増淵宗一『リカちゃんの少女フシギ学』（新潮社）一九八七、増淵宗一監修『リカちゃんハウスの博覧会』（INAXギャラリー）一九八九、『少女人形論　禁断の百年王国』（講談社）一九九五、大塚英志「〈リカちゃん人形〉」『少女民俗学』（光文社）一九八九、香山リカ『リカちゃんコンプレックス』（大田出版）一九九一。発売経緯や展開を記したものに、小島康宏『リカちゃん生まれます』（集英社）二〇〇九、タケヤマノリヤ『想い出のリカちゃん』（らんぷの本）二〇〇三、などがある。

④増淵宗一『かわいい症候群』（NHK出版）一九七四、島村麻里『ファンシーの研究』（ネスコ）一九九一、四方田犬彦『「かわいい」論』（ちくま新書）二〇〇六、古賀令子『「かわいい」の帝国』（青土社）二〇一一等を参照。

⑤一九九一年七才以下の子ども服を売り出すが、すぐに少し上の少女たちを対象としたジュニア市場を開拓、「エンジェルブルー」「デイジーラバーズ」等の少女専用の人気ブランドを産み出した国内メーカー。一九九七年創刊の少女向けファッション雑誌『ニコラ』の少女モデルに自社服を着せたところ、ブームとなり二〇〇三年に売上がトップになる。

⑥森下みさ子「子ども文化における『装う』」『別冊子どもの文化6』（子どもの文化研究所）二〇〇四

⑦『ニコラ』（新潮社）一九九七年に出版された少女向けファッション雑誌、『ピチレモン』（学研プラス）一九八六年創刊当初は女の子向けの総合情報誌だったが、一九九五年にファッションに特化して売れるものの二〇一五年に休刊。

⑧⑨森下みさ子「子ども雑誌の世界―現代消費社会と少女雑誌」『消費社会と子どもの文化』（学文社）二〇一〇

⑩以下に一部を取り上げている。森下みさ子「シールの水脈―カワイイを「貼る」こと」『開花宣言』八号（白百合女子大学児童文化学科）二〇一六

おなかの痛い「ごん」

―幼児理解から『ごんぎつね』を読む―

田澤　薫

二人の子どもたちは年齢が四歳半離れているので、上の娘が小学校二年生になったとき、下の息子は二歳半ばだった。二人は就寝時のお話を楽しみにしていて、いつも一冊ずつ絵本を携えてベッドにやってきた。一つのベッドに三人でくっついて横になり、両脇に子どもたちの息づかいを感じながらお話を読む時間は、私にとっても至福のひと時だった。

そんなある日、二歳半の息子のリクエストが『ごんぎつね』（新美南吉作　かすや昌宏絵　あすなろ書房（註①）だったことがある。

長いお話よ、いいの？といいながら、それでも、いつも姉の読書に付き合ってそれなりに楽しめているから、まぁいいわね、と読み始めた。

「ごんぎつね」は、よく知られているように、一人ぼっちのいたずらぎつねのごんと貧しいお百姓の兵十との物語だ。兵十が獲ったうなぎを、ごんは兵十の気が引きたくてしたいたずらで横取りしてしまうが、その後まもなくして兵十の母親が亡くなったことから、あのうなぎは兵十が瀕死の母親が所望するに応えて獲ったものに相違ない、とごんは悔悟の情を抱く。兵十の理解を得られないまま、いわし売から盗ったいわし、山からひろってきた栗、ときには松茸も、と、ごんはせっせと兵十に対する償いを行動化するのである。

償いは実らず、ごんは、山の幸を兵十に届けたところを、「こないだのうなぎをぬすみやがったあのごん狐めが、またいたずらをしに来たな」と思い込んだ兵十に、火縄銃で撃たれてしまう。

「ドン」

ここで、二人はわっと泣き出した。

兵十とごんの気持ちのすれ違い。一人ぼっちで寂しいがゆえに理解が得られない行動に出て顰蹙を買ってしまうごん。ごんと兵十の双方の事情が分かっているだけに、相互のすれ違いをもどかしく思い、やきもきしながら鳥瞰してきた観客ゆえの涙が振り絞られる場面である。

最後まで読み切った後、娘が涙の下からとぎれとぎれに口にする感想に、私は大いに共感した。

今わの際に、兵十にわかってもらえたごん、兵十の許しと無念とが、銃の筒口から青い煙となってたち上っていく。一人ぼっちの者同士ここから友情が育まれていくのなら、どんなにかいいのに。で

も、兵十に「ごん、おまいだったのか」と問われてうなづいたごんには、兵十がごんの思いを理解したことがわかったから、ごんは一人ぼっちのまま死んだのではない。そう、ごんは一人ぼっちのまま死んだのではないね。

ところが、である。

一方の二歳児は、お腹を押さえて泣いている。

「おなかが、いた〜〜い。いた〜い、いた〜い。」

え？　彼は、ごんになっていた。

いたずら者のごん。人の気を引こうとして、することなすことが思わぬとんでもない結果を招くごん。とんでもない結果になってしまってから、後悔してばかりのごん。本当は大好きな兵十にくっつけないとき、兵十の影法師をふみふみ後をついて歩くことで自分の気持ちを満たそうとしていたごん。そうか、君は「ごん」なのか。

目をギュッとつぶり、息も絶え絶えに泣く二歳児。

大丈夫だから、お目目を開けてみて。

「だめ。おなか、おなか、あな　あいたから。いた〜い、いた〜い」

ほら、大丈夫だから。お腹に穴はあいていないよ。ほら、さわってみて、お目目を開けて自分で見てごらんなさい。

やがて、恐る恐る目を開けて、彼は「ごん」からうちの子に戻った。

以上は、幻の『舞々二十三号』に投稿する心づもりで、随分以前に書き留めておいた原稿素案である。新美南吉の作品「ごん狐」は、長い間、小学校四年生「国語」の各社教科書に採択され続けていて、いわば「共通教材」として知られている。日本中の小学四年生が、どの出版社の教科書で学ぶかに関係なく、国語の時間に「ごんぎつね」を勉強する。

そして、このことを知ったうえで、年長組の保育教材として「ごんぎつね」を決まって取り上げる幼稚園や保育所は少なくない。

ある保育者たちとの話のなかで、年長組の担任が例年、年間の保育計画の中で大切にしている歌やお話があり、「ごんぎつね」はその一つとして扱われていると聞いたことがある。夏のお泊り保育や秋の運動会が終わり、年長児たちが年長組として大分まとまり、そろそろ巣立ちの時期を意識して保育の仕上げにかかる頃。それも、これから主活動に入るという午前中ではなく、午後の、それもお帰りの支度の前あたりの時間帯に読んで、遠慮なく泣ける子どもたちの姿に接すると、よかった、今年の年長さんもいいクラスに育ったと思う、というような話だった。

これだけのまとまった長さのおはなしを、年長児とはいえ、集団で聴き入ることができる子どもたちに育ったこと、感動を表出しても笑われたりしないという安心感のあるクラスに育ったこと、それが「ごんぎつね」を読むと実感できるのだという。

年長組の子どもたちは、事情を解して火縄銃を取り落としそうになる兵十がつぶやく「ごん、おまいだったのか」で堪え切れなくなって泣く、という。物語が終焉し、しばらく泣くに任せておいて、落ち着いてくると、問わず語りに子どもたちは話し始める。

「ボクもね、ボクも、ごめんねって言ったら、許してもらえて、でも、ごんはきつねだから兵十にごめんねって言えなかったんだ」

友達の気を引こうとする行動が周囲に受け入れられないことが多く、トラブルの中心になりがちな幼児が、自分をごんに投影させている。自分は保育者に支えられながら「ごめんね」を皆に伝えることができて許された経験ができたのに、ごんはできなかった。きつねで、ごめんねを言う機会がなかったからだ…。自分に重ねてごんの思いを汲んだからこそ、兵十に直接語りかける機会に恵まれないごんの境遇の切なさに、彼は深く心を動かされている。「うん、うん」と、許した側の幼児たちも、この子の言葉に耳を傾けて、うなづいている。うなづく仲間の姿にまた、ボクの語りは支えられる。

「ごんは、はいどうぞって、言えればよかった」

人一倍恥ずかしがり屋の幼児は、どうしても「いうべき言葉」が言えない。小さい組の人たちに向き合う行動は、とても優しい。届ける物も、きちんと持って運べる。でも、言葉が出せない。言葉がないと伝わらないことが、やっぱり本当にあるみたい。この子にとって、「ごん」の無言の善行が伝わらなかった現実は重い。

「ごんはね、兵十のことが大好きだったんだよ。だって、ごんは兵十の影を踏んで歩いていたから」

この子の家庭にはつい先ごろ、赤ちゃんが生まれたばかり。以前は、母親に手を引かれて登園してきたこの幼児が、母親の片手が抱っこベルトの乳児に添えられるようになった現在、母親の洋服の端や肩掛けカバンや、母の身体に連なるどこかに手を触れながら登園してくる姿を保育者の目は捉えている。「お手々をつないで」とは要求しない。でも、兵十の影法師を踏み踏み歩くごんの思いを、この子はしっかり汲み取っている。

こんなことを、年長児は語るという。そして、それぞれの語りを、それぞれがしっかり聴いている。どの子の作品理解も、その子の生活そのものが背景になっている。仲間の「ごん」理解は、みんなで共有される。ずっと同じクラスでやってきて、互いの人生を知っている幼児たちには、互いの「ごん」理解がとってもよくわかるから。

物語に親しんで育ってきた五歳児、特に、集団で物語に親しむ機会を多く経験してきた五歳児は、まさに「協同する」（註②）体験として「ごん」に出会っている。

「ごん」に自分を投影すると、ごんの思考や感情、言動を通して、読者は「ごん」を生きることができると同時に、作品世界において「ごん」が向き合う他者の思考や感情を思いやることができる。物語のなかでは、互いの思考や感情がストーリーの展開と共に説明される。自ずと、読者が思いやっていた内容が、概ねあたっていたことを知ったり、あるいは修正されたりしていく。

次いで、「ごん」に思いを寄せつつ「兵十」にも思いを寄せる切実さのなかから、両者の事情に関心が向くと、彼らを俯瞰するようになる。まるで鳥が空の上から双方のやりとりを眺めおろすように鳥瞰する経験は、事柄を自分の側からだけ理解する主観的視点を超えて、物事を客観視する視座を獲得することにつながる。「ごん」の目からは見えないものがあること、「兵十」の目からも見えないものがあること、そのすれ違いの状況が空の上からだとはっきりと問題点まで見えること、文字通り立場による見え方の違いが、わかる。

そして、物語世界に入り込むうちに、客観視することで示される解決方法がなかなか実現されない世の中の不条理さも味わうことになる。どうにもならないことが、この世の中にはある。視点を広げて俯瞰することで見えてくる世界が変わることもわかるけれど、その立場からはどうしてもそうとしか見えないこともある。そのために、どうにも避け難く悲しいことが起こる。どうにもならない悲しいことは、泣くに相応しいできごとでもある。大きくなっても、大人でも、泣くに相応しいことというのはある。その場合、しっかり泣いていい。泣いていい場面で泣いて、それを笑う人の方がおかしい。

これまで、「泣かなくなってえらいね」「泣かなくなって、さすが人きいおにいさん、おねえさんだ」と言われながら成長を支えられることが多かった幼児が、「泣くに相応しいこと」に出会う体験も、「ごんぎつね」は負っている。

最初に古い草稿を紹介した通り、私は、図らずも二歳児の「ごん」との出会いに立ち会う機会に恵まれた。二歳児のごん理解の緊迫さに接してみると、年長児では自己が脅かされないように自分とごんの間の距離を保って自己投影がなされるようになっている成長に驚かされる。年齢に応じた発達と他者との距離感覚の関連は深い。翻って考えてみれば、小学校四年生になってから、国語の教材として初めてごんに出会う子どもが、ごんの友達になるのはなかなか難しいのかもしれない。

新美南吉が生母を亡くしたのが満四歳、継母を迎えたのが満五歳であることを知った。「ごん狐」そのものに、五歳の坊やの心持ちが落とし込まれているようにみえてくる。

《註》

①あるときの「舞々」勉強会の折に、本来「お話」である作品を安易に絵本化することへの危惧が指摘されたことがあり、大いに学ばされた。一方で、絵本としてそこに在ることは、幼児自身が「これ、読む」と大人との読書体験の共有を図る余地を残す。そう考えると、絵本という物体であることに意義があるが、絵が、「お話」の本質を損なうものは避けたい。「ごん狐」の場合、たとえば最後の場面で、倒れたごんの表情や兵十の姿勢と表情が描かれ過ぎると、読者が不自由になる。このとき読んだ絵本は、「ドン」のあと、立ち尽くす兵十は足が描かれるばかりである。兵十の表情はもとより、このあと兵十は、そのまま立っていたのか、ごんのもとに駆け寄ったのか…いずれの考えも否定されることはない。

②幼稚園教育要領(平成二十年文部科学省告示第二十六号)第二章ねらい及び内容　人間関係　三内容の取扱い(3)より

『だるまちゃんシリーズ』に込められた作者の思想

武田　京子

だるまちゃんシリーズを代表作品とする、かこさとし（加古里子）は、科学知識の本と物語絵本に分類される作品を約五〇〇点作り出している。本稿では、人間観及び家族観が表れていると考えられる、物語絵本『だるまちゃんシリーズ』を対象に、かこさとしの作品分析を行う。

一　かこさとしの生い立ちと経歴

かこさとし（本名・中島哲）は、一九二六年（大正十五年）福井県武生市に姉兄本人からなる三人きょうだいの末子として生まれた。恵まれてはいない経済状況に加えて、昭和初期の長子を優先する養育環境であった。父親は、「いずれ家を継ぐ長男は何とかして教育しなければならない」という長子優遇の教育方針をもっていたものの、子煩悩であり自分自身が次男であった経験からか、このような対応に疑問をもっていた。かこは、幼いなりに父親の心情を理解し、そのような状況になると、さりげなくその場を離れるような行動をとるようになった。父親はその穴埋めをするかのように、模型飛行機が気に入った様子を見せると、値段の安いもののほうがよく飛ぶのに、値段は高いけれどあまり飛ばないほうを買って与えるなどの行動をとり、子どもの気持ちとちぐはぐな状況になることもしばしばあった、という。

しかし、十二歳年上の兄に対する父親の期待は大きく、勉強の相手をしたり、ポプラの木に鉄棒を作ったり、自彊術という体操をやらせたりして精一杯努力をしていた。兄を医者にしたいという父の望みは、入試の失敗、肋膜炎、学資の枯渇、戦争、そして兄の死という無残な結果となって終わった。

一九三四年（昭和九年）八歳のときに父親の仕事の都合で家族は、東京板橋の長屋に住むようになる。かこは、小学校の先生からは、文学やスケッチなどの指導を受けた。もともと、絵を描くのは好きだったが、父親からは、「絵描きには絶対になるな」「絵では金は稼げないし、そうするとお前だけでなく周りの人間まで苦労する」と言い続けられていたので、絵を描くことは父親の目を逃れてすることとなった。

真の意味で、絵を描くことや子どもとかかわることの楽しさを教えてくれたのは、長屋に住んでいた六歳ほど年長の少年だった。この少年は、貧しさや父親の酒乱のため生育環境は好ましいものではなかったが、幼い弟妹の面倒をよく見るし、学校でも模範的な少年であった。身の回りのもので手品をして見せたり、絵も上手で武者修行中のお侍のヒトコマ漫画を描いたりして、周囲の子どもたちの敬愛の的であった。絵が単に上手というのではなく、いろんなところにユーモアがある、子どもの心をひきつける何か魅力を持っている人で、かこは級友二人と共に弟子入りをするほどであった。

旧制高等学校を卒業したのち、一九四五年十九歳で東京大学工学部の学生になる。大学では、「人間がその身をもって人間に伝える」演劇に惹かれ、演劇研究会に所属し、俳優としてではなく大道具や小道具を作る裏方の仕事を行った。また、医学部の授業にもぐりこんで死体の解剖に参加したり、文学部や教育学部の授業にも参加した。「自分の児童文化活動へ最も影響を与えたものは、幼少時に与えられた豊かな自然環境である」という幼少時の経験と学生時代の経験によって、さらに子どもへの関心が高まり、「日本の子どもを賢く健やかに育てたい」と考えるようになった。子ども向けの最初の作品は演劇『夜の小人』で、研究会の活動として子ども向けに行う初めての活動であった。観客の子どもたちは、かこが予想したのとは違う反応を示したので、「もっと子どものことを知りたい」と思うようになり、のちのセツルメント活動や人形劇への参加につながった。「子どもは最高の観客でね。つまんなかったら、さっさといなくなっちゃう。そういう洟《はな》たらしがみんな教えてくれましたよ」（註①）と、かこは、子どもが持っている面白さを見極める目の正しさを述べている。

大学卒業後は化学関係の会社に入社した。研究所の仕事と労働組合の執行委員をしながら、一九五九年まで「教育紙芝居研究会」の活動に加わり、紙芝居の演出や技法を学んだ。並行して人形劇集団「プーク」に参加し、観客組織化の仕事をしていた際に、子ども会のリーダーとしてセツルメント活動を始めた。ここで学んだ子どもとのかかわりの深さは、絵本作品に大きな影響を与えていると考えられる。また、セツルメント活動で、子どもの遊びについて観察し、遊びの重要な意義を見つけた。絵本製作と並行して、子どもの伝承遊びや絵描き歌の収集と分析・考察を五十年間にわたって行い、全国から集められた二十九万余りの資料は『伝承遊び考1～4』（小峰書店・二〇〇六）という大きな成果を残している。

二　かことしの絵本製作について

セツルメント活動をしていたころは、紙芝居の作成がほとんどであった。「絵本を作りたい」という気持ちはあったものの、「絵本は編集者が作るもの」という意識が強く、出版には至らなかった。セツルメント活動のメンバーで、福音館書店のアルバイトをしていた内田路子（のちに、グラフィックデザイナー・絵本作家として知られる堀内誠一の妻となる。）が、「私は、いまある出版社につとめている。ところであなたのことを編集者に話をして、いよいよ書いてもよいことになった」（註②）とハガキをよこしたのをきっかけに、当時、福音館書店の編集を行っていた松居直に紹介され、意気投合して絵本製作に取り掛かった。

処女出版の絵本は『ダムのおじさんたち』（こどものとも　一九五九）であり、次に『かわ』（こどものとも　一九六二）、と発表したが、当時、科学をテーマとした絵本は珍しいものであった。セツルメント活動の場である川崎は、造船、製鉄などの重工業が盛んな場所であり、集まってくる子どもたちの親の職業も、それらに関連したものが多かった。松居との話し合いの中で「今の日本の状況に一番ふさわしいもの」を題材にしよう、ということになり、「造船」か、日常的な停電から生じた電気や発電から「ダム」のどちらかへと方向付けがされ、最終的に「ダム」に決定した。その後、ダムについて入念に研究し、正確な知識に基づいた絵本が完成した。物事に正確さを要求する姿勢は、その後も引き継がれ、出版後に間違いに気付いた作品を回収するということもあった。

物語絵本は『だるまちゃんとてんぐちゃん』（一九六七）から始まり、二〇一二年二月の時点で一四三刷を重ねている。かこは、会社勤めの傍ら、セツルメント運動をするうち、外国の子ども向けの雑誌を購読するようになった。それらには、戦争中に発表できなかった児童向け作品が紹介されており、非常に強い影響を受けた。中でも一番強い印象を受けたのがロシアで出版された、民俗玩具マトリョーシカを主人公とした絵本であった。「子どもを出さずに子どもの本になっていて、おもちゃでありながら、出てくるキャラクターそれぞれに性格があって、ストーリーになっている」（註③）ところに感動を覚え、一九五八年、教育紙芝居研究会の機関紙『紙芝居』に、『マトリョーシカちゃん』を紹介している。すぐに翻訳絵本化はされなかったが、のちに福音館書店からこどものとも年中向き（一九九〇年十二月号）として翻訳刊行をしている。マトリョーシカからヒントを得て、民俗玩具を主人公とする、今までは考えられなかった発想を実現しようとする。「自分の国のおもちゃでも、おもしろいものを作ろう」と考え、日本らしくかつ目立つものとして、だるまを選んだという。「無国籍の児童文化が多かった戦後の時代、そういう時だからこそ日本的な、民族性に富んだものを作りたいと思い、親しんでいた玩具のキャラクター題材を選ぶことにしました」（註④）。

だるまとは、古代南インド、香至国の第三王子で、中国の嵩山岩窟において九年間座禅を組み修行をした達磨大師である。達磨大師が日本に伝来すると、不屈黙想の精神が感動を呼び、親しみのある髭の相貌と赤橙色の丸い僧形の日本的な姿になって多くの玩具になった。かこは、達磨の幼児形としてだるまちゃんを日本の子どもの代表として絵本作品に登場させた。その後のシリーズでは、相手役として天狗・雷・ウサギ・虎・大黒・りんご・天神・山姥などの幼児を登場させている。実在する生き物ばかりでなく、妖怪や神様なども含まれており、日本文化を象徴しているようにも感じられる。主人公のだるまちゃんは、自分の家に友だちを招いたり、遊びに行ったりする子どもの日常的な生活の中でストーリーが展開し、子どもらしい行動や考え方、それに対する大人たちの対応なども描かれており、作者の子ども観・家族観等が反映されている。

だるまちゃんシリーズは、二〇一四年七月に刊行された『だるまちゃんとにおうちゃん』まで四十七年間で九巻刊行された。

三　だるまちゃんシリーズの作品分析

❶『だるまちゃんとてんぐちゃん』（こどものとも　一九六七年二月号　十一月普及版）

だるまちゃんは、友だちのてんぐちゃんの持っているもの、うちわ、ぼうし、はきもの、赤くて長い鼻を次々と欲しくなる。相談されたお父さんのだるまどんは様々に工夫し対応するが、なぜかずれている。そこでだるまちゃんは、自分なりのアイディ

図①　絵づくしの技法
『だるまちゃんとてんぐちゃん』20～21頁

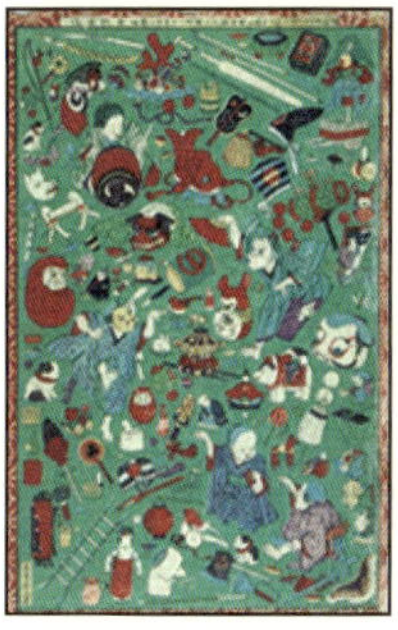

図②　おもちゃ絵
正久画　明治期

アを出し、それらしいものを手に入れる。だるまどんはそのたびにはめて、だるまちゃんのことを認めてくれる。読者である子どもたちにとっては、だるまちゃんの工夫のヒントが、前の場面に提示されており、繰り返しによってクイズに参加している気分を味わうことができる。答えが違ったときは前の場面に戻って確認をすることができるのは、「文字が語るのではなく絵が語る」「戻って確認できる」という絵本の持つ特徴を生かした作品ということができる。また、父親であるだるまどんは、子どもの要求を頭ごなしに押さえつけるのではなく、そっくり同じものを与えるのでもなく、だるまちゃんと一緒にいろいろ考えてくれる姿勢を示している。さらに、だるまどんのずれた対応は、子どもの遊びの世界を拡大したり、アイディアを引き出すための効果となっている。結果に対してほめて賛同してくれる、かこにとっての理想的な父親像が、だるまどんに投影されている、といえる。

だるまどんがだるまちゃんに対して、さまざまなアイディアを示す場面は（5頁、8～9頁、12～13頁、20～21頁）、江戸時代の「おもちゃ絵」と呼ばれる色刷り木版画の「絵づくし」の手法で表現され、だるまちゃんのほしい「鼻」をだるまどんは「花」と理解してしまうところでは、言葉遊びの手法も使われている。

❷『だるまちゃんとかみなりちゃん』（こどものとも　一九六八年八月号　同年こどものとも傑作集）

近未来に時間設定をし、「未来社会はこうである、というイメージを作り、それならばこんなこともおこるだろうというようにさかのぼって、『かみなりちゃん』の世界を描きました」（註⑤）、空から落ちてきたかみなりちゃんをだるまちゃんが助け、そのお礼にかみなりちゃんの家に招待されるストーリーである。

雷は落雷によって生命を奪うほどの自然現象であり、文化面からも「昔の各民族では、天空の主神の怒りや魔獣の怪声とされ、日本でも俵屋宗達の屏風絵のごとく鬼面裸体の蕃神が叩く太鼓」（註⑥）と受け取られていた。このストーリーでは、恐ろしい雷ではなく、ユーモラスな雷の家族を描き、恐ろしく見える雷様にも家族はあり、本質的には私たちとは変わらないことを示唆している。前作では全面的に父親を頼っていただるまちゃんであるが、この作品では浮輪を木に引っかけてしまい困っているだるまちゃんを自分自身で助けようと、最大限努力しているところに、成長の様子をうかがい知ることができる。

この作品が作られて四十年以上経過し、当時は不可能であったベルトコンベアー、リニアモーターカーは実現している。しかし、読んでみて古臭い感じがしないのはなぜなのか、非常に不思議である。

図③　雷神
『風神雷神屏風絵』（俵屋宗達）

❸『だるまちゃんとうさぎちゃん』（こどものとも　一九七二年十二月号　一九七七年傑作集）

この作品の主人公は、子どもに人気の高い実在の動物ウサギである。うさぎちゃんと妹のうさぎこちゃんが登場し、これまでは、目立たない存在であった、妹のだるまこちゃんが活躍する場面が出てくる。

雪の降った後、だるまちゃんとだるまこちゃんが、外で遊んでいたうさぎちゃんとうさぎこちゃんと出会い共に遊ぶ話である。だるまちゃんたちは、いろいろ教えてあげる立場である。雪、てぶくろ、ナプキン、りんごを使ってウサギやだるまを製作する場面があり、工作の絵本的な要素が盛り込まれている。図鑑的要素の強い科学絵本に見られるような「絵の近くに文字を配列する」技法も使用されている。セツルメント活動で培われた人形劇の楽しさが、うさぎちゃんたちに手袋人形で演じて見せる様子に反映されている。

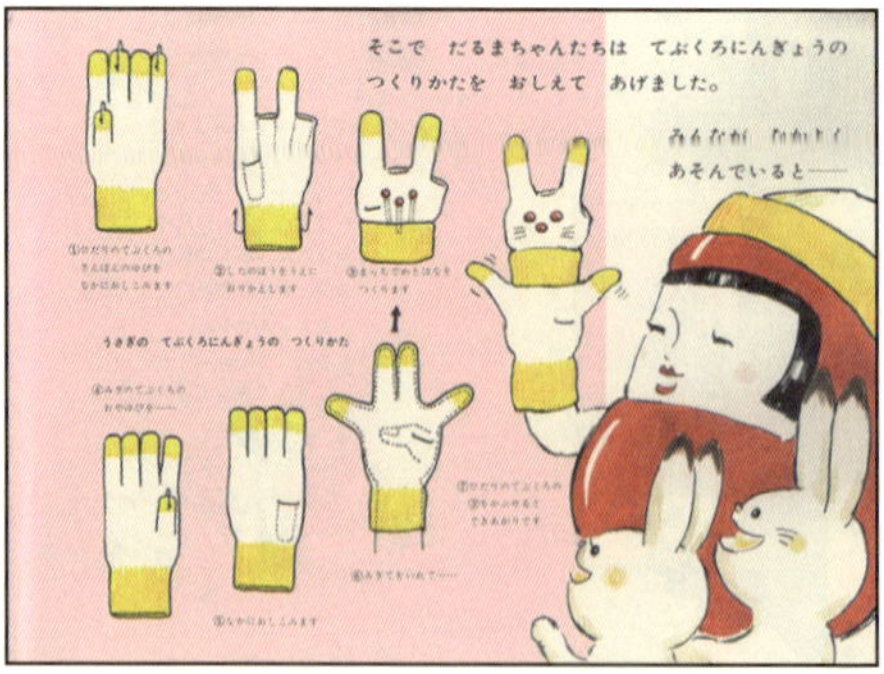

図④　手遊人形
『だるまちゃんとうさぎちゃん』15頁

❹『だるまちゃんととらのこちゃん』（こどものとも　一九八四年二月号　一九八七年傑作集）

塗装業を営む家の子であるとらのこちゃんとだるまちゃんが、町中にお絵描きをする話。二人を象徴する色としてだるまちゃんは赤、とらのこちゃんは黄が選ばれ、とらの町に入ると土の色が赤から黄色へと変わる。はじめは町中を走り回って遊ぶが、土を使ってペンキを作り、「黄赤歌」を歌いながら、町中に模様を描き、町中をアートの世界にしてしまう。気付かずに、ひげとらどんのタクシーをペンキで汚してしまう。ひげとらどんのタクシーでとらのこちゃんの家に連れて行かれ、叱られるのかと思っていると、ペンキ屋さんの手伝いをすることになる。

この作品のだるまちゃんの相手役について、「虎は日本にいない猛獣なのに、十二支の中にある故か、名前についていたり、寺社のお守りや郷土玩具としても愛好される人が多いようです」（註⑦）とかこは述べている。猛獣なのに親しみやすい、という矛盾した内容なのだが、表紙では目を吊り上げ、きばをむく獰猛な表情で描かれており、ストーリーの中ではおとなしくやさしい性格で、おとなに怒られそうになると、だるまちゃんと一緒に悲しい気持ちになる性格に表現されている。

この絵本のおもしろさをかこは、「読者に代わって、ぐちゃぐちゃ泥んこ遊びやトムソーヤの塀ペンキ塗りの面白さ」（註⑧）であるとしている。だるまちゃんもとらのこちゃんも服を着ていないので、人間の子のように「ふくがよごれる」のを気にする必要はない。町中を赤や黄色の模様で埋め尽くしても、町の人たちは叱ることはせず、逆にペンキで町中をきれいに塗る二人の行為を喜んだりほめたりしてくれる。かこは子どもの成長のために「興味関心に基づく自発自律的遊びを必要とする」と言っているが、実際には許されないことを絵本の世界で実現させせようとしている。

これまでの作品と比較すると、画材が違っているかのような輪郭が細い線で描かれているため、ペンキを使い始める前の町は色が少なく、ぼんやりとした印象を受ける。後半のペンキ塗りのお手伝いを始めると、さまざまな色が使用され、画面がカラフルになる。絵づくし（28～29頁）、一画面で時間の経過を表現する、コマワリ（12～13頁）の技法を活用している。また、絵描き歌（15頁、19頁、24頁、26頁、29頁）として『黄赤歌』が使用されている。リズミカルな言葉の繰り返しは、子どもの遊びの観察研究の中で、絵描き歌が子どもにとって親しみやすく、楽しめるものであることを知っている、かこらしい工夫であるといえる。

❺『だるまちゃんとだいこくちゃん』（こどものとも年中向き　一九九一年四月号　二〇〇一年傑作集）

だるまちゃんがだいこくちゃんの所へ遊びに行くと、不思議なおもちゃ、打ち出の小づちを持っている。米を入れるとお餅や団子が、麦を入れればクッキーやケーキが出てくる小づちがだるまちゃんも欲しくなり、自分なりに工夫して、量が増える小づちは完成するが、いいものが出てくるようにはならない。だるまちゃんとだいこくちゃんが、打ち出の小づちと合体させて遊んでいるとたくさんのおもちゃと一緒に新しい打ち出の小づちが出てくる。

だいこくちゃんは七福神の一つ大黒天の幼児形である。大黒天は頭巾をかぶり、左肩に大きな袋を背負い右手に打ち出の小づちを持ち、米俵を踏まえている。広辞苑には「大国主命と習合して民間信仰に浸透、えびすとともに台所などに祀られるにいたる。打ち出の小づちとは、打てばなんでも自分の好きなものが出るという不思議

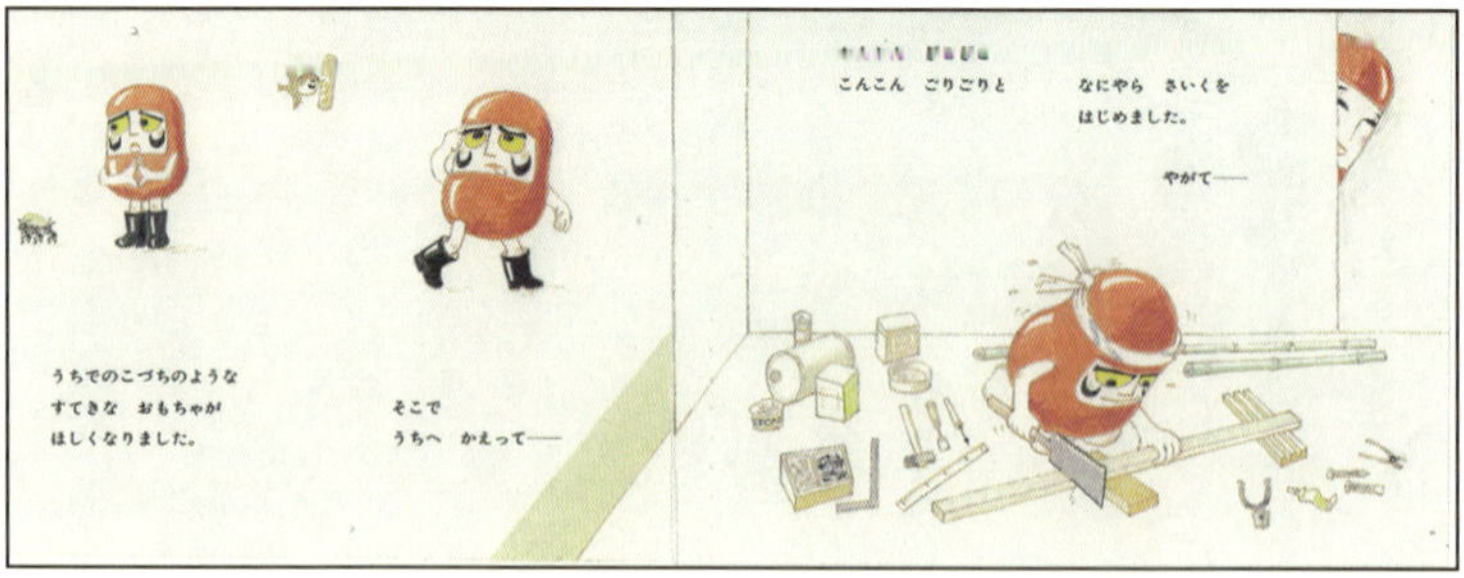

図⑤　コマワリ
『だるまちゃんとだいこくちゃん』10～11頁

な小槌のこと。」と説明されている。

この作品でも小槌を使うときの唱え文句として遊び歌（3頁、7頁、13頁、16頁、20頁）が使用され、絵づくし（4〜5頁、8〜9頁、24〜25頁、26〜27頁）、コマワリ（10〜11頁、14〜15頁、18〜19頁）の技法が使われている。

面白さの主体は、友だちの持っているものを欲しいと感じただるまちゃんが、父親にも頼らず自分で工夫し、手に入れるところにあり、だるまちゃんの成長を感じられる。空き缶、材木、のこぎりなど現実的な材料や道具を使って作るが、なかなかうまくできない。たくさんであること（量）よりもいいもの（質）を望んでいるだるまちゃんであるが、最終的にはだいこくちゃんの打ち出の小づちと合体させて、花やつぼみ、木の実などがたくさん出てくる。26〜27頁は獅子頭、金魚提灯、天神人形、コマ、赤ベコ等の郷土玩具に打ち出の小づちが加わった、絵づくしである。

❻『だるまちゃん・りんごんちゃん』（二〇〇三年　瑞雲舎）

この作品は、他のだるまちゃんシリーズとは異なる出版社から刊行されている。主人公がだるまちゃんなので、だるまちゃんシリーズに含めて考えることもできるが、ストーリーの展開や技法などに違いも見られる。二〇〇〇年に長野県飯田市でアマチュア劇団によって開催された人形劇フェスタを訪れ、上演された人形劇に感激したことがきっかけになっている。

りんごんちゃんからりんごん祭りへ招待するはがきが来る。だるまちゃんは電車、汽車、バスを乗り継いで出かけるがバスが故障し、乗り合わせでおばあさんと山越えをしてりんごん村にたどりつく。りんごん村には様々な形態のりんごがなっていた。広場ではりんごん村の由来の人形劇が上演され、そのあとは踊りの輪にだるまちゃんも加わる。お土産にどっさりりんごをもらって帰る。

人形劇が上演され、劇中劇のようになっている。りんごん村の由米をテーマにした人形劇にはお姫様が登場するが、バスに乗り合わせたおばあさんはお姫様のことではないか、とだるまちゃんに言わせている。だるまちゃんは多くのりんごたちと一緒に観客となっており、読者もだるまちゃんと一体化して人形劇を鑑賞している気分になる。主人公でもあり読者（観客）でもある、という技法は今まで使われていない。また、これまで多く使われてきた一画面にたくさんの情報を入れ込む絵づくしではなく、現実には存在しないが、子どもたちはあったらいいな、と思うチョコりんご、パインりんご、にじいろりんご、今までに出てきたうさぎちゃん、てんぐちゃん、とらのこちゃんの形をしたリンゴが五ページにわたって描かれている。

❼『だるまちゃんとてんじんちゃん』（こどものとも　二〇〇三年三月号　二〇〇六年傑作集）

だるまちゃんが魚釣りをしていると、魚がかかる。なかなか引き上げられなくて困っていると三人のてんじんちゃんがやってきて手伝ってくれた。魚は逃してしまったけれど、お礼にだるまちゃんは、てんじんちゃんの家でお手伝いをする。梅洗い、薪積み、牛の世話を一生懸命する。ご飯を炊いておにぎりを作り、畑仕事をしているてんじんちゃんたちの両親に届け、一緒に食べる。お十産に畑の野菜をもらって帰る。

この作品では、あお・くろ・きのてんじんちゃんのきょうだいが登場する。天神は、天界にいる神として、雷・雨・水などと結びつけられ恐れられる一方、農耕の神として信仰されていた。また、菅原道真の神号として学問の神として知られている。菅原道真（八四五〜九〇三）は、右大臣まで出世したが権力争いに巻き込まれ、左遷された九州・大宰府で亡くなった。その後、都は天災に苛まれ、道真の祟りと恐れた帝によって、神として祀られるようになった。学問に秀でていたため道真の祀られる天満宮は、学問の成就を願う人の信仰を集めている。飛び梅伝説（道真が大宰府に左遷されるとき「東風吹かば匂ひおこせよ梅の花あるじなしとて春な忘れそ」と詠んだ梅の木が道真のいるところまで飛んで庭に生えにおったという故事）や、道真が丑年生まれであることから、天神を祀った天満宮には梅の木が植えられ、牛も一緒に祀られている。

コマワリの手法（2〜3頁、6〜7頁、8〜9頁、14〜15頁、16〜17頁、30〜31頁）はこの作品でも使用されている。違う時間であることは、必ずだるまちゃんが描かれているので読者に分かるようになっている。

魚を釣り上げる手伝いが増加するのに従って、登場人物が出てく

図⑥　『おおきなかぶ』を連想させるコマワリの技法
『だるまちゃんとてんじんちゃん』６〜７頁

る場面は、佐藤忠良の『おおきなかぶ』に類似している。二人きょうだいの名前にちなんだ植物（ツユクサ・ヤマブキソウ・ムラサキマムシグサ）、食品（うめぼし・たくあん・なっぱのつけもの）、天神様に由来するもの（うめ・うし・うそ）などが描かれている。きょうだいが分担して家の仕事をする場面では、歌が挿入されている。地の文との境界に、これまでの作品にはなかった♪（八分音符）がつけられ歌であることを明確にしている。

きょうだいにちなんだ草花に加えて、だるまちゃんにちなんだ「ヤマホタルブクロ」も描かれている。従来のシリーズでは、植物図鑑のように正式名称が記入されていたが、今回は、物語絵本を意図して製作されたため、名称の記入は行っていない。

ストーリーの中心は、だるまちゃんとてんじんちゃん兄弟の成長の姿である。扉部分にせりふはないが、家を出るときの様子が描かれ、だるまこちゃんから「帽子をかぶって行きなさい」とうながされ、だるまちゃんは少々不快な表情を示す。しかし、次の釣りの場面では、だるまちゃんはきちんと帽子をかぶっている。食事の場面では帽子は脱いで傍らに置き、帰宅後を描いた後ろ扉では、釣り道具の後片付けの様子が描かれているが、帽子はきちんと元の場所にかけられている。また、だるまちゃんの赤にちなんだ梅干し入りのおにぎりを作る場面では、顔をしかめているが、食事の場面では、一番先に梅干し入りを食べている様子が描かれている。「すききらいはしない」「割り当てられたものは残さない」「自分で作ったものはおいしい」などの作者の考えが込められている。

てんじんちゃんきょうだいは、自分たちの仕事の途中でだるまちゃんの釣りの手助けを行った。困っている人を助けることが終わったら、元の仕事に戻り、それぞれの仕事をやり遂げる姿が描かれている。成長に伴い遊びだけではなく、家族のための労働を行うのは当たり前なのである。二十数年前に天神を祀る稲荷神社を巡ったかこは、「一、信義を重んじ礼節を守った人格　二、簡素清廉な気質と温厚な態度　三、逆境にあっても学問や文化、書や詩歌を失わぬ信念と意欲　四、幼児、梅菊、鳥獣を愛した高い品性―の四点が人々の共感を呼び心をとらえ、全国で百五十をこす素朴な土人形や木彫の郷土玩具になっているのを知り、たちまち『天神ちゃん』のファンになりました。」（註⑨）と述べている。

❽『だるまちゃんとやまんめちゃん』（こどものとも　二〇〇六年七月号）

だるまちゃんは、山で暮らすやまんめちゃんと出会う。やまんめちゃんは病気のおばあさんのために薬草を摘んでいる。翌日、おかあさんからもらったネーブルをもっておばあさんのお見舞いに出かける。やまんめちゃんとおはじきなどで遊んで帰る。雨降りが続いたのち遊びに行くとおばあさんは元気になっている。おばあさんから自然を生かした遊びを教えてもらう。だるまちゃんは、葉っぱの飛行機に夢中になって遊んでいると、足をすべらせ、がけからおちてしまう。おばあさん、やまんめちゃんと動物たちの協力で助けてもらい、けがの手当てをしてもらって家に帰る。

今回は山姥の娘、やまんめちゃんがヒロイン第一号として登場する。前表紙扉には、だるまちゃんがサッカーボールを持って出かける場面が描かれている。やまんめちゃんと出会う前であるが、だるまこちゃんが手にしている絵本は山姥の昔話絵本である。山姥とは、ヤマウバの音便形である。深山に棲む、怪力を発揮すると考えられている伝説的な女のことである。山女と呼ばれることもあり、一般社会に適応できなくなった女性が人里を離れて忍び住む姿とも考えられ、山に住む鬼女と考えられることもあるが、『やまんばのにしき』の中で描かれる、女性を守る存在と考えられることもある。崖から落ちただるまちゃんを助けようと山犬などに指揮を執る姿は、迫力のある表情で描かれている。

かこは「昔話に出てくる山婆、山母、仙女は恐ろしい妖怪が多いのですが、それは古代の私たちの先祖が畏敬していた山神が垂迹堕変したものといわれています。（中略）しかし山々の鳥獣草木に依存して生活していた山家やマタギと呼ばれた人々は、常に敬虔な態度で自然に接し守護し、利用や採取狩猟の際は夫々の神に許認の手続きと丁重細心の配慮と行動で臨んでいました。（中略）しかし最も重要で不可欠な、自らの生命も自然の一部である自覚や、共存共栄の生活精神が次第にうすれ、単なる奇妙古風な祭祀風俗や異境の怪奇惨虐説話となっているのは残念の極みです。」（註⑩）と書いている。

現代人が見失いつつあるもの、身の回りにある植物の様々な活用法を伝えていくことの重要性ばかりでなく、山姥と話しているだるまちゃんのお母さんの様子などから、外見や呼び名で、人を判断してはいけないと訴えているような気がする。かこが五十年ほど前に長野と新潟の県境で山家《さんか》にお世話になった経験と感動がこの作品に生かされている（註⑪）。本作品の特徴は、民間伝承として伝えられている薬草と草花遊びの図鑑の役割を果たしていることである。薬草の説明は表紙の見返しに、ドクダミ・ゲンノショウコ・サルトリイバラ・アマドコロ・カミツレ・ヤブランが描かれ、草花を使った伝統的な遊び、木の実を使ったおはじき、かんざし、木の葉のトンビが、後ろ表紙の見返しに描かれている。

❾『だるまちゃんとにおうちゃん』（こどものとも　二〇一四年　七月号）

こどものとも通巻七〇〇号の記念作品として作られた、だるまちゃんシリーズの新作である。お寺の前を通りかかっただるまちゃんは、松ぼっくりを拾っている子どもたちに加わって遊び始める。たくさんの松ぼっくりをとろうと松の木を揺すってもなかなか落ちてこない。そこへ、におうちゃんと呼ばれている、お寺の和尚さんの孫がやってきて、たくさんの松ぼっくりを落としてくれる。子どもたちが、におうちゃんの力持ちに感心しているうちに、だるまちゃんとの力比べが始まる。

「すもう」「ぼうおし」「つなひき」「うでぐみずもう」の体力や筋力を必要とする種目は、におうちゃんが勝ち、タイミングやバランスを必要とする「けんけんずもう」「てたきずもう」「しりずもう」「あしずもう」は、だるまちゃんが勝った。四対四になったところで、「うでずもう」は、におうちゃんの勝ち、「ゆびずもう」は、だるまちゃんが勝ち、勝負が付かない。最後の取組みは「にらめっこ」。にらみ合うふたりのあいだに松の枝からクモがおりてきて互いの顔にかさなり、おかしな顔に見え一緒に吹き出してしまい引き分けとなる。結局ふたりの勝敗は、かちまけなしになった。その後、和尚さんも加わり、「にらめっこ」、「はっぱずもう」、「まつぼっくりつみ」等をして遊び、仲良くなった、子どもたちとだるまちゃんとにおうちゃんは、たびたびお寺の広場で遊ぶようになる。

『「におうちゃん」について』（作者のことば）によると、舞台となっているお寺は、第二次世界大戦後に両親が住んでいた宇治の貸家の近くにあった黄檗山萬福寺である。

「蝉や松果で遊ぶ子ども達に良き未来をたくすには何をしたらいいかと瞑想していたことをおもいかえし、

今回の作にこめた次第です」（註⑫）。セツルメント活動や絵本の製作に取りかかる以前の、かこの気持ちがよくわかる。

また、以前のシリーズでは、だるまちゃんは子どもたちの代表として描かれていたが、この作品では、子どもたちとおとな（におうちゃん）を繋ぐ存在として描かれている。だるまちゃんは、当時のかこ自身であり、におうちゃんは、子ども時代の長屋で遊んでくれた「ししょう」が投影されている印象を受ける。

さらに、この作品の中では、「にらめっこ」や「〇〇ずもう」「まつぼっくりつみ」などの、かこのライフワークともいえる日本の伝承遊びが紹介されている。だるまちゃんシリーズの新作というよりはむしろ、加古里子の集大成ともいえる作品になっている。

四　だるまちゃんシリーズに見られる特色

❶ 科学的視点

かこさとしは、日本の科学絵本の第一人者ともいえる絵本作家である。学生時代に学んだ応用化学に基づく科学的な知識を十分に生かした絵本作りを行っている。だるまちゃんシリーズのような物語絵本の中にもこの姿勢は生かされ、絵の細部に至るまで正確に表現されている。絵に着目してページを繰って行くと、読者はストーリーにかかわった発見を積み重ね、別のストーリーを構想することを可能にする。物語絵本であるが図鑑的な描かれ方をしており、植物等の説明は正確につけられている。さらに、数の要素、ひとついけ、ふたついし、みっつまつが取入れられている。これらの事柄は、草花や数に興味を持った子どもが気付くのであって、「教えよう」とする作者の押し付けは感じられない。あくまでも物語絵本の製作視点を貫いている。この視点は科学を意図した絵本では逆方向に使われており、初期の絵本『だむのおじさんたち』では「ダム建設を通じて、働くことから人間の苦労、喜び素晴らしさを知ってほしい」という作者の気持ちが表現されている。何が起こるのかと心配する動物たち、仕事を手伝う動物たちは文章ではなく絵に表現され、それに気付いた読者がユーモアや詩情を感じる仕組みになっている。

❷ セツルメント活動によって培われた考え方

学生時代の演劇研究会で子ども向けの童話劇を演じた際、作者や演者の意図が子どもにそのまま受け入れられるのではない、ということを痛感したかこは、もっと子どもの研究をしたいと思うようになった。社会人となったのち、「民主紙芝居集団」で紙芝居の演出や技法を学び、さらに、紙芝居の本質を把握するために変遷の研究を行った。しかし、紙芝居を子どもの娯楽や芸術として発展させることに限界を感じ、教育や工作面に最適な使命があると論じた。かこの絵本に紙芝居的な印象を与えるものが多いのは、紙芝居と絵本の類似性によるものと、紙芝居の特長を理解し絵本の中において尊重しているためである（註⑬）。

セツルメント活動とは、十九世紀イギリスではじまった一定地域に定住して生活全般にわたって住民を援助する活動のことである。一九五一年以降、子ども会のリーダーという形で川崎のセツルメント活動に参加するようになり、セツルメント活動の持つ「政治的信条を持っていても前面に振りかざすのではなく、地域の人々に働きかけ、医療・法律相談・市民運動・児童文化活動等が相関連しあっていくようにサポートしていく」（註⑭）という後衛的性格を重要視した。社会の中で育つ子どもを考えた時、子どもの持つ力を信じ、おとな（社会）は実現のためのサポートを行うことを重要視するという考え方は、かこの作品の基本姿勢となっている。

❸　理想とするおとなとこどもの関係

かこは、自分自身の父親との関係に基づいて、理想の親子関係のあり方を持っている。欲しそうに思っているものを先回りして与えたり、最高級品を与えてしまうおとなではなく、子どもの意図を見抜いて、子どもの意志を尊重するおとなを理想としている。「子どもといえども、自分のことは自分でやるべき。三歳以降は自我というものができているんだから、自分のことを勉強して、自分の道を自分の意志で決定するのは当然のこと。」「伸びていく力というのは子ども自身がもっていて、そとからどうにかしようなんてことはできない。先人が築いた知識とかの積み重ねを、いかにも結構なもんだと彼ら（子どもたち）が気付いて、奪い取ってくれるように」（註⑮）と、大人と子どもの距離感を捉えている。この距離感は、だるまちゃんシリーズに出てくるおとなと子どもとの関係すべてに共通し、他のかこの絵本にも共通するものである。

《註・引用文献》

①『大切なことは、みんな子どもに教わった』加古里子さんインタビュー
http://www.mammothschool.com/2011/07/kakosatoshi/
②かこさとし『私の子ども文化論』あすなろ書房　一九八一年　１５８頁
③『絵本誕生の秘密　作家訪問インタビュー』こどものとも年中向き　二〇〇〇年六月号折り込み付録
④『だるまちゃんとかみなりちゃん』こどものとも一九六七年二月号巻末作者のことば
⑤加古里子『加古里子　絵本への道』福音館書店　一九九九年　１８８頁
⑥④と同じ
⑦『だるまちゃんととらのこちゃん』巻末作者のことば）
⑧⑦と同じ
⑨『てんじんちゃんと天神について』「絵本の楽しみ」こどものとも５６４号折り込み付録
⑩『赤い頬のマタギの少女』「絵本の楽しみ」こどものとも６０４号折り込み付録
⑪⑩と同じ
⑫『「におうちゃん」について』「絵本の楽しみ」こどものとも７００号折り込み付録
⑬②と同じ
⑭②と同じ
⑮①と同じ

《同人たちが語る現在《いま》》

小さな種を蒔きつづける

藤津　麻里

皆様、お元気でいらっしゃいますか？

私が今住んでいる山口県長門市は、漁港とかまぼこ工場がある、海辺の小さな町です。童謡詩人金子みすゞの出身地としても知られています。日本の田舎の多くがそうであるように、ここでも過疎化・高齢化が進んでいて、小学校や中学校の統廃合が進められています。

私は、この町で今、小学校の「学習支援員」と「学校図書館支援員」という二つの仕事を非常勤でやっています。学習支援は、小学校の教室で、授業についていけない子や、先生の指示が伝わりにくい子に声をかけてサポートする仕事です。学校図書館支援員としては、三つの小学校を担当し、週一回四時間ずつの勤務時間の中で、図書室の本の整理をしたり、子どもたちにおすすめの本を紹介するお便りを作ったりしています。

大学院を出た後、会津若松にある大学図書館に勤務した私ですが、二〇一一年に東日本大震災とそれに続く原発事故があり、子どもたちの被曝を防ぐために、夫の故郷である長門市に母子避難してきました。数年間は無職のまま、子どもの通う小学校などで本の読み聞かせボランティアをしており、その後、ご縁があって、今の仕事に就くことができました。

学習支援員として、小学校の教室に入ってみると、困難を抱えた子どもがたくさんいるのが見えてきます。勉強がわからない、計算ができない、授業中に落ち着きがないなど、学習面で困難のある子どもが何人もいます。学習がスムーズになるようにどう支援すればよいか、毎回迷いながら、授業の時間を過ごしています。教室で友達とうまくいかないことがあった子どもが、図書室に来て、気持ちを落ち着かせている場面にも出くわしました。図書室がどんな子どもにも、ほっとできる空間になれば……と思っています。

学校図書館支援員の方は、長門市では今年度初めての導入で、支援員も今のところ、私一人しかいません。私も大学図書館での経験があるとはいえ、小学校の図書室は初めてです。何をすればいいのか、全部手探りでのスタートになりました。

何十年もの間、専任の職員がいない状態におかれてきた図書室は、本の整理が行き届いていません。色々な本を参考にし、図書担当の先生と相談しながら、徐々に仕事を進めています。

図書室の本棚を整理していたら、本田先生の監修された『ヒーロー&ヒロインと出会う名作読書きっかけ大図鑑』を見つけて、思わずにっこりしてしまいました。お茶大で過ごしたあの日々は、今でも遠く近く、私の中に息づいています。児童学科で受けたさまざまな講義、大学や愛育養護学校での保育実習、本田研のピンクのテーブルクロスを囲んで話したたくさんの日々……。それが今、私がものを考えるときの基盤になり、子どもたちに向きあうための基本的な姿勢を形作ってくれています。

仕事を選ぶ時に、自分は生の子どもとつきあうのは性格上合っていないと思い、別な道に進みましたが、その間も、「子ども」と「本」というテーマはずっと私のなかにありました。ずいぶん遠回りしましたが、結局、こうして子どもと本に関わる仕事に辿り着くことができました。

残念ながら、現在の日本は、決して、子どもたちにとって生きやすい時代とは言えません。政治や行政も、子どもたちの健康や幸せよりも別のことを優先して進められているような気がしてなりません。

私たちが直面した原発事故ひとつとってみても、事故の直後、政府は「直ちに健康に影響はない」と繰り返すだけで、原発のすぐ近くの住民以外は避難させることもなく、詳しい情報も出してはくれませんでした。

そんな中、夫は情報を集め、夫婦で話し合って、避難を決断しました。夫が物理学者で、被曝の危険性をよく知っていたのが幸運でした。四人の子どもたちには、引っ越しと転校で辛い思いをさせることになりましたが、私たちは親として、あの時点で最善の決断をしたと考えています。

しかし、避難したからといって、問題は解決したわけではありません。私たち家族は、会津若松市と長門市の二カ所に分かれて生活することになり、夫と子どもたちとが一緒に過ごせるはずだった貴重な時間の大半を失うことになりました。被曝を極力避けるため、食べ物の産地や種類を厳しく吟味しているので、食生活はかなり限定されたものになってしまいました。

子どもたちは定期的に、福島県が実施する甲状腺検査を受けています。この検査は、どの病院でも受けられるのではなく、指定された検査機関で受けなければなりません。山口県では、検査を受けられるのは山口大学医学部の附属病院しかなく、長門市からは車で一時間以上かかります。夫が仕事が休みで長門市に来ている時期を指定して、病院の予約をとり、一家総出で出かけます。非常に奇妙なことですが、当日、検査をしている医師に、直接、子どもの甲状腺の状態を教えてもらうことはできません。検査の結果は、後日福島県から送られてくる書類で知ることしかできないのです。（この検査については日野行介『福島原発事故県民健康管理調査の闇』（岩波新書、二〇一三）で詳しく問題点が指摘されていますので、ご興味のある方はお読みになってください。）

事故から一年後に、小学校の卒業を迎える長男のところへ、読売新聞の記者が取材に来たことがありました。私たちも同席しましたが、記者の男性が上手に話を聞き出してくださり、長男は、会津から引っ越して来たときの戸惑いや、徐々に友達ができたこと、科学者になって放射能のことも勉強してみたいと思っていることなどを話しました。

後日、その記者の方から「お子さんなので、前向きな感じでまとめさせていただきました」と申し訳なさそうな声で電話を頂きました。その記事の大半は、長男が話した通りの内容でしたが、なんと「福島復興の夢抱き中学へ」「科学者になって故郷を元に戻す」という見出しがつけられ、最後には「『故郷は必ず、原発事故の前の状態に戻る』と信じて…」という表現も付け加えられていました。

インタビューの場では、避難したのは仕方がない、もう福島には戻れないだろうという雰囲気で話が進んでいたはずなのですが……。もしかしたら長男が最後に「福島を元に戻したい」と、一言言ったかもしれませんが、その程度です。見出しや最後の表現が付け加えられたことで、実際のインタビューの内容とは、ずいぶんニュアンスの違った記事に仕上がっていました。

子どもが話したことが、大人たちの「福島は復興する」という物語に回収され、都合良く利用されてしまったようで、私は残念でした。子どもの発言すらも、都合のいいようにねじ曲げられて報道されてしまうのですね。このことを、私は今後も、一生忘れることはないでしょう。

子どもの貧困や待機児童の問題、親からのネグレクト、いじめによる自殺、障害者に対する差別など、子どもたちの周りには問題が山積みです。でも、私たちはその中でも、それぞれが自分の場所で、できることをひとつずつやっていくしかありません。

『ルピナスさん』が花の種を蒔いたように、子どもたちにかける一言一言、子どもたちに手渡す本の一冊一冊が、私が蒔くことのできる小さな種です。「勉強って面白い」「本を読むのって楽しい」と、子どもたちに思ってもらえたら嬉しいです。私の蒔いた種のいくつかが、子どもたちの中で芽吹き、彼らを支える力になってくれることを願っています。

きょうも、書いている

すとうあさえ

私は昭和五十一年にお茶大を卒業しました。そして今、幼年童話作家として子どもたちに物語を書く仕事をしています。今回、寄稿の機会をいただき、ここで少し立ち止まり自分の著作について考えてみようと思います。

私は特に物語を書く勉強をしたわけではないのですが、子どものころから想像することが好きだったので、その延長で今も書いているような気がします。四歳ぐらいだったかな。一人で物語をブツブツつぶやきながら人形を動かしたり、三輪車を馬に見立てて遊んでいたのを憶えています。また庭で一日中、泥遊びをしたり、アリの巣をじっと見ていたり。ツツジの蜜の味とか、雨や土のにおいに気付いたり。冬、雨戸をしめるときに必ず、冷たい暗闇を歩く自分が浮かび上がって怖かったり、大きな水たまりに入ったとたん、水面が波のようにうねって吸い込まれそうになって動けなくなったり。

内側ではいろんなことを感じながら、毎日過ごしていたように思います。

活発でハキハキした子どもではなかったけれど、小さいころの記憶は私の五感にしっかりと刻まれています。それが今、私の創作の源になっているように思うのです。

●『子どもと楽しむ　行事とあそびのえほん』

（絵：さいとうしのぶ　のら書店）

私は三十年前ぐらいから「季節の行事」に関心がありました。以前、「あそびをみつめる」という冊子に息子たちと楽しんだ行事の話を載せていただいたことがあります。そして、園の先生向けの月刊保育雑誌に行事の由来を連載する仕事が入り、一年間書き終えて、ますます行事への興味が膨らんできました。

家庭や保育現場で、季節の行事を祝うとき、由来や行事にまつわるエピソードを知っていたら、祝い方にもバリエーションがでるのではないかと思い、本書の企画をのら書店に提案しました。

本ができあがるまで八年ほどかかりましたが、毎年増刷を続け、多くの方に読んでいただけているのはとても嬉しいです。産経児童出版文化賞という大きな賞までいただいて、びっくりです。

祖先が脈々と伝えてきた行事には、自然への祈りと感謝が満ちています。「お米がとれますように。豊作をありがとうございました」というように……。そして、昔は暮らしの身近なところに自然があ

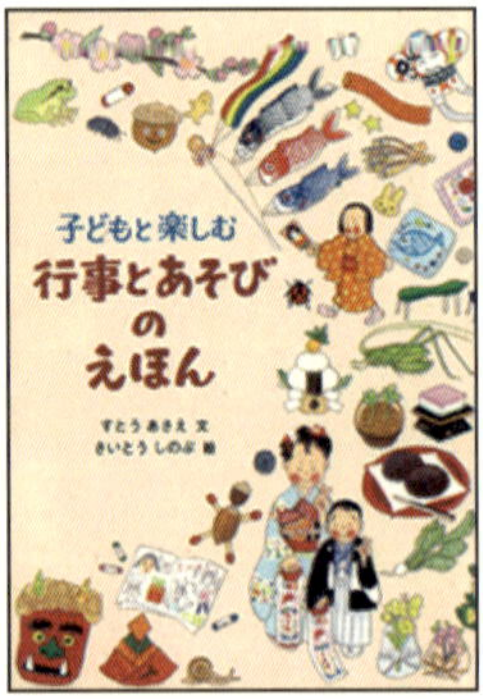

り、木や草や花や月や雲など自然の変化が季節や暮らしの目安になっていました。昔の人たちは、行事を祝うなかで、自然に対して畏敬の念をもちながら、ともに生きてきたのだと思います。

私たちは今、テンポの速い暮らしのなかにいますが、昔の人と同じように月を見上げたり、秋の虫の声に耳をすましたりすることはできます。

とくに、小さな人たち。

私が子どものころ、まわりの小さな自然から驚きや不思議や心地よさをもらったように暮らしのなかで、センスオブワンダーに出会ってほしい。季節の行事を祝うこと、季節の移ろいに気づくこと。それが、そのきっかけのひとつになってくれたら嬉しいです。

●『ざぼんじいさんのかきのき』　（絵：織茂恭子　岩崎書店）

この絵本には不思議なエピソードがあります。二十五年ほど前、隣家に息子さん家族が同居することになり、庭の柿の木を切って駐車場を作ることになりました。その柿の木は、ずっと何十年も実をつけたことがありません。そしていよいよ切られるという最後の秋に、なんと初めて実をつけたのです。

隣のおばあちゃんがその柿をもってきてくれました。その実は小さくて武骨な感じでした。おばあちゃんがいうには、「なんだかね、柿に（切ることが）聞こえちゃったらしいんだよ」。そうか。「柿は最後に家の人たちのために柿の実をならしてくれたんだ」と私は思いました。その柿はとても美味しかったです。それから数年たって、私はなにかの拍子にふとその柿のことを思い出しました。「もしかしたら、あの柿は、子孫を残したかったんじゃないかしら」と。それなのに、私は食べてしまい、種も生ゴミで捨ててしまいました。

あー、申し訳ないことをした……。

そこで、亡き柿の木のために、『ざぼんじいさんのかきのき』を書きました。

この絵本は中国、韓国でも出版され、今も版を重ねています。秋の定番絵本として読み聞かせの会でも読んでいただいているそうです。ありがたいことです。

絵本には、柿の葉やへたの遊びを織り込んでいます。読者の方から「このお話を読むときは、子どもたちと柿の葉で遊ぶんです」というお手紙をいただきました。この絵本をきっかけに、身近な自然と楽しく遊んでもらえたら嬉しいです。ちなみに、柿の枝にまいてパンを焼く場面がでてきますが、これは駒場幼稚園（東京・目黒区）で子どもたちと遊んだ「あそぼうパン」そのものです。

●『はしれ、ディーゼルきかんしゃデーデ』

（絵：鈴木まもる　童心社）

私は、ふだんはゼロからお話を創ります。でも、この絵本は実際にあったことを取材して絵本にしました。私にとっては挑戦でしたが、どうしてもこれを絵本にして子どもたちに伝えたいと思ったのです。

二〇一一年三月十一日、東日本大震災が起きました。毎日悲しくてつらいニュースが届き、私は東京にいて何もできない自分に悶々としていました。そんなとき、たまたまＮＨＫの早朝のニュースで、「東北へ燃料を運べ」という特集を見ました。

今はあまり活躍の場がないディーゼル機関車が八台、新潟の貨物ターミナル駅に集められ、二台連結して燃料タンクを十台、坂とカーブの多い磐越西線を引っ張って郡山まで運ぶという内容で、その一番列車の様子が報道されました。雪ですべって坂がのぼれず立ち往生。そこへ小さなディーゼル機関車が助っ人にきて後ろからおして坂をのぼり、燃料を郡山に届けることができました。

私は見ていてドキドキが止まらなくなり、感動してしまいました。

このことを子どもたちに伝えたい。その一心で、すぐに編集者と二人で新潟と郡山に取材に行きました。まだ燃料輸送の真っ只中。強い余震もあって大変なときでしたが、業務に携わった方たちは丁寧に、そして熱く私の質問に答えてくださいました。初めてみたディーゼル機関車の大きくて力強かったこと！

運転士さんから、ディーゼル機関車に「いくぞ！」「よくやった」と声をかけると聞いたので、ディーゼル機関車を擬人化して書くことにしました。名前は、「デーデ」。

絵本ができるまでに二年半かかりました。

出版以来、福島の小学三年生が、この絵本を劇にして発表会で演じてくれたり、広島の読み聞かせの方たちが、毎年読み続けてくださっていたり、住田物流奨励賞を絵本として初めていただいたり。さらに今年、西日本感想画コンクールの指定図書になり、秋には福島放送開局記念特別番組で取り上げられたり。

いろんなことが起きていますが、この絵本が長く読み継がれることは、緊急燃料輸送を実現した人たち、がんばったディーゼル機関車たちのためにもとても嬉しく思います。

さらに大震災から生まれた絵本ですが、読者の方はさまざまなメッセージを受け取ってくれています。届いたお手紙に「私は誰かのためのデーデになりたい」と書かれていました。じーんとしました。

これからも、デーデはさまざまなメッセージを届けながら走り続けていくと思います。

十四年前の作品に０１２『えーんえんえん』（絵：柚木沙弥郎　福音館書店）という赤ちゃん絵本があります。

その絵本について四年ほど前、編集者さんから手紙を渡されました。

それは、出産のために急に母親が入院してしまって祖父母宅で過ごすようになり、おまけにクラスも変わって不安でいっぱいだった二歳の女の子の気持ちをこの絵本が支え、それに対するお母様からの感謝の手紙でした。

012は小さな絵本です。

たかが絵本。されど絵本。

絵本には大きな力があります。

それを信じて、私はこれからも書いていこうと思います。

最後に、児童学科の授業で本田先生が物語を読んでくださる時間がとても好きでした。

先生の声が、今でも聞こえてきます。

絵本から児童力まで

―児童権利の理念と行動―

林　真美

「児童文化研究社」を立ち上げたきっかけは、私が永和コミュニティカレッジ（台湾独特の民衆のための大学。社会意識を高めるために作った再学習の学校で、社会運動の領域にも含められる。）で「児童文学」および「児童文化」の講座を開設した後に、「児童文化」を社会的な議題として扱うことが困難だと感じたからである。そして、二〇〇五年に多くの生徒を招集し、このサークルを開設し、プログラムを転換することにより、多様なテーマの討論を深めることができるようになった。また生活にも密着するようになり、市民が社会的な議題として参加する可能性も見付けることができた。

最初は、絵本の好きな人や、子ども或いは子どもに関するテーマに関心を持つ大人達の集まりだった。しかしながら、永和コミュニティカレッジの「公共性のあるサークル」の一員となった後に、一部の生徒達に「公共性」に対して抵抗や適応不良が生じた。なぜならば、多くの人が、サークルは「みんなで遊ぶ」ことの延長線と思いがちだったのに対し、面白い絵本やアニメ、映画や玩具、おやつなどの児童文化に関するテーマのほかに、予想外の堅苦しい児童観、児童権利についての議題もあったからである。その中でも、従来と違い、皆に合う確率の高いプログラムでなく、十八週の「ソフトとハードをバランスよく組み立てた」プログラムの受講や、公共性を図るためのサークル全体の展示会参加や、「非児童議題」的なサークル合同プログラムへの参加などを要求されることが、一番ハードルが高く感じられたのである。

そういった衝撃と向き合うために、我々は、『学校は窓の外にある』という本を読むことにした。ひとつは、黄武雄先生が唱えているコミュニティカレッジの理念を再認識するためであり、もうひとつは、社会の一員として関心を持つことから如何に社会と結び付けられるかを思索するためである。

互いに共通認識を持った後、読書会や、テーマ討論会や、映画鑑賞会、講座などを通じて、児童文化議題への関心を集め、今後の活動展開への可能性も思索した。初めは、生徒が最も親しんでいる絵本からスタートした。「小小書店」という地域にある書店で、絵本の読み聞かせを催し、東南アジアからお嫁にきた女性達のために作った南洋姉妹会と手を組んで「東南アジア多元文化教師トレーニング」の仕事にも参加した。さらに二〇〇七年には、「浩然基金会」、民間社団「小大読書会」と合同で、台湾の苗栗、澎湖で「深耕閲読」の推進会も計画した。また、その後、「児童文化研究社」は、「歴史

写真①　新学期のプログラムについての討議

に残るクラシック絵本一〇〇」の推進先駆者として、中和第四公園や五股伯特利幼稚園で絵本の読み聞かせを続けた。

こういった趣味とボランティア活動をリンクすることによって、コミュニティカレッジから地域、社会への進出がしやすくなり、またそういった触れ合いにより、生徒間の絆も深まってきた。

その後の数年間、我々は永和コミュニティカレッジにある「文化夜市」という活動に積極的に関わった。子どもの絵画展のみならず、大人の大胆かつ斬新な塗り絵会も催した。また、コミュニティカレッジの生徒達と、絵本を通じて、我々が関心を持つ子どもに関する議論についても語ることが出来た。このようなソフトな始動から、「児童文化研究社」のメンバー達はどんどん活躍し、大人の世界ではあまり見られない情熱や活力が表に現れてきた。

しかしながら、「公共」から発足したサークルの属性の故に、「児童文化研究社」のメンバー達は、やがて、根本的な課題に直面することになった。それは「子ども」という議題と直面する際、我々が如何に個人的な興味を超えて、深化し続け、「社会的」な議題と最終的に結び付けていくことができるかという課題である。加えて、「児童の為の発信」と自負している中、我々は果たして自己思考力を備えているか、判断力の度合いが適切か、社会が児童に対して偏見を抱いている際に、掘り下げて問題の核心まで至れるか、という課題である。

サークルの課題を意識するようになってから、我々は、歴史や社会等の様々な角度から「児童観」の形成、「児童観」が子どもの置かれる環境や社会に及ぼす影響も理解しようとした。また、国連児童権利条約や、青少年児童福利法（現：児童及び少年福利権利保障法）や、日本の各自治体における児童権利の事例も頑張って研究し始めている。最初、このような取り組みに対して、多くの生徒達は不安を隠せない様子だった。しかしながら、グループ分けの読書会や討論会に真剣に取り組むことにより、次第に「児童権利」の重要性について共通認識ができるようになった。条項や事例を理解できるようになれば、生活現場での反復検証もできるようになり、身近な子ども達は我々大人が気付かないうちに、基本権利を剥奪されていないのかも思索出来るようになる。そしてとうとう、二〇一〇年のサークル合同展を準備する際に、我々は「児童権利」をサークルの核心とし、社会で「児童のための発信」ができることを願う代わりに、さらなる「児童に発信させる」機会を作り、大人と子どもが共に生活を構築出来るように、共により良い社会を一緒に作るように努力を続けることを決意した。

「児童権利」の理念から行動に移すまでが我々のサークルの最大の課題である。教室外の取り組みとして、我々は永和コミュニティカレッジの「公共参加週」のドキュメンタリーの放映時間の主催者となり、《私に一票を》の放映を通じて、コミュニティカレッジの生徒と子どもの民主参加について議論もした。その他、世界児童人権日に「公共論壇」を催し、大人の参加者と児童権利について探究し、サークルメンバーの力を培うのに最高の場を提供することもできた。

二〇一一年、我々は、台北市立中山託児所と合同で、一週間ほどの「児童人権フェア」を開催した。メンバーは、保育園の園長や先生、保護者を巻き込み、「児童権利を知る」を議題に、皆に関心を持たせるように面白いゲームを企画した。翌年の子どもの日のイベントとして、フクロウ図書館でもこのゲームが再び登場した。この二回の活動の中、先生とメンバーは改良改善を繰り返しながら、次第に理念を基にする行動モデルを作り上げることができた。その行動モデルが「児童文化研究社」が対外的に児童権利を推進する際に最も良い根拠となった。

活動に尽力する中で、「児童文化研究社」の存続危機とも直面した。主な理由としては、ベテランメンバーが帰郷、結婚、妊娠等によってやめたことだった。その他には、地元在住ではない、遠方に住んでいる多数のメンバーが、週一回プログラムのための遠距離移動に限界を感じるようになったことが挙げられる。解散を免れるために、我々は、自主性サークルに転向し、二〇一二年永和コミュニティカレッジから一旦離れることにした。

現在、我々は、月一回の集会を維持しながら、関わりを持ちつつ、継続的に読書会や児童映画鑑賞等を通して、関連性のある議題について討論している。また、独立サークルとして、幾つかの小学校や民間サークルと関わりを持っている。二〇一三年には、私は林以琳社長と手を組み、再び新荘コミュニティカレッジで「絵本・映像と児童」という講座を開設した。主に絵本や児童映画から新荘町内の

写真②　ＹＯＹＯという読み聞かせの読書会

生徒と、大人達が今まで知らなかった「子ども」についての議題を探求し続け、将来この町内の大人を巻き込んで、「児童権利」について推進出来ることを願っていた。

また、この年に、永和コミュニティカレッジの協力を得ながら、我々は「永和青年住宅」で、「親子ＹＯＹＯ読書会」を設立し、親子で絵本の読み合いを推進し続けてきた。メンバーが最も好きな活動であるが故に、たとえ集会の回数が少なくなってきても、モチベーションを保つことができた。

この何年間か、サークルの存続について少し無力感を感じているが、我々は限られた人材の中で最大限の取り組みをし、局面の打開を図っている。この二、三年間、新荘コミュニティカレッジの「リトルコミュニティカレッジ」の構想と、フクロウ図書館の助けのお蔭で、我々は新荘中港小学校、光華小学校、昌隆小学校、新荘小学校、それぞれの小学校で「児童権利ブックフェア」と「リトル公民キャンプ」を催すことが出来た。活動の内容は、小学校の絵本読み聞かせコーナー担当のお母様や先生方のご協力を得て、子ども達に児童権利関連書籍を紹介していただいたり、また、児童文化研究社

写真③　リトル公民が我々の地域の地図を作る

のメンバーがポスターを使用しながら子どもの為に「国連児童権利条約」の内容及び理念を解説したりする内容だった。また、活動の終盤に全校人気書籍投票を行うことにより、全校で読書ブームが起こり、その後の「リトル公民キャンプ」にも繋ぐことが出来た。

「リトル公民キャンプ」は週末を利用してのイベントだった。我々は、新荘の小学生に地元の議題を理解してもらうために、直接ハンセン病患者の楽生療養院を訪問したり、キャンパス周辺や中港大排水溝を回ったりすることを機に公民意識を持ってもらうようにした。同時に、町内や社会の一員として、子どもでありながらも問題探究の過程で、どうしたら公共議題に割り込むことができるか、都市更新、古跡移転、環境変遷、町の景観変容、多民族共生町等の問題と直面した時に仲間とどのように討論し、互いの意見を言い合い、未来像を描けるのかを思索してもらうようにした。限られる時間の中の取り組みの為、議題を継続するどころか、行動変革までも難しかった。しかしながら、リトル公民意識を培うのに、良いスタートだと考えられた。

子どもの社会参加の火付け役として、正規の小学校に入り込めることを予想もしていなかった。絵本という始発から児童力という終点まで、「児童文化研究社」という列車は徐行しながら進んでいるが、新荘コミュニティカレッジに到着したことがきっかけで、「児童権利」を推進する曙光がようやく見えてきた。

（翻訳：江野観月、日本語文責：河野優子）

ふりかえってみれば、そこには……

游 珮芸

午後五時、研究室のパソコンをシャットダウンして、部屋を出ると、四階から階段を歩いておりて、人文学院の前に停めてある車に乗った。初秋の爽やかな風に吹かれ、エンジンをかけて走り出す。水平線の向こうは、霞んだ浮雲と青くきらりと光る太平洋。今日も無事に一日の仕事を終え、いつもの平日のように、スーパーに寄って、夕飯の食材を買ってから帰宅した。

夕飯を作っている間に、息子二人が帰ってくる。たいてい、高校生の上の子が、先に帰ってきて、そして、中学三年の弟。食欲旺盛の男の子二人のため、ご飯を作るのは実に楽しい。ほとんどきれいに食べてくれるからだ。献立は、きわめて簡単だ。肉料理と野菜料理、一つずつ、それに、ミルクとリンゴなどの果物をミキサーにかけ、作りたてのジュース。

台所に立つときは、意識的にしゃんと背筋を伸ばして、食材と向き合いながら、子どもたちが家に帰ってくる気配を感じ、仕事のことも忘れて、幸せを実感する時間でもある。三、四年後、息子二人は大学に入る時期がくると、たぶん台東を離れ、大都市に行くのであろうと覚悟し、こうして二人と平日に晩御飯を一緒に食べる日は、残り少ないのであろうと思う。そう考えると、このような平凡な時間がいっそう輝いて見えた。

二〇〇一年の夏、ちょうど一五年前に、私は台東大学の児童文学研究所（大学院）の職に就くため、京都大学の仕事をやめ、夫と息子と台湾に戻った。台東で二人目の子を授かった。最初の二年間、当時の日本人の夫は、家庭主夫になり、二人の幼児の世話をする傍ら、ほそぼそ日本語の授業も家でやった。しかし、収入が少なく、台湾の生活にあまり慣れず、それに将来への不安が増し、結局、台湾に来てから二年後、彼は日本へ戻り、再就職することにした。私は、一人で幼い二人の子を抱え、台東に残り、教職を継続することになった。いま振り返ると、実に壮烈な日々だった。夫とは、二〇〇七年に正式に離婚したが、一人で子育てしながら、大学に勤めたのは、二〇〇三年の秋以来だった。

台東大学の児童文学研究所は、台湾において、唯一の児童文学専攻の修士号と博士号が得られる大学院で、入学してくる院生も台湾各地から優秀な有志者が多い。私は、この一五年間、西洋の児童文学から日本児童文学、児童文学の翻訳、絵本研究、アニメ研究、児童文化研究などまで、いろんな授業やゼミを行ってきた。「日本児童文化産業研究」のゼミも開き、それを機に院生たちを引率し、日本の国立国会図書館国際子ども図書館、ちひろ美術館、三鷹の森ジブリ美術館、いわむらかずお絵本の丘美術館、藤子・F・不二雄ミュージアムなどの児童文化関連施設を研究対象にし、現地の資料収集、観察、見学及び関係者インタビューなどを指導した。いままで、このゼミは夏休みや冬休みを利用して、五回も実施した。

正規の授業以外に、何回か絵本原画展、子ども向けの展覧会のキュレーターも挑戦してきた。二〇一〇年の「こどもたちを見つめる絵本作家ちひろ展」は、とくに規模が大きかった。いわさきちひろ美術館と提携して、美術館の竹迫祐子副館長からいろいろと教わって、その年の夏から冬にかけて、台北、台中、台東の三か所で、ちひろの展覧会を開催し、それに付随した開幕式のイベント、講演会、ワークショップ、子ども向けのイベント、それにギャラリートークのボランティア訓練などの業務を、全部一通り体験してみた。その経験を生かして、何回か台湾の絵本作家の展覧会も企画してきた。現在でも、来たる（二〇一六年）十二月に台東大学で、台湾の絵本作家呂游銘の原画展、作家のドキュメンタリー映画の上映会、ワークショップなどの準備にむけて動いている。

研究の面では、二〇〇七年二月に日本で出版された『植民地台湾の児童文化』の中文版を翻訳出版し、二〇一〇年四月に『宮崎駿アニメの文法』の研究論文集を出版し、それを研究成果として提出して、「助理教授」から「副教授」に昇進することができた。現在、主に絵本、アニメ、ゲームなどを中心にヴィジュアルな材料を取り扱い、児童文化の視野から研究を進めている。

一九九五年以降、台湾の玉山社出版社において、海外の児童書やヤングアダルトの選書を行い、Mini&Maxといったシリーズの翻訳出版を企画してきた。このシリーズは、いまでも継続しており、六年前から台湾の作家の作品も加えてきた。私は、このシリーズで、自分の撮影した写真付の詩集『日の出の音が聞こえる』（我聽見日出的聲音）を出した。そして、先輩絵本作家、曹俊彦さんの聞き取りをし、それに曹さんの挿絵を添え、伝記として世に送った。この『曹俊彦の知られざる絵』（曹俊彥的私房畫）は、二〇一三年の金鼎賞（台湾政府の文化部より）を受賞した。シリーズの企画以外、出版社とのかかわりは、絵本の翻訳、児童書の解説などの依頼も多い。いままで翻訳した児童書の数は、一〇〇冊ぐらいである。

二年前から児童文学研究所の所長に選ばれ、授業以外に、事務的な業務も行わなければならなくなった。

二年間をかけて、大学の図書館に児童文学の特別資料室および児童閲覧室の空間を設け、またそれらを運営することに携わってきた。さらに去る（二〇一五年）八月に開催された第一三回アジア児童文学大会において、台北支部の会長として、二日間の会議と二日のイベントが円満に運ばれるように尽力した。今回は、日本から二〇人、韓国二四人、中国三三人、香港九人もの外国からの参加者を台湾の台東まで招き、中日韓の三か国語の同時通訳の論文発表大会を行った。補助金の申請から三か国語の論文集の編集まで、いろいろと大変だったのだが、それはアジアの児童文学研究者の交流の場になり、有意義な会になったと信じ、自分にとっても、またひとつの山を乗り越えた。

よほどのことがない限り、このまま、大学での仕事を定年までやり続けていくのであろう。将来のことをあまり気にせず、今現在を精一杯楽しもうじゃないか。毎日、早起きして、海辺まではや歩き、日の出の写真を撮る。週二回、夜のヨガ教室に行って、自分の体とちゃんと向き合う。仕事は忙しいが、その中から、意味を見出し、無理なく、淡々とこなしていく。そして、晩御飯を作りながら、二人の子の帰りを待ち、出来立てのご飯を息子たちと会話しながら、食べる。

一九九六年九月にお茶の水女子大学で博士号を取ってから、ちょうど二〇年が経った。いろいろあったが、いまの私が幸せだ。

私の旅のはじまりは

河野　優子

春になると思い出す絵本がある。シャーロット・ゾロトウの『うさぎのだいじなみつけもの』という絵本だ。穏やかな春のある日、ひとりぼっちのうさぎは思う。「友だちがほしい」と。そして、森の賢人・ふくろうの言葉をたよりに、うさぎは旅立つ。

この絵本は、舞々の同人である松井るり子さんが翻訳をしている。簡明で的確だけれどふんわりとした温もりを感じる訳文が、ゾロトウの作品の雰囲気とも、丁寧に描きこまれた挿絵ともよくマッチしていて、心の中に小さな灯がともるような、温かな気持ちになれる絵本だ。

挿絵をよく味わってみると、どのページにも必ずねずみがいることに気付く。表紙にも扉絵にもねずみは登場し、物語が始まるとうさぎと共に旅立ち、湖の底を覗いたり、雪の中を必死に歩いたりしている。うさぎがめすうさぎに出会えた時には、ねずみもキュートなめすねずみに出会っている。うさぎが小さな家族に恵まれる横で、ねずみも小さな小さな家族と共にある。

うさぎだけではない、ねずみも幸せな旅をしているのだ。うさぎは一人ぼっちだと孤独を感じていたけれど、人生は孤独ではないのだと、改めて思う。そして、誰もがそれぞれの旅をしていることを、今さらながらとても愛しいと思う。

私の旅は……と考えてみると、なんだか、思ってもみなかった方向に進んでいる気がする。研究者には向かない（というか、資質がない）……ことは自分でもよくわかっているけれど、本田研で、舞々で、そして児童科で学んだことを次の世代に伝えたいと願い、細々と非常勤講師を務めさせていただいてきた。やはり、私の旅の原点は本田研に、舞々にあると思っている。その一方で、映画館を主とする小さな会社の経営に携わることになった。新しい映画館をつくったり、配給事業を始めたり、その小さな一歩一歩にかかわることになった。

昨年の春、一緒に仕事をして（教えを乞うて）いる香港の同僚から電話があった。「いい映画があるから見に来ない？」という誘いだった。主人と二人ですぐに香港に行き、ロードショーの真っ最中だったその作品を、手配してもらった映画館で鑑賞した。感動して、ぜひ日本に紹介したいと思った。けれど、帰国した私たちは、現場の担当者に驚かれ、呆れられた。「本当に買っちゃったんですか？」と。それも仕方のないことで、まだ他社が買い付けた作品の配給のお手伝いを始めたばかり。彼らにしてみれば、自社買付は二、三年後…と思っていたらしい。「騙されて買わされたのでは？」という心配もあったのかもしれない。だから、一緒に香港に行こうと誘ったのに……。

ともあれ、私たちの「はじめてのおつかい」となる作品は、二〇一六年のこの秋、無事に公開される。結果はまだわからないけれど、たくさんの方が協力をしてくださり、心にかけてくださっていることを実感している。ありがたい、と思う。現場を戦々恐々とさせつつも、買付第二弾となる作品探しにも余念がない。

私たちだけでなく、単館系の映画館が元気になるような、そんな作品が見つけられたらいいのだけれど。

振り返ってみれば、うさぎと同じ。どんな時も、旅の仲間がいて、支えてもらっている。ふくろうのように、道を示し導いてくださる方がいる。どんな方向に進もうと、どんなに曲がりくねっていようと、それは変わらない。感謝し、今、ここに、生きていることを大切にして、歩いて行こう。そして、私の旅のはじまりは、本田研であり舞々であることを、忘れないでいようと思う。

『映画の殿堂　新宿武蔵野館』（開発社　2011年）より転載

地を這う実践に光を求めて

矢萩　恭子

学生時代には、遠い遠い先の未来と思えていた生涯発達の終盤に近づきつつある近頃、お茶大の児童学科が原点であると思える幸せを感じる瞬間が多くあるように思います。昭和五十六年四月の入学から、昭和六十三年三月の修了まで多彩な教授陣の高い人間性に触れさせていただけたことは、常に揺れ動きつつも自分自身の確かな根っことして存在していると感じます。とりわけ、修士課程の指導教員を田口恒夫先生から引き継いでくださり、また、津守眞先生の愛育養護学校での実践（この小稿の標題も津守先生のご著書に倣わせていただいています）を見守ってくださった本田和子先生には、本当に感謝しております。

みずみずしい感性、柔軟な思考、軽やかな知性とはほど遠い当時の私は、不器用に迷路迷宮に入り込みもがいておりましたが、先生にご指導いただくことも憚られ、逃げ回ってしまっていました。しかし、他の同窓生も同様なのではないかと推察されますが、本田先生には、人生の節目節目で的確なお導きをいただいたことを強く思わずにはいられません。

院生時代、現象学の森に迷い込み、どうしても思考が浮遊し、目の前の実践に向かう自分自身の存在が肥大して、かえって子どもや現象を見失ってしまうような状況でした。一度お手紙で「所詮私は小刀使い。大上段から振りかぶるようなことはしない」と、また、御茶ノ水は山の上ホテルでの小さな結婚披露宴に大雨の中お運びくださり、雨を寿ぐ有り難い祝辞と「森を見て木を見ず」との色紙への一筆を頂戴したことを思い出します。また、論文に行き詰まり、諦めかけていた新年に鳴り響いた一本のお電話は、まさに指導教員である本田先生でした。

その後、愛育養護学校で、眞先生・房江先生の家庭指導グループの非常勤職員となりましたが、家庭の事情から退職、ジネット発足総会の会場で、幼稚園教諭となるお話をいただいたのも本田先生でした。そして、一年経たないうちに、ある地方の大学教員のお話をくださいましたが、そのときは保育者として不十分な経験しか積んでいないことから、大変迷いました。

結局、幼稚園教諭を十二年経験して、養成校教員となり、現在、早くも十三年目を迎えております。本田研を名乗るには憚られる小さな歩みではあるのですが、人生の節目節目で、お導きくださったことは得難いお取り計らいであったと痛切に感じております。

瀕死の床にあると耳にした栃木県馬頭町の田口先生の下へ兎にも角にもの思いで向かったことや、ちょうど一年前の九月二十日の愛育養護学校同窓会で激しく痩せられた房江先生のお姿に胸を突かれる思いがよぎったこと、今年（二〇一六年）三月十日のご葬儀で何度も房江先生のお名前を呼ぶ眞先生の声を耳にしたことなど、児童学科が、移ろう時代の彼方へ行ってしまうようなさみしさを覚えます。そのようなときに、本田先生は変わらずお元気でいてくださり、皆川先生はじめ、先輩諸姉が、『舞々』記念号を発刊してくださるご尽力を心より御礼申し上げます。

時代の変化とともに、保育や子育てをめぐる状況は、量の拡充と多様化の中で揺らいでいます。もちろん、質の確保が並行して求められている訳ですが、養成校教員として、保育学生の学生時代に何を伝えられているか、何を経験してもらえているかを悩み考えるとき、自分自身が児童学科（しかも養成校ではなかった？）でたくさんの豊かな「本質」に出会い、経験できたことが宝であったのだと感じずにはいられません。養成段階で身に付けるべき資質・能力の構成要素や尺度といったことを自分自身も意識し、課題とする一方で、学生時代にさまざまな親子と出会い、ゆっくりと触れ合うことのできた時間と空間、そこに一緒に参加できた同窓の仲間、すぐそばで、背後で、個々の学生を見守り支えてくださった先生方、そういった根っこの経験が大きいように思われます。

そんな思いから、平成二十三年十一月以来、ゼミで大学の施設を会場とした二歳児保育室「あそびば『ぽこあ』」を立ち上げました。大学のある地域の親子十組から二十組（前期は少なめ、後期は追加募集して多め）の午前中の保育クラスをだいたい隔週おきに実施しています。正規の実習教育とは別に、学生自身がより主体的に継続して保育実践に直接かかわり、親子と出会い、触れ合うことはできないものかとの考えからでした。他にも、「子育て支援実習」という選択科目を担当して、地域の子育て家庭の親子が過ごす場に学生を実習に出しています。そう言えば、前任校でも、中学生、高校生の保育体験学習のプログラム開発で地元の家庭科教員と協働し、試行していました。いろいろ振り返りますと、やはり、児童学なのでしょう。

もちろん、子どもや保育、子育てについての「本質」に出会い、感じ、考える学修過程を養成カリキュラム全体の中で、どのように保育学生たちに保障していくかについては、各養成校の先生方もさまざまな知恵と工夫で授業実践されているところかと思います。世界に類をみない速さで少子高齢化が現実となってきている日本において、乳幼児期の保育、子ども、子育てをどう守っていくかは、本当に大きな課題であると実感します。

ところで、大学にあるいわゆる子育て支援実践の場は、平成十六年六月に現在の東京都市大学人間科学部児童学科の子育て支援センター「ぴっぴ」（ご存じのとおり、ここも同窓の先輩により創られた施設ですが）をスタートとして、年々増加する傾向にあります。養成校がそれぞれ地域にある大学として、地域資源の一つとして、地域の実情やニーズに応じた役割をどのように発揮しているのか、地域連携にどのように貢献していけるのか、保育者の専門性と支援者の専門性に関してどのように考えたらよいのか、これらのことを

学ぶために、まだそれほど多くはないのですが、さまざまな子育て支援実践の現場を視察させていただいています。（註）

常に地道な実践を志向し、実働を担ってきた現在の職場も十年日となり、小さな大学ですが、さすがに年々職責が増してきております。房江先生のご葬儀でお会いした際、本田先生から「あなたも大変でしょう？」と思いを込めたお声かけをいただきました。この「も」というところに、孤独から救われる思いを勝手に抱いた訳ですが、愛育養護学校の家庭指導グループや、洗足学園大学附属幼稚園での地を這う実践と同じことを養成校という現場でも相変わらず行っている自分を感じた次第です。

今後も、保育学生たちとともに、地域の方々や親子に出会い、触れ合いながら、大変さの中に喜びの光を見つけつつ、壮年期（看護用語辞典によれば、四十歳～六十四歳）を何とか踏ん張りたいと祈念しています。

《註》

矢萩恭子「二歳児保育室「あそびば『ぽこあ』」における成果と課題」二〇一四年、田園調布学園大学紀要第八号、79～102頁での調べによると、全国で六十四の大学・短大が子育て支援実践の場として、つどいの広場を設置していました。

矢萩恭子・塩崎美穂・菊地知子・松田純子『子育て支援に関する保育実践力をはぐくむために―保育者養成校と子育て支援施設の連携の可能性―』平成二十六～二十八年度科学研究費基盤研究(C)課題番号二六三五〇〇五三、二〇一五年で、Ⅰ都市部にある子育て支援施設、Ⅱ過疎地域にある子育て支援施設、Ⅲ保育者養成大学との特色ある連携を行っている子育て支援施設を全部で九施設まとめました。

『親指姫』、脇役たちの語る

松井るり子

アンデルセン『親指姫』全訳を、一分間に三百字という「ニュースを読む速さ」で読むと、およそ四〇分の計算となる。小学校の授業であれば、一時限か。たとえ絵本の体裁で誘われても、読める大人、聞ける子ども、ともに多くはなさそうだ。

十六年前に、スウェーデンの絵本作家、エルサ・ベスコフによる石版画の『親指姫』稀覯本を入手した。それを機に数年がかりで、短い再話を試みた。コピーで私家版をつくって文章を貼り込み、つくば市が主催する製本教室に通って、布張りの絵本に仕立てた。

その作業を進めるうちに、「アンデルセンに言ってやりたいこと」が、どんどん出てきた。それを、物語の脇役たちに語らせてみる。

＊子どもがほしかった女の人の語る

生活には困っていないから、夫はいらない。母の不幸をなぞるつもりはない。でも私とはなかよしだったね、お母さん。なのに私を置いて天国に行ってしまった。寂しくて、「賢い女」に相談してみたら、大麦を一粒くれた。

種から芽が出て葉がのびて、つぼみがついた。八重咲きチューリップに似た花がひらくと、めしべの上には、ひどく美しい女の子が、裸ですわっていた。私は有頂天になり、親指姫と名づけて、愛情まみれにして育てることにした。

ドレスを縫ってやり、細いリボンを腰に結んだ。くるみのからにスミレの花を敷き、バラのかけぶとんで眠らせた。皿のまわりを花でかざって水をはり、チューリップの葉の舟を浮かべた。馬の毛の櫂《かい》で小舟をこぎながら、姫は歌う。すんだ声は、私を幸せにした。この子にことばを教えよう。そうすればやがて、私の話し相手になるだろう。

なのにある晩、消えてしまった。あの子はやっぱり化だった。花は去る。でも翌年、またやってくる。そうだ、私は花を育てよう。屋敷じゅうを花でかざろう。花のなかをのぞいて歩けば、いつかきっと、姫に会える。

＊ヒキガエルの息子の語る

ママがまた、ぼくの奥さん候補をつれてきた。こんどはとびきりかわいかった。くるみのベッドごと、盗んできたんだ。スミレとバラのあいだで眠る少女も、花のようだった。

ママはほんとに、きれいなものが好きなんだね。ぼくそっくりにみっともないママの心が、きれいなものへのあこがれでいっぱいだなんて、いじらしい。だけど誘拐は、だめだろう。

それから、きれいどころを「うちのヨメ」にしたら、「私の孫」がきれいな顔になるっていうのは、妄想だから。

もしほんとにきれいな顔の孫が生まれたら、それはぼくの子じゃなくて、よそのきれいな男との子だから。そういうことを、いくら言ってもママは聞かない。あきらめたぼくは、「げろげろげー」としか、答えないことにした。

ママは姫を逃がさぬように、スイレンの上に置きざりにした。そのあいだに、ぼくたちの新婚部屋を、コウホネの花とアシでかざって、大はりきりだ。

ぼくは、ともだちのさかなに頼んで、姫の乗ったスイレンのくきを、かみ切ってもらった。そしてぼくもここを去る。ママは「うちのヨメ」なら歓迎だけど、「息子の妻」は、おもしろくないようだから。

さよならママ。ぼくは遠くに行って結婚する。ぼくの奥さんを、ママの女中にさせないため。

＊舟をひく白いチョウの語る

小さなお姫さまが、スイレンの舟に乗って、川を流れていく。両岸のしげみを飛ぶ小鳥たちが、あいらしい姫をたたえて歌う。川面が金色に光る。魅せられた私は彼女に近づき、葉っぱの上で羽を休めた。

すると姫は、ドレスのサッシュにしていたリボンをほどいて、一方の端を葉に、一方の端を私の腰に結びつけた。絹だった。私のいとこがつくったものだから、軽くてきれいだ。つながれても痛くはなかった。私が舟をひくと、スイレンは水面をすべるように進んで、姫をよろこばせた。

ところが突然、コガネムシがやってきて、姫の細腰をつかみ、さらっていった。リボンをとかずに去った姫は、さぞかし私を心配していることだろう。でもだいじょうぶ。絹のゆるめかたは、さなぎの破りかたと同じだから。私は青虫から蝶への変態を、すでにとげている。リボンからの解放も、きっとやってのける。それよりも、私のために泣いているにちがいない、姫のことが心配よ。

＊コガネムシの第一夫人の語る

好色なうちの亭主が、第四夫人候補を拾ってきた。養う自信はあるらしい。お蔵にたっぷり、ためこんでいるからね。さっそく新しい女のきげんをとろうと、一番上等な蜜をあてがっていた。学はないが、そういう気づかいと甲斐性だけは、あるらしい。

いがみあいを常とする、正妻の私と、第二夫人、第三夫人、そして妻の座を持たぬたくさんの妾《しょう》たちも、こういうときは力を合わせる。

なに？この女。足が二本しかなくて、みすぼらしい。触角がなくて、見られたものじゃない。人間みたいに細っこい。よりによって、なんてみっともないのを拾ってきたのかしら。

すると、得意げだった亭主のいきごみが、どんどんしぼんでゆくのがわかった。いいきみである。さらに悪口でもりあがる私たちを見て、新しい娘っこに、急にいやけがさしたらしい。いや、実は私たちにいやけがさしたのかもしれない。しかし一度にまとめて捨てるには、多すぎる。そこで姫ひとりを、ヒナギクの野原に捨てに行った。ほっとした。

だけどあの子、ほんとはすごくかわいかった。これから何か月ものあいだ、あの姫がどんなに美しかったかという話題で、もちきりになるだろう。もちろん、亭主のるすの間《ま》に。

＊親切そうな野ネズミばあさんの語る

冬のはじめ、餓えたあの子が、森から麦畑を抜け、寒さにふるえながら戸口に立った。これは使えると思った。こんなに細くて小さな姫なら、私のたくわえを、そう減らしはしないだろう。食事とすみかの代金に「お話をしておくれ」だけではあやしまれる。掃除もさせれば、ちょうどだろうか。

夏のあいだ、姫は森の中で、一人で生きのびていたそうな。草で編んだハンモックを、スカンポにつるしてすみかとし、花の蜜を食べ、草のつゆを飲んでくらしたという。そんな話をする姫の声は、見目のうるわしさに見合う美しさだった。

姫は、あたたかい巣穴での私との日々を、気にいったらしい。私も、きれい好きで、かたづけのうまい姫を気にいった。私はこの子を、となりのモグラにとつがせるつもりだ。立派なビロードをまとったモグラは、たいそう学があり、広間がいくつもある大邸宅に住んでいる。うらやましいことだ。

地下に住んで太陽をきらっていたら、モグラの目は退化して、視力を失った。この子の美貌を売りものにできないのは、つくづくおしい。しかし姫は、きれいな声とおもしろい話で、モグラをひきつけることだろう。私はモグラの地下道から、多大な恩恵をこうむっている。モグラはミミズやイモムシを食す。肉食のため、私の好きな、畑の作物の地下茎には、興味がない。私はトンネル沿いの植物性のエサを、ごっそりといただきたい。そのために、モグラとの関係は、さらに強固にしておきたい。

あの子に、冬じゅう恩を売りながら、ゆっくり教育してモグラにやろう。言うこときかぬと、かみつくよ。

＊「いいひと」のモグラの語る

これまで、おとなりさんのおそなえを気に入ったことはあまりないが、こんどの姫は、声がきれいで、結構、結構。

あの子が私を好きにならないことぐらい、わかっている。太陽のようなあたたかい声をした姫が、地下のくらしを好むはずがない。

私はほんとうにあの子が好きだから、幸せになってほしくて、気絶したツバメを、私のトンネルに用意した。ツバメを足蹴にして「こいつらは、啼くよりほかに能がない」と言ってやった。私との間に授かる子どもについてほのめかして、あの子をおびえさせた。

若いツバメと若い姫は、きっとうまくやるだろう。おとなりさんもそのうち、やり手ばばあ役の失敗から、立ち直るだろう。そしたらばあさんに求婚してやるかな。「利害の一致婚」で、いいじゃないか。それに正直私は、光や、空や、花へのあこがれの歌を、これ以上聞かされたくはない。

＊ツバメの後悔の歌

恩人と、ふるさとを捨てて、姫は私とかけおちしてくれた。私のつばさに、羽毛のように軽い姫を乗せて、森やみずうみ、高い山々の上を飛んだ。ハッカソウとテンニンカの芳香をかぎながら、ブドウやレモン、オレンジの実る野原をこえる旅は、すばらしかった。

湖のほとりの、円柱にかけた私の巣に姫をおろすと、きれいな顔が少しくもった。私は、姫に元気になってほしかった。ここを愛し、ここにつれてきた私のことを、前よりももっと、愛してほしかった。

だから「もしも、ここより花園の方がよいのなら、つれて行こうか」と、言ってしまった。はたして姫は、手を打ってよろこんだ。姫の選んだ白ユリのなかに、姫に似合いの美しい王子がいた。そのとたん、私は自分のやりすぎを知った。

これは、事前の詳細リサーチで防げたか？　いや、何をしてもたぶん、同じことだった。これが、私の運命だ。チュビイ、チュビイ。

＊王子の元カノの語る

高貴で美しく、有能で心やさしい王子さまは、自身の美しさと、崇拝者たちの黄色い声に無関心で、おさななじみの私と、ずっとなかよくしてくれた。幸せだった。

でも、遠来のまれびとにはかなわない。新鮮な遺伝子との結合は、魔法のような美形を生むという。彼の選択はおそらく、王国と子孫にとって、正しいものだった。

王子さまが、自分のかんむりをはずして親指姫に与え、妖精の羽と、「マイア」という、豊穣の女神の名まで授けたとき、私は自分の居場所が、もうここにはないと知った。

姫をつれてきたツバメの背に乗って、私もデンマークにわたり、話をするおじさんのまどべで、ツバメと一緒に、マイアの消息を伝えた。

新しい地では、私が遠来のまれびとである。きっと私も、だれかにとっての、まれなる姫ぎみとなる。ご縁は玉突きパズルのようなものかもしれない。どうかあなたがたもお幸せに。

《参考》
大畑末吉訳『アンデルセン童話選』岩波少年文庫
TUMMELISA Elsa Beskow 1908 Stockholm
本稿は、「アンデルセン『親指姫』に沈む」(『こどもの本』二〇一六年三月号　日本児童図書出版協会）に、加筆改稿したものである。

エルサ・ベスコフと私

美谷島いく子

私は、一九八四年、西ドイツのマールブルグのエルベルト書店で、スウェーデン語のエルサ・ベスコフ（一八七四〜一九五三）著『みどりおばさん、ちゃいろおばさん、むらさきおばさん』（一九一八）と『ちゃいろおばさんの誕生日』（一九二五）を見つけ求めた。当時日本では、まだ訳されていなかった三人のおばさんが主人公のシリーズ本との出会いであった。この絵本の物語は、昔、私を可愛がってくれた母方の叔母二人と一人の叔父とが重なり、不思議に思えた。

マールブルグは、一八〇二年頃からグリム兄弟がマールブルグ大学の法学部のザヴィニー教授に学んだ大学街である。ドイツは、地理的にバルト海を隔ててスウェーデンに近い国である。スウェーデン語は、ドイツ語と英語に似ている。ベスコフも、子ども時代にドイツの絵本『もじゃもじゃペーター』を読んだり、『ドイツ一枚絵』を見ていたと述べている。『ペッテルとロッタのクリスマス』では、子どものベッドの周りに「もじゃもじゃペーター」の額が掛けられている。『リーサの庭の花祭り』の構図は、『ドイツ一枚絵』の影響を受けていると思われる。

二〇〇〇年十月三日から一七日の間、私は国際婦人教育振興会の主催する視察旅行で初めてスウェーデンを訪れた。ストックホルムのエレン・ケイ・スコーラン（学校）を訪れ、元気な子どもたちに出会った。その後、オーディンが都を定めたとされる古都シグチューナでは、三人のおばさんシリーズの舞台となった街の通りを歩いた。

ベスコフは、三人のおばさんシリーズで、テーマとして家族を描いている。父母のいない「ペッテルとロッタ」を「三人のおばさんと青おじさん」が育てる擬似家族の物語である。私は、大学で教職の傍ら二〇〇〇年から現在まで、松本の家庭裁判所の調停員として、離婚・親権・面会交流等の家族の問題を扱っている。調停の際に、「三人のおばさんシリーズ」を描いたベスコフならばどう答えるであろうかと考える。裁判所からの帰路に通る松本城の堀の白い睡蓮の花を見ると、『青おじさんの新しいボート』で、綺麗な睡蓮の花を取ろうとして、オールを流してしまった「ペッテルとロッタ」のことを思う。また、近くの開智小学校の庭の楓の大木を見上げると、『ラッセのにわで』の「九月（楓の木の精霊）」とラッセの出会いが目に浮かぶ。

スウェーデンのエルサ・ベスコフは、季節の廻りに独特の感性を持った絵本作家である。一年の時の廻りを、月毎に描いた絵本『いちねんのうた』（一九二七）に象徴されるように、北欧の自然の中で、幼い子どもがどのように過しているか、廻り来る季節とどのように出会い、別れるかを、絵本の中に繰り返し描いている。

冬生まれの、スキーが大好きな少年ウッレ（六歳）が、雪が溶けてしまう春をどのように迎えるかを描いた絵本に『ウッレのスキーの旅』（一九〇七）がある。

太陽の光が強くなり、一年じゅうで一番日が長く、白夜が続く夏至の頃を、おひさまがおかと呼ばれている屋敷で暮らしている子どもたちが、どのように過しているか描いた絵本に『おひさまがおかの子どもたち』（一八九八）がある。又、リーサという女の子のもう一つの夏至祭を描いた絵本に『リーサの庭の花祭り』（一九一四）がある。

母と子が、赤く実ったRönnbär（ナナカマド）に話しかける絵本に『イェーランのノート（未邦訳）』（一九一六）がある。ラッセという男の子の、夏から秋への交叉祭を描いた絵本に『ラッセのにわで』（一九二〇）がある。古都シグチューナを舞台に展開される、三人のおばさんシリーズの中の、クリスマスにやぎおじさんがプレゼントを持ってくる絵本『ペッテルとロッタのクリスマス』（一九四七）がある。

これらの絵本をみてゆくと、ベスコフの特徴として、現実には目に見えない季節の廻りや時の訪れを、擬人化して描いている。

例えば、白霜じいさん、雪どけばあさん、冬王、春の王女、夏至の精、九月さん、十月さん、去年さん、新年さん、三月じいさん、四月（道化）等がある。

Ulla Bergstrand は、“Elsa Beskow Vår Barndoms Bildskatt”（二〇〇二）において、「第一にベスコフに影響を与えた絵本として、Walter Crane（一八四五〜一九一五）をあげている。第二にベスコフの通ったスウェーデン国立工芸学校の図書館には、日本の木版画の複製画が載った書物やクレーンや W.Morris の作品集も数多く備えられていた。」と述べている。

これらのベスコフの絵本が出版された頃の時代背景を考えると、一九世紀末〜二〇世紀初めは、ユーゲント・シュティルの盛んな時期で、一八九六年にストックホルムで、英国の Walter Crane 展が開催された。「……私（ベスコフ）は、英国の芸術家クレーン のストックホルムでの展覧会が冬に開催されたことを覚えている。私はそこへ行って“Flora's Feast”を、賞賛を持って見た。（美谷島訳）……」と Stina Hammar 著“Sol-ägget”（二〇〇二）に記載されている。

石井登志子は、「……『ちいさなちいさなおばあちゃん』が出版された前年に、ストックホルムで W.Crane 展が開かれ、ベスコフは会場を回るうちに、この絵本の着想を得た。」と述べている。

このような状況から、ベスコフの絵本はクレーンの影響を受けていると思われる。クレーンの絵本には、世紀末の芸術の特色である Metamorphose（形態の変容、変態）が描かれ、擬人化が多く行われている。ベスコフが具体的にどのように擬人化しているかを、クレーンの絵本“Flora's Feast”（一八八九）（未邦訳、以下『フローラの祝祭』）や"A Masque of Days"（一九〇二）（未邦訳、以下『暦の仮面舞踏会』）等を通じて、ベスコフの絵本の特色を見てみたい。

一　新年

『いちねんのうた』（一九二七）では、クレーン作『暦の仮面舞踏会』の影響が見られる。『暦の仮面舞踏会』は、英国のチャールズ・ラム（一七七五～一八三四）のエリア随筆にクレーンが絵を描いた絵本である。この絵本では、キリスト教会暦に基づいて様々な祭日が擬人化されて登場する。

クレーン作『暦の仮面舞踏会』では、一ページにカレンダーと砂時計、壁紙に柊が描かれ、旧年（去年）が死に、新年が成年に達したと描かれている。旧年は、鏡の中にメガネを掛けた黒いシルエットで描かれ、成年は、左手にシルクハット、右手に杖を持つしゃれ者の若い紳士として描かれている。成年は、一年の全ての日を招いて晩

ウォルター・クレーン画
『暦の仮面舞踏会』（1901）

エルサ・ベスコフ
『いちねんのうた』（1927）

餐会を開く。

ベスコフの『いちねんのうた』の一月では、振り子時計とクリスマスツリーが描かれ、去年さんは、黒衣を纏い長い白髭を生やし、杖をついた老人として描かれ、戸口から出て行こうとしている。新年さんは、左肩にかばんを掛け、右手にスキーのストックを持ち、小さな天使の姿で描かれている。当時、子どもは天使のように愛らしく純粋無垢のものとして捉えられていた。

左ページには、一月六日の十二日節に、主人公の三人の子どもが「三博士の門付け」(Sternsinger：星の歌い手)をしている絵が描かれている。ベスコフは、子どもが新年を迎える象徴的な役割を果していると捉えていることが分る。クレーン作『暦の仮面舞踏会』において、十二日節は純白と金色の薄物の衣装を付けた高貴な婦人として描かれている。

その特性を整理すると次のようになる。

① 新年さんとして形象化された天使が、スキーのストックを右手に持っている点に、ベスコフ独自の北方性が見られる。スウェーデンは、英国より北に位置し、スキーをはいた雪の中の生活が冬の日常である。

② 北欧人の精神の基層にある北欧神話『エッダ』には、スキーを履いた神(即ち男神ウルと女神スカジ)が登場する。スカジは、スカンジナビア半島の語源となった。男神ウルは、ベスコフの絵本の主人公ウッレと名前が似ている。

③ ベスコフの描く去年さんは、クレーンの描く旧年と似ている。クレーンでは、死んだとなっているが、

ベスコフでは、戸口から出てゆこうとしている。新年さんは、クレーンでは成年として描かれているのに対して、小さな天使（子供）の姿で描かれている。

④

擬人化された季節(時間)と子どもとの交流の仕方：くたびれて戸口に立っている年寄りの去年さんに、三人の子どもは「ありがとう　もうすぐ　古い思い出になるね！」と別れの挨拶をしている。一方、十二時がボーンと鳴り、廻ってきたばかりの新年さんに、三人の子どもは、縦一列に並んで対面して、「よろこび　お日さま　春　そして感謝の気持ちを連れて来て！」と願いを込めて迎えている。

二　四月

ベスコフは四月を子どもの道化（ピエロ）の姿で描いている。これは、クレーンが『暦の仮面舞踏会』で“April Fool”（万愚節）を大人の道化の姿で表したものから着想を得ていると思われる。クレーンの道化は、帽子から靴に至るまで鈴を一杯付け、お面をかぶり、白地に黄土色の服を着てにぎやかに客を先導する役目をはたしている。

ベスコフの道化は襟と腰にだけ鈴を付け、茶色と緑色の服と半ズボンと靴下をはいている。茶色は、大地を、緑色は春の芽吹きを表す。服には春の花―ブローシッパ（三隅草）の形をした飾りボタン、緑色の帽子には猫柳を挿している。四月は、冬と春の気候を併せ持ち、天候が急変しやすいので、両義性を持ったいたずら者のトリックスターの姿が、空気遠近法を用いた自然主義的風景の中に表わされている。また、晴と雨が異時同図法で描かれている。

ベスコフが四月を子どもの道化の姿で描いている特性は、次のようにまとめられる。

① 二人の子どもが、スウェーデンで春一番の花ブローシッパ（三隅草）をつんでいる点や、又、四月がブローシッパ（三隅草）の形の飾りボタンをつけている点にスウェーデンの気候風土に根ざした工夫がみられる。

② クレーンの描くエイプリールフールは、大人の道化として描かれているが、ベスコフの描く四月は子ども（少年）の道化の姿で描かれている。その姿は主人公の一人である長男のウッレより少し大きい姿で描かれ、子どもの遊びを先導してゆく。「三月爺さん」の命がつき、四月が登場している。

四月は、いたずら（雨を降らせる）をしたり、子どもをからかって、子どもと遊んでいる。子どもたちは、ワルプスギルの焚き火をし、「この火が消える頃、四月さんもう行っていいよ」と言い、四月と思いきり遊んだ後、納得して送っている。

三　春の王女

『花のうた』（シャンナ・オーテルダール文、ベスコフ絵：一九〇五）では、春の女神マヤが、春の使いの女の子をよこした。自然主義的風景の中に登場したその女の子は、ブローシッパ（三隅草）を髪に飾り、すみれ色のベストを着て、緑の縞のスカートに白樺の皮の靴を履き、トッシラゴー（蕗タンポポ）をもち、お日様の光を腕いっぱい抱えて歩き、金色の花粉を振りまく。冬王の王子からは、「お日様のお嬢さん」と呼ばれている。

『ウッレのスキーの旅』では、春の王女様が緑色のガクの形の玉座の車に乗り、白い蝶に引かれ飛翔して、空気遠近法を用いた自然主義的風景の中に登場する。車の黄色い車輪は、トルンホルムの太陽（日輪）馬車及び太陽神を思わせる。

春の王女は、クレーンの著『フローラの祝祭』に登場する“Queen Flora”に影響を受けていると思われる。“Queen Flora”は、髪に赤いスカーフをかぶり、月桂樹の冠を付け、二本の笛を吹き、二羽のツバメが飛ぶ中、小さな花を撒き散らしながら、クロッカスなどの草花を長い冬の眠りから覚まして歩く。

他方、ベスコフが描く春の王女は、黄色いドレスを纏い、車を白い十一羽＋二羽の蝶に引かせ飛翔しながら、青い花を撒いている。ベスコフの春の王女様は、『花のうた』に登場した春の使いの女の子の姿を、発展させていると思われる。雪解けばあさんは、緑のワンピースに真新しいエプロン（トッシラゴーの花模様）をかけ、満

エルサ・ベスコフ
『ウッレのスキーの旅』（1907）

ウォルター・クレーン
『フローラの祝祭』（1889）

足そうに春の王女に挨拶をする。

冬王は、洞穴のような氷の玉座に座り、右手にツララ、左手に雪の玉をもち、春の王女に対応している。冷たく、重い静止のイメージの冬王に対して、春の王女は暖かく、軽やかで動的である。冬王は、森の中の城でラップランド人に子どもへのクリスマスプレゼント（スキー、そり、スケート靴、スキー手袋）を作らせている点でサンタクロースのイメージと重なる。白霜じいさんは、雪解けばあさんに対応している。

ベスコフは、春の訪れを春の王女に擬人化したが、その特性は次のようになる。

① ブローシッパ（三隅草）やエプロンの模様がトッシラゴー（蕗タンポポ）というスウェーデンで春を一番で告げる花を描いた点に、スウェーデンの気候風土に合う様な工夫が見られる。春の王女を、太陽車輪の御者に形象化し、蝶に引かせた点にベスコフ独自の北方性が見られ興味深い。北欧は、太陽の光が少ないので、太陽の光への憧れが強く、古くから太陽神への信仰があった。太陽は回転するイメージで捉えられていた。

② 北欧神話『エッダ』の中に、オーディンが、太陽を運ぶ御者Dagr（ソール：女）を選び二頭の馬にひかせたとある。

③ ベスコフの描く春の王女は、小さな花を撒き散らしながら、草花を長い冬の眠りから覚まして歩く点が、クレーンの描く“Queen Flora”からの影響を受けていると思われる。しかし、“Queen Flora”は大人に形象されているが、春の王女は子ども（少女）として形象されている。春の王女は、「春の使いの女の子」の像を発展させていると思われる。

④　ウッレは、森の中で冬王に「有り難う、親切な冬王様」と挨拶し、対面した時には、丁寧にお辞儀をしている。又、ウッレは、白霜じいさんにも、お辞儀をし、「有り難う」、「さようなら」と挨拶している。さらに、ウッレは、雪解けばあさんが、真新しいエプロンでほほえんで挨拶して春の王女を迎える姿を見て、雪解けばあさんを好きになる。このように冬生まれのスキーが大好きな少年ウッレが、雪の消える春を受け入れるベスコフ独特の物語が組み込まれている。

ベスコフは、クレーンの絵本においては大人として表象されているものを、なぜ「子ども」として表象したのであろうか。ベスコフは、親しんだ季節に別れ、新しい季節を迎え・蘇るためには、「子ども」にこそ始源的な力があると感じていたからではないだろうか。

私は十六年前に小野寺百合子氏に関する資料を調べ『舞々』一九号に発表した。今年七月三十日に小野寺氏に関する番組「百合子さんの絵本」が、ＮＨＫ終戦スペシャルドラマとして放映された。百合子さんが、スウェーデンでの諜報戦争の中で、どのようにベスコフの絵本と出会い、日本に残してきた子どもにドイツからの潜水艦で送ったのかが分り感動的であった。小野寺氏は、帰国後『蜂』という同人誌の創刊号（一九五九年発行）に『花壇の夏至祭』という表題でベスコフ著の『リーサの庭の花祭り』を翻訳している。さらに、『蜂』五号に『ラッセのおにわ』という表題で、ベスコフ著『ラッセのにわで』を翻訳している。

木霊《こだま》に耳を傾けて

雨宮　裕子

フランス暮らしが、人生の半分を超えてしまった。日本とフランスを行きつ戻りつしながら、レンヌ大学で教鞭をとる日々も、もうあと数年で終わりになる。このところ、キャンパスの旧館が次々に改築され、私のいるE棟も、来年あたり工事に入るらしい。

E棟は、一度大がかりな改修工事を経ている。安全基準に合わせて、建物の外側に、新しい階段が設置されたのだ。もう二十年以上も前のことになるが、その時何より淋しかったのは、窓辺のプラタナスが全て切り取られてしまったことだった。窓の向こうにぽっかり空いた空間は、今も埋まっていない。

私の思い出は、いつもどこかで木につながっている。移り住んだ家の記憶は、暮らしの中にあった木の面影と共に蘇ってくる。今の家を買うことに決めたのも、ベランダの前にがっしりしたりんごの老木が一本、太い枝をはりだしていたからだ。あとは芝生一色の殺風景な庭だった。好きな木を植えればいいという夫の言葉に、りんごの老木一本で妥協した。りんごの木は、木肌をかびや虫たちになめ尽され、ところどころに病んだ葉を茂らせて縮こまっていた。それをそろりそろりと労わって三年、今年は幹が一回り太くなっている。夏の終わりが近づくころ、老木はふぞろいな虫喰いだらけの実を、毎日一つ二つ落としてくれる。その実を拾って、傷んだところを除《よ》けながらかじると、まろみのある酸っぱい果汁が胃の腑にじんわりしみて、からだの芯から元気が湧いてくる。それが老いたりんごと老いた私の、無言の会話である。

木は、我々の身近にあって、時の流れを、人の一生とは違った尺度で示してくれている。木の生命は天へ突き上げる枝葉を見ただけでは測れない。地に深く張った根の先はいったいどこまで伸びているのだろう。大木の祠に神棚を置き、注連縄をまわして崇める一方で、百年杉をチェーンソーでなぎ倒し、森を宅地に造成してしまうのも同胞たちだ。木を愛で、畏れ、敬いながら、その一方で、モノとして扱うことに抵抗のない私たち。人と木が言葉を交わせたのは、遠い遠い昔のことになってしまったのだろうか。そんな木をめぐる人の心の有り様を、身の回りの話をもとに考えてみたい。

一　祖父の泰山木《たいざんぼく》

「あらっ、あの泰山木どうしたの。」久しぶりに帰った実家の二階から見える夕暮れの空が、急に開《ひら》けていた。「裏の叔父さんが切っちゃったのよ。野菜畑が日陰になるからって。」と、母の声に怒りがこもっている。

泰山木は確か、七メートルは超える高さに伸びていた。私がいたころは、泰山木の東にお稲荷さんがあって、西に竹やぶが広がり、その一角に祖父母の家があった。祖父母が順に亡くなってから、近くに住む叔父が古屋を取り壊して更地にしてしまった。そこに息子の家を新築する予定だったらしいが、叔母がとりあえず菜園にして、野菜を作り始めていた。実家の二階からはその全景が臨めた。息子の結婚話はいっこうに進展せず、菜園がどんどん広がったらしい。お稲荷さんの社《やしろ》のまわりにびっしり生えていた万年青《おもと》も、祖父が手をかけた竹やぶも、菜園に代わってしまっている。お稲荷さんの赤い鳥居と、社だけはかろうじて残っているが、あとは大根や白菜の畝が見えるだけになっている。茗荷やみつばも生えて、味噌汁の実に重宝した竹やぶだったのに。

竹やぶには祖父の「安全な場所」への思い入れがあった。経営していた下町のお菓子工場を戦災で焼け出され、隣接する千葉県の山地を手に入れた時、今度こそ地震も津波も心配のない所に住もうと、辺りで一番の高台に家を建てたそうだ。そして、最初に庭に植えたのが竹だった。「地震が来たら、竹やぶへ逃げろ。」と、母に言いながら。それから祖父は、庭の一角にお稲荷さんのお宮を建てた。赤い鳥居をくぐると、正一位宝来稲荷大明神と墨書した赤い幟《のぼり》が両側にはためき、石のお狐さんが祠《ほこら》の左右に構えている。祠の前には鈴が下がっていて、お参りの度に、必ずジャランジャランとならしたものだった。「こんな私設の神社があっていいのかしら。」と、子供心に不思議な気がしたが、油揚げやお神酒《みき》をもってお参りに来るご近所さんがあって、ろうそくがよく灯っていた。母の話では、山を開墾しているときに出てきた、祟《たた》り石を祀《まつ》り込める意図があったのだという。なんでも、祖父の知り合いで、その石を鍬にあててしまった御仁の家には不幸が続き、困り果てて祖父に相談したそうだ。祖父も山で石のお地蔵さんを掘りあてていたので、それなら両方一緒に祀ろうということになり、神社をこしらえたという。祟《たた》り石がお宮に納められてからは、かの家の災いは収まったとのこと。

お稲荷さんは、毎年初午《はつうま》の日に、幟《のぼり》を新調した。父も母もその度にかりだされていた。六畳の部屋いっぱいに、赤い布が並べられ、それを母が切って、ミシンをかけていく。幟《のぼり》ができたら、その上に、父が正一位うんぬんと墨書する。それを祖母がにこにこしながら見ていた。お稲荷さんの周りには、万年青《おもと》や、南天や万両といった、縁起ものが集められ、赤い鳥居を見下ろすように、ぬっと天を突いて立っていたのが泰山木だ。泰山木は深緑の大葉に、ずっしりと肉厚の白い花を付ける。祠《ほこら》の守りにと祖父が選んで植えた木で、向かいの二階家から格好の目隠しになっていた。

その木を叔父はポンと伐った。残ったのはずん胴な丸太だけで、そこからようやくか細い枝葉が一本伸びている。「あんなに伐らなくても、よかったんじゃないの。」と聞く私に母が答える。「ほんとはね、伐る必要なんか全然なかったのよ。ご近所に迷惑かけてる訳じゃないし、畑だって日陰になんかなってなかったんだから。叔父さんが伐りたくってしょうがなかったんでしょ。お祖父ちゃんの木が、いつまでもえらそうに突っ立ってるのが嫌だったのよ。」

戦中戦後の家族関係は複雑だ。家督の全権を任されると思っていた長男の叔父が、平等な財産分与を考える他の兄弟や祖父と衝突していたらしい。「あんなこと、しちゃいけなかったのよ。あれから直に叔父さん死んじゃったんだもの。」母が叔父の死の話をもちだした。「心臓まひで、朝お嫁さんが気付いた時にはもう手遅れだったんだって。」

働き盛りだった叔父の死因を、祖母からは長患いがあったと聞かされていた。それが、実は心臓麻痺だったと母は言う。唐突な叔父の死を、母のくすぶった思いは、無残な泰山木へ向かわせる。「お父さんが、お稲荷さんのために植えた御神木に、とんでもないことをするから。」

数年後、父を見送った母は、家を売ってその地を出てしまった。お稲荷さんだけは、今でも残っているという。

二　義父の咲かせる桜

木には寿命があるのだろうか。松の緑を神の依《よ》り代《しろ》にした大和《やまと》の民《たみ》は、松が木々の中でも、とりわけ長寿であることを知っていたのだろう。現存の松で最古と推定されるのは、カリフォルニアとコロラドの間の高山に生える松で、樹齢は五千年に近いという。長寿は松に限らない。アメリカでは、樹齢一万年を越す木が発見されたという（註①）。長寿の木は、今もどこかで人知れず、年輪を重ね続けているのかもしれない。

実際、木の生命力には驚かされる。八月六日、原子爆弾の炸裂で焦土と化した広島の街。爆心から半径二キロの地点まで、あらゆる生き物が焼き尽くされてしまった。その焼け爛《ただ》れた大地に、銀杏は春の新芽を吹き出して、人々に生きる勇気を与えたという。

自然は春が来るたびに蘇る。日本の春は、なんといっても桜だ。小学校の校庭に、一枝の桜花がなかったら、入学式の記念写真は絵にならない。花はもったりした八重ではなく、ほんのり紅のかかった一重がいい。限られた時間に「ひと花咲かせて」、潔く散っていく桜。そんな染井吉野を江戸の町に流行らせたのは、桜に我が身をなぞらえたい武士の諦観だった。染井吉野は、大島桜と江戸彼岸をかけ合せて出来た品種で、花つきは多いが、花期が短い。うす紅の桜が満天を覆う春、酒宴をはり、歌を詠み、人はつかの間の美に酔いしれる。満開の桜が、この世のものとは思わぬほど美しいのは、その根元に累々たる屍《しかばね》が横たわっているからである（註②）。華はほんのひと時で、その後には「ひそひそと花のふる」（註③）終焉が待っている。あらゆる生命《いのち》の萌出《もえいず》る春。その真っただ中で、いち早くひっそりと桜は消えてゆく。

ふりかえってふと思う。私の人生の幕引きをどうするか。灰になって土に還りたいが、火葬の習慣のない国では、どうすればいいのだろう。するとある日、新聞に樹木葬の記事が載っていた。この地方でたった一ヶ所、木の下に遺灰を納められる公園があるという。何かの折に、樹木葬のことを義父に話したらに、興味があるというので、記事を郵送しておいた。もう、十年以上も前の話である。

その義父が逝ってしまった。義父は献体登録をしていたので、半年も過ぎたころ、遺灰となって我々のところへ戻ってきた。夫は、義父が樹木葬の記事を大切にしまっておいたのを見つけて、心を決めていた。遺灰を木の下に納めるのである。私たちは、樹木葬のできるルボノ（Le Bono）庭園へでかけて、一本の山桜を選んだ。庭園は海の見える小高い丘の上にある。広々した丘陵に、オリーブ、椿、桜、楓など様々な木が植わっていて、樹木葬を望む家族は、好きな木を選ぶことができる。遺灰を納める時には、庭師が木の周りの土を柔らかくして待っていてくれる。骨壺は1年未満で土に還る素材でできているので、義父はもう土に還っている違いない。ルボノ庭園には、墓地の暗さや石の冷たさがない。色とりどりのベンチが海に向かい、木の周りに植えられた花々や、枝に吊るされた飾りが、明るい空間を生み出している。私たちは、春が来るたびにルボノを訪れて、祖父の桜の下でお花見をすることになった。私もいずれは祖父の隣に加えてもらうことになるだろう。家族でも、ペットでもみんな一緒に眠っていいそうなので。

三　神降《ふ》るバニアン（Banian）の森

日本の春がうららかな桜陽気に浮き立っている頃、インドは酷暑の季節を迎えている。訪れたニューデリーの町（註④）は、四十度を超える日差しに、人も牛もぐったりして、歩みがのろい。こんな土地柄に、枝垂《しだ》れる桜はうっとおしいだけだ。暑い国の人が好むのは、枝葉いっぱいに、涼やかな緑を広げてくれる大樹である。木陰で人も牛も息をつけるように、この町の木はどこへ行っても高く伸び上がっている。外壁のレンガをはずして、幹や枝を通してやるのは、べつだん特別なことではないらしく、大樹はさらに伸びていく。アカシアの黄色い花が、暑い日差しによく映えて、ユーカリやインド菩提樹（Pippala）の根元には、人や牛が寝ころんでいる。

酷暑のニューデリーから飛行機で二時間半南下すると、ベンガルに着く。ニューデリーよりも高地にあるので、暑さはしのぎやすく、バナナや椰子が生い茂っている。友人のスーダは菜園のあるアシュラム（ashram共同住居）の一角に住んで、最下層の人たちの自立を助ける市民活動をしている。三千年来の歴史に組み込まれたカースト制度は、一九四八年に発布されたインド憲法（註⑤）に廃止が明記されているが、現実には、カーストの違う人との結婚は、今でもほとんどないそうだ。アウト・カーストのダリット（dalit　不可触賤民）ともなれば、土地もなく住まいも村はずれに限られて、差別と貧困の淵から、おいそれとは這い上がれない。だれがどこのカーストに属するかは、苗字を聞けばすぐ判る。だからインドの知人たちは、お互いを名前だけで呼びあっている。

アシュラムから車で三十分ぐらい走って、レンガ採掘地の荒れた原っぱを抜けた村はずれに、ダリットたちの住む一角がある。部落へ続く道らしいものはない。道路と部落の間にある、巨大なバニアンが目印になっている。バニアンは一本で森になる不思議な木である。幹が伸びて、枝が横に張り出すと、その枝から気根がくねくね落ちて地面へ入る。そうすると、今度はそこから新しい幹が伸びて枝が生える。こうして林がいくらでも広がっていく。がじゅまるという沖縄語源の名称が示すように、バニアンは沖縄でもよく見かける大樹だ。インドでは半径が五百メートルにおよぶ、森と呼ぶに相応しいバニアンもあるという。

バニアンの枝を分け入ると、ダリットたちは八一年ぶりに復活させる祭りの準備をしているところだった。木の下は大きな広場になっていて、蟻塚が祭壇のように立っている。祭場にしつらえた一角には花が飾られ、地面には絵模様が描かれて、お供えの前に線香が炊かれている。祭りの場を取り仕切っているのは、青いサリーを着た女性で、線香を燃やしながら祭壇の周りを回って、辺りを浄めている。その女性が、キンマの葉にビンロウジュの種とバナナを載せて手渡してくれた。キンマの葉にビンロウジュの種をくるめてかむと、口淋しいときの気晴らしになるという。その脇では、男たちが大きななべを出して、なにやらぐつぐつ煮始めた。

バニアンの林立する幹の間に日が差し込むと、森はそのまま神の社《やしろ》になった。ダリットたちはバニアンの社に集って、自然の恵みに感謝する。差別社会を生きるダリットに、社の緑はひっそりと優しかった。

四　魂おくりの石を抱く大樹

インドのバニアンは、人をその樹下におおらかに包み込む。ここブルターニュの大樹は、人の命を絶ち切る石を、洞《ほら》にひそかに隠しおいたという。それを知ったのは、もう二十年以上も前のことで、ケルヴァン（Quelven）（註⑥）という小さな村の教会で、パルドン祭が行われた時である。

パルドン祭は、教会の司祭が主導する年に一度の宗教行事で、パルドン（すみません）というフランス語が示すように、贖罪《しょくざい》を祈願するのが由来だと言われている。巨石信仰や、泉信仰など異教の要素がふんだんに盛り込まれた、この地方独特の「宗教的村祭り」である。観光客や信者を集めて、五月あたりから週末になると、あちこちの教会でパルドン祭が催されている。

祭りの日、司祭のミサが終わると、聖像を乗せた神輿《みこし》を担《かつ》いだ人や、守護聖人や聖母マリアを描いた幟《のぼり》を掲げた人たちが、司祭について聖堂の外へ繰り出していく。そのあとに参列者が連なって、延々と野道を一巡り行進してくるのが習わしである。祭りの日が近づくと、教会の周りはにわかに活気づく。辺りの藪《やぶ》はきれいに刈り取られ、お堂の中はすす掃いがなされ、花を活けかえる人、ベンチを並べる人、ろうそくを用意する人と、頬を上気させて右往左往する村の人たちをよく見かけたものだ。パルドン祭の日には、出店が並び、臨時のカフェも設置される。そんな非日常の空間の中に、村の暮らしの展示があって、安楽死の石の慣習が説明されていた。

その石は、二十センチぐらいの丸い石で、ブルターニュの言葉でメル ベニゲット（Mell beniget　安楽死の石）と呼ばれる。望まれる死を導くために使われ、ケネカン（Quénécan）の森の木の洞《ほら》や、いちいの木の股に隠しおかれたそうだ。教会の聖具室の引き出しにしまわれている場合もあったという（註⑦）。

「石は乱用されることのないよう、こうして、教区の司祭とブルターニュの聖者たちに守られていた。石が使われたのは、たとえば、不治の病に冒された患者が安楽死を望んだ場合などである。その場合、家族内の長老や村の有識者が集まって、話し合った。結論は参加者全員の判断でなされ、多数決で処置を決めていた。その上で、決行の結論が出ると、一組の男女が選ばれて、ことにあたった。二人は夜、石の隠し場へ赴き、その足で約束を果たしに行った。こめかみを一撃すると、患者は苦しまずに息をひき取ってくれる。石は元の場所に戻され、すべてが終わったことを告げる鐘が朝のお祈りの鐘の後、男なら五回、女なら四回、子供なら二回鳴らされることになっていた。」

メルベニゲットが、実際にどの程度使われていたのか、実態は判らない。でも、聖堂に寄り添って生えている樫や、椎の巨木には、確かに洞があり、窪みがあり、秘具の隠し場にはなりそうだ。秘密裏に行われた安楽死の介添えは、教会の関与する聖なる葬送儀礼で、村の人々の暗黙の了解を得て執行された。血に染まったメルベニゲットは、泉の水で清められ、知らせを受けた司祭が、鐘を鳴らしてことの終わりを告げる。石は再び木の洞に委ねられ、村に平常が戻るのである。

秘儀の石が隠されたイチイや樫の大樹は、教会に寄り添う泉に影を落としていることが多い。聖堂のそばに泉があるのは、かつて泉が異教の祈りの場であったからである。泉は、水の母神の国へ開かれた通路で、その水は病を治し、祈りをかなえてくれるとケルトの民に信じられていた。ブルターニュは、元を辿ればイギリス海峡から渡ってきたケルト民族の末裔の国である。泉信仰は、ケルトの民がこの地にもたらし、継承されてきていた。十六世紀頃から、ブルターニュにもキリスト教の伝道師が入るようになり、泉の隣に聖堂が建てられ、ケルトの泉信仰は穢れを清める聖水の場に読み替えられている（註⑧）。

聖堂に寄り添う大樹とその根元の泉は、遠い昔から、他界への通路としてそこに開けていたのだ。大樹の祠に、渡海の秘具を託すのは、その木が、斯界にありながら彼岸にもつながる超越した力を秘めているからであろう。

五　始原の木

斯界と他界を繋ぐ木は、始原の時から人と共にある。天地開闢《かいびゃく》を説く日本神話は、葦を始原の混沌に潜む宇宙生成の源として描いている。「国稚《わか》く浮ける脂《あぶら》の如くして、くらげなすただよへる時に、葦牙《あしかび》の如く萌え騰《あが》る物に因《よ》りて成れる神の名は、宇摩志阿斯訶備比古遅神」（註⑨）。葦に宿っているウマシアシカビヒコヂノ神は、姿を見せると、じきに消えてしまう。それは、先に姿を現した高天原の造化《ぞうか》三神と同じく、これから始まる壮大な国生み、始祖誕生の予兆なのだ。

天地が未だ定まらずどろどろの状態のときに、初めて顔を見せるのが葦であることに注目したい。この辺りに、日本人と木（自然）を結ぶ、深い絆が潜んでいるのではないだろうか。葦は天と地を繋ぎ、ふわふわと頼りない大地に確かな形を与えていく。葦に続く始原の木は、天界と人界を結びつける天《あめ》の御柱である。天界から降臨するイザナキとイザナミの二神は、天の御柱を巡って国生みにとりかかる。こうして大和の大八島は産まれ、日本の国が出来上がるのである。大八島に君臨する神々や、大和の民を従える天皇家の始祖誕生譚は、国生みに続く神代記に納められている。日本神話は天地《あめつち》の分かれた後に、日本の国土の起こりを語り、そこに住み来たる神と人へ視点を移して宇宙の生成を完成させる。

それでは、同じ天地創造を語る、聖書の「創世記」（註⑩）はどうだろうか。「はじめに神は天と地とを創造された。地は形なく、むなしく、やみが淵のおもてにあり、神の霊が水のおもてをおおっていた。」と始まる第一章は、神の技《わざ》で天と地が分かれ、地には植物が、水には生物が、空には鳥が創造されていくさまを物語る。地にはさらに家畜と獣が創造され、しめくくりが人である。神は自分のかたちに人を造り、その男と女にむかって言う。「生めよ、ふえよ、地に満ちよ、地を従わせよ。また海の魚と、空の鳥と、地に動くすべての生き物とを治めよ。」そしてこうつけ加える。「種をもつすべての草と、種のある実を結ぶすべての木とをあなたがたに与える。これはあなたがたの食物となるであろう。」

「創世記」の第二章は、造物主による天地の創造を、より細やかに描いている。「主なる神が地と天とを造られた時、地にはまだ野の木もなく、また野の草もはえていなかった……主なる神は土のちりで人を造り、命の息をその鼻に吹き入れられた。」そして、「人がひとりでいるのは良くない。彼のためにふさわしい助け手を造ろう。」と、獣や鳥を土で造り人のところへ連れてくる。けれど人にふさわしい助け手が見つからなかったので、人を眠らせて、あばら骨の一つを取って女を造るのである。

聖書に宇宙樹が登場するのは、天地創造を終えた造物主が、エデンに園を設けて、そこに人を置いたときである。「主なる神は見て美しく、食べるに良いすべての木を土からはえさせ、更に園の中央に命の木と、善悪を知る木とをはえさせられた。」（第二章 9）

この善悪を知る木こそ、人をエデンの園から追放し、「一生苦しんで地から食物を取り、やがて土に帰る」生きざまへ導く始原の木である。造物主は人にエデンの園を耕させ、園の木の実を好きなだけ与える。けれど、善悪を知る木の実だけは「それを食べると死ぬから」と禁じている。善悪を知る木の果実は、人を神と同等にする禁断の果実なのだ。

日本神話と聖書が共有する、混沌からの天地の生成は、木と人、言いかえれば自然と人の関係を示唆して興味深い。日本神話は神を葦の中に宿らせ、不分明の天地に、神よりも人よりもまず草木を芽生えさせている（註⑪）。人が木から生まれるのは、人も草木の種のごとく、花を咲かせ実をつけ、朽ちて土に帰る、自然の循環の一つに過ぎないという発想が、根にあるからではないか。

聖書の自然観は異なっている。宇宙の生成は一人造物主のなせる技である。草も木も人も、全て造物主が一人で創出している。その上で、神は人に言う。「地を従わせよ。」（「創世記」第一章28）。こうして、自然は人の外に置かれるモノとなり、人の意のままに拓かれ、穿たれ、汚されていくことになった。

六　レバノンの森の神殿

地球から森が消えていく。紀元前七五〇〇年から三〇〇〇年頃の地球は、森の繁茂に最適の気候であった。現在のフランスの地もドイツの地も深い森におおわれ、ギリシャのパルテノン神殿の廻りも古代末までは森におおわれていたという。森は食料の宝庫である。ゴール人もローマ人も森で狩りをするかたわら、原野を耕して、栗や葡萄を植えていた。けれど、定住農耕が始まれば、森は開墾されて徐々に退化が進んでいく。中世になって農村社会が組織化され始めると、森林の退化は一気に加速されることになった。

西欧社会の人と自然の関係は、聖書の造物主の言葉にも見て取れる。造物主は人に「地上の生物を治めよ」

と申し渡している。原罪を犯した人の子は、草や木を「従えて」、神の意にかなう地上の楽園を造ろうと腐心する。そのさまを語るのが聖書の「列王記」の、ソロモン王の大神殿建築事業である。

―ソロモン王は父ダビデの意思を継いで神殿建築を決意する。神の館は壮麗でなければならない。けれど、イスラエルには森がない。隣の国のティルス（レバノン）の町の王ヒラムと交渉して、レバノンからレバノン杉と、いと杉を大量に買い付けることにする。ソロモン王は、イスラエル全土から膨大な富と労力をレバノンへ送り込み、そこから建築用材が運び出させる。王が心血を注いだ石の神殿は、内装に金とレバノン杉を張りめぐらせ、七年の歳月を経て完成される。―

こうして、レバノンの杉の木は、イスラエルの民が信奉するヤハウェ神の館に姿を変えてしまう。レバノン杉は、レバノンの国旗に描かれるほど、国の貴重な資産である。砂漠の広がる中近東にあって、海に面したレバノンは、中央を走るレバノン山脈に昔から豊かな杉の森を抱えていた。山に育つ、樹齢千年を越える杉の森である。

心地よい香りのレバノン杉は、建築用材として近隣の国の羨望の的であった。レバノン杉をめぐる戦いは、紀元前二五〇〇年、古代バビロニアの英雄叙事詩「ギルガメッシュ」にも、描かれている。

―メソポタミアの都市国家ウルクの王ギルガメシュは、ウルクの繁栄を願い、盟友エンキドゥとともにレバノン杉を得るために、レバノン杉の森の守護者（半獣半神）のフンババを退治に出かけることを決意する。レバノン杉の森は一万ベール（十万㎞）の大きさがあり、気持ちの良い木陰と、心地よい香りに満ちている。王はそのまま森を残したいと思うが、ウルクの繁栄のためには多くの木材が必要であると、森の守護者に大太刀を撃ち下ろす。フンババはギルカメシュとエンキドゥに呪いをかけて倒れる。ギルカメシュは、大量のレバノン杉を切り倒し持ち帰る。―

レバノン杉の森は今では八〇〇haほどしかなく、千年杉は保護下にある。「ギルガメッシュ」叙事詩の時代に、人々は早くも森の危機を感じていたのだ。レバノン杉の森の退化は、人が木をモノとして「従えた」時から始まった。森は、人の意のままに切り拓かれ、家畜が放たれ、大木が切り倒されて、景観を変えていった。

神殿を造るために、宮殿を造るためにと大義を掲げて始められた木々の伐採は、こうして地上から緑を奪ってきたのである。

結びにかえて

人が木に寄り添い、果実を糧に命をつむいできたとしたら、地球の景観はどれほど違っていたことだろう。神の住む森は、神のための聖域として守られていたはずである。古代の神道の世界では、あるがままの自然が神であった。神は祀りの場に降り来たり、また何処《いずこ》かへ去っていく。降臨の依り代に磐座《いわくら》があり、神樹がある。里が人の住む世界であれば山は神の領域で、人がむやみに分け入れる世界ではなかった(註⑫)。一方、キリスト教の文化圏では、始原の時から自然は人の外に置かれ、入らずの聖域を神棲む森として見ることはなかった。

奥山は不可侵の聖域であり続けて欲しい。あらゆる命の根源を抱えて、永年の時を静かに刻んでいく森であって欲しい。その森に、ちりとなった私が、いつか桜を咲かせられたら上出来だ。今日もまた、大樹がなぎ倒され、どこかで森が消えていく。

それでも桜の花のふる春はやってくる。木霊《こだま》に耳を傾ける人が、一人もいなくなったとしても、桜の花ふる春はやってくる。

①一九八八年のギネスブックに記載の Paleotwin Tree。
②梶井基次郎『桜の樹の下には』。
③坂口安吾『桜の森の満開の下』。
④二〇〇五年五月。
⑤第十五条に『国家は公民に対し、宗教、人種、カースト、性、出生地、またはそのいずれかによって、差別を行わない』さらに、『商店、飲食店、旅館、公衆娯楽場への立ち入りや、井戸、水槽、沐浴階段、通路なども平等に使用することを妨げない』と、明記され、そして、第十七条には『不可触賤民は廃止され、すべての形式の行使も禁止される。「不可触賤民」であることを理由にしたあらゆる無資格を強制することは、法律によって処罰される対象となる』とある。
⑥ブルターニュ地方のモルビアン県の村。
⑦一九九三年の八月十五日、ケルヴァン聖母教会で行われる、パルドン祭を見に出かけた時、教会の裏の家の土間に、かつての村の習わしを紹介する小さな展示があって、安楽死の石のことが記されていた。石の写真はなく、説明のみであった。
⑧ブルターニュ地方の教会と泉は、都市化で様相を変えている。泉は埋められ、聖像も姿を消し、内陸部の村では

過疎が進んで、閉まったままの教会も多くなっている（二〇一六年）。
⑨新編日本古典文学全集1『古事記』、一九七七、小学館。
⑩聖書からの引用は、日本聖書協会発行の一九七六年版『聖書』を参照。
⑪竹や木などの植物から始祖が誕生するという神話はインドネシア系で、台湾の高砂族、フィリピンのタガログ族などにも伝承されているという。参照、山本節、『神話の森』、大修館書店、一九九〇、26〜27頁。
⑫対馬には不入坪（いらぬつぼ）と呼ばれ、人が踏み入ってはいけない神の領域が今でも残されている（二〇一二年一月の調査）。

《子どもをめぐって考える》

不登校対策を支援する仕組みづくり

―見守りの〈協働〉を学校文化に根づかせる実践事例―

喜田　裕子

●はじめに

近年、とある地方自治体（A町　註①）の首長から依頼を受け、コミュニティの一員として、かつ、大学教員の地域貢献の一環として、臨床心理学の立場から不登校対策に取り組んだ。平成二五年秋より着手し、二六年には「学校教育アドバイザー（以下、アドバイザーと略す）」という新設の職に任命され、教育委員会・センターや学校と連携しながら、町全体の不登校予防・対応を支えるための仕組みづくりをした。いわば、町全体がクライアント（依頼人）の臨床実践である。そして、試行錯誤の中で、後に「A町児童生徒見守りシステム（以下、見守りシステムと略す）」と命名された仕組みが完成し、平成二八年度から運用がはじまった。

当初は、普段の臨床活動とはあまりにもかけ離れた営みに、「自分は何をやっているのだろうか」という疑問がぬぐえなかった。通常は、個別の面接やコンサルテーションが中心であり、組織にかかわるとしても、せいぜい一つの中学校など、構成員の顔が見える小さなコミュニティを対象とした介入にとどまっていたからだ。しかし、田嶌(二〇〇九)が、児童養護施設における暴力問題を解決するために全国的に展開している「安全委員会方式」を、臨床心理実践の中でも「システム形成型アプローチ」と名付け、「問題解決のためのより有効な仕組みづくりをめざすことである」と定義している論考に触れ、本実践を心理臨床的営みとして位置付ける視点を得た。そこで本稿では、これを一事例と捉え、まず理念的背景について述べ、次に、仕組みの完成・運用に至ったプロセス及び仕組みの概要を記述し、最後に考察を試みる。

●取り組みの背景

以下に、取り組みを発想した背景について述べる。そして、不登校対応には、学校がチームとして「協働」できることが必要であること、そのためには、チームを支える「場」や、「気づき」を促進するツール等の仕組みが有効であることを指摘したい。

まず、私的なエピソードで恐縮だが、わが子が小学生だった頃、近所のお母さん(隣のクラス)から相談を受けたことがあった。「この一週間ほど嫌がって学校に行ってないの。担任に相談したほうがいいかしら」、という相談だった。聞くと、給食の揚げ物で吐きそうになったことがきっかけという。担任とは、具体的な相談をしていないとのことだった。普通、学校を連続して休むと、担任が家庭訪問したり、電話で事情を尋ねたりすると思われるが、当時、そのクラスには、担任に長時間心配を訴える別の保護者がいて、もしかしたらそちらの対応で手一杯なのかもしれないと想像された。そこで、相談者には内緒で、学校の教務主任に電話して対応をお願いしたところ、教務主任は「知らなかった、対応します」と言ってくださった。登校が再開したのはその後すぐのことであった。そして中学校・高校と元気に通学する姿が見受けられた。学校を何日も休むと、それ自体が原因でますます行き辛くなる。不登校のすべてが、素因的に困難を抱えて長期化する事例ではない。可能な限り早期の解決が望ましいこと、そのためには、担任一人で抱え込まない環境が大切であることを再認識した。しかし担任の苦戦を、どうしたら問題の大きくなる前に管理職や周囲の同僚が気づくことができるだろうか、との問いも残った。

次に、以前スクールカウンセラーとして勤務したB市の中学校での出来事である。ゴールデンウィークあけの朝、職員室で、書類を見ていた一学年の主任が、「この子小六の時、十日も欠席してる！」と声をあげた。生徒の親から風邪で二日目の欠席連絡を受けたので、小学校からの申し送りを確認していたのだった。職員室にいた教頭が、「すぐ家庭訪問だね」と言うと、そこにいた担任が、「今から出張です。どうしよう」、それに対してスクールカウンセラーと教育相談担当教員が「では私たちが行きましょうか」となった。その場で筆者は担任から、生徒の良いところを簡単に聞いた上で家庭訪問した。本人は素直に顔を見せ、不自然に咳き込んでみせた。「風邪はどう？」からはじまり、「風邪もだけど、この時期、学校で嫌なことや辛いことがたまって、ひとりで困っている子がしばしばいるの。あなたはどうなのかなって心配で来てみたの」と言うと、生徒は「嫌なことはない」と否定した。そこで、「○○先生（担任）は、あなたのこと、人が見てないところでも手を抜かない頑張り屋さんだって褒めてたよ。そんなあなただからこそ、もしかして一人で困ってないか心配だったの。なにかあったらいつでも聞かせてね。治ったら学校で待ってるね」と言って帰った。生徒はその翌日から登校した。小六で年間十日も欠席があると、中一で不登校傾向が顕著になる可能性が十分考えられたが、この生徒はその後、なんと無遅刻無欠席で中学を卒業していったのである。

この生徒の場合は、ストレス因に対して、積極的に解決したり主体的に悩んで抱えたりするスキルが不足しており、その結果、怠学的な欠席が積もっていく、いわばさみだれ型不登校の兆候があったのではないかと推測された。それに対して、上述の家庭訪問には、学校が欠席に敏感であることや、問題に対してまず解決を試みる（回避ではなく）選択肢、そして、学校もそれを積極的に手伝う姿勢を暗黙のうちに本人に伝えたことで、安易な欠席に歯止めをかける効果があった。その結果、生徒は学校で、ストレス対処スキルを学ぶ機会も得ることができたと考えられる。このような早期の対応が可能となった背景として、毎月の生徒指導委員会にスクールカウンセラーも出席し、みんなで欠席日数表（図①）を毎回眺めては、早期発見・早期対応に努めていたことが挙げられる。言い換えるなら、「気づき」と「意識」を維持するための「場」が保障されていたと言える。「場」とは、人々の間の情報的相互作用の容れ物（伊丹、一九九九）と定義できる。伊丹は、整合性のある協働のためには共通理解が必要であり、チームには「場」が必要だと強調する。

取り組みの理念的背景として最後に、学校組織のありかたについて述べる。佐古（二〇〇六）は、学校の組織化傾向を三つに類型化した。それによれば、①個業化（個々の教員の裁量で対応している。組織体制による対応は整備が十分でない）、②統制化（管理職の権限が強く、上意下達で組織的に対応している）、③協働化（個々の裁量でも対応しているが、同時に互いの様子が共通理解されているので、必要に応じて組織的な対応がされる）の三つに分類される。

筆者はここ数年、教師対象の講演や研修会で、よく「チーム支援」というテーマを依頼されることから、各学校の実態を把握したいと思い、研修会のたびに無記名でアンケートを取った。対象は、小・中・高等学校・特別支援学校の教師で、管理職から教育相談担当、そして若い副担任まで幅広かった。その結果、「対応は担任ひとりに任せられている」という個業化の実態や、「保健室に連れて行くかどうかの判断ひとつ、すべて管理職にお伺いを立てないと動きづらい」といった統制化の実態が生々しく記述された。なかには、「なんでも困ったことを相談し情報をすぐに共有するようにと言われるが、実際は全員が揃わないことが多いので、何度も同じことを、生徒指導主事、管理職、関係者などに担任がそれぞれ伝えなければならず、伝えた後の対応もばらばらでどうし

番号	4月	5月	6月	7月	9月	(省略)	計	理由欄①	理中欄②
1102	1	2	3	1	3		10	頭痛(月曜日によく休む)	夜遅くまでゲームをして朝起きられない
1106	1	3	2	0	3		9	体育の日に休む傾向	運動会の参加を嫌がる
1103	0	0	3	0	5		8	39度台の高熱が長引いた	入院
1101	3	1	0	0	3		7	足のけが1日、風邪2日	9月は家族旅行、安易に休ませる傾向?
1105	0	5	0	0	0		5	友人関係のトラブル⇒解決	
1113	0	1	0	0	2		3		
1109	0	1	0	0	1		2		
1111	1	0	1	0	0		2		
1112	2	0	0	0	0		2		
1107	0	0	0	1	0		1		
1104	0	0	0	0	0		0		
1108	0	0	0	0	0		0		
1110	0	0	0	0	0		0		

理由欄①：1月あたりの欠席が3日以上になった最初の月に、欠席理由を記入する。病気・身体の不調については、具体的に症状や診断名を記入のこと。
理由欄②：欠席が通算7日以上となった時点で、欠席の理由を記入する。病気・身体の不調については、具体的に症状や診断名を記入のこと。
＊毎月の生徒指導委員会等で活用するときは、「計」の降順に並べ替えて配布すると使いやすい。

図①　欠席日数表（イメージ図）

たらよいかわからない」等、協働したいがそのための「場」がないといった訴えも見受けられた。一方、協働化に該当する記述としては、「困っているとどこからともなく教頭が話しかけてくれて、支援会議が招集される」等があった。このような教頭の行動を、個人的な名人芸とせず、誰でも出来るようにするためには、「気づき」のためのツールが必要と考えられた。

● 取り組みのプロセスと仕組みの概要

以下に、取り組みのプロセスを記述し、見守りシステムの概要を示す。

● 経過その一　平成二五年度

発端は、平成二五年秋、当時、町の教育委員をしていた筆者に対して、町長が、「中学校の不登校をなんとかしてもらえないか」と依頼したことであった。町長のもとには、学校の対応を恨む不登校生の保護者から、苦情が複数件寄せられていた。内容は、「学校は何もしてくれなかった」という、学校への不信感や関係性の破綻がうかがわれるものだった。教育委員の任期（四年間）はあと一年を残すだけだったが、本務校の大学が地域への貢献を掲げていることもあり、大学と地方自治体の連携という観点からも、役に立てることがないだろうかと重く受けとめた。内心では、教育委員として、臨床心理の専門性の点ではあまり貢献できないまま任期満了となることに一抹の申し訳なさも感じていた。

そこで、自分に何ができるか考えた結果、三つのことが浮かんだ。すなわち、①欠席日数表の活用、②効果的な支援会議の促進、③小中連携、であった。以下に詳述する。

第一に、不登校予防をめざして、各学校が欠席日数表を毎月教育委員会に提出するようにしてはどうかと、学校教育課長に提案した。学校は、報告のために、毎月必然的に欠席日数表をチェックするので、それが早期対応に結び付くはずだと考えた。提案はすぐに採用され、年度途中から町教委への報告が各学校に要請された。各学校の反応としては、ただちにこれを、教頭が中心となって積極的に活用するよう指示された校長がいた一方で、雑務が増えたと不満を漏らす管理職もいたと聞く。たしかに、仕事が増えるのはうれしいことではないので、もっともな反応である。活用した管理職は、元々カウンセリングや教育相談に造詣が深く、客観的なデータを子ども理解に活かす視点を持っていた。このことから、全体に対して、より丁寧な説明の必要があったといえるが、コミュニティの規模が大きいほど、スムーズな情報伝達が困難であることを痛感した。

第二に、中学校に対して、学年会規模の「支援会議」を提案した（註②）。これに先立ち、中学校の「チーム支援」体制の実態を把握したいと考えた。そこで、教育長に相談の上、当時の中学校生徒指導担当教頭に簡単な質問（前年度の出席率とチーム支援体制）をメールで尋ねた。返事はなかなか来なかった。後から判明したことなのだが、当時は手書きで出欠管理していたため、計算に苦労されていたらしい。ようやく届いた返事を見ると、出席率は悪くないと感じられた。具体的数字は伏せるが、一般に、生徒の心が荒れていると肌で感じるとき、その学校の出席率は九七％を下回っていることが多い。出てきた数字は上回っていた。しかし、チーム支援体制に関する回答は、心配になるような内容だった。表現は悪いが、コーディネーターとして位置づけられた中堅の教師（当時着任したばかり）に丸投げし、管理職の関与が見えてこない回答だった。瀬戸・石隈（二〇〇三）による、中学校を対象とした調査研究によれば、役割権限がコーディネーション行動を支えているとされる。コーディネーターを支える教頭の積極的な関与が不可欠であると考えられた。そしてチームとしての協働を学校文化として根付かせることが、この学校の不登校対策として急務ではないかと考えた。喜田・小林・早川（二〇一二）では、校内全体で事例検討に取り組むこと自体が、連携意識の高まりやチームワークの強化につながることが示唆されている。以上の理由から、当時、「支援会議」に不慣れであると思われた中学校に対してこれを提案したのであった。結果、一ヶ月待っても返事は来なかった。おそらく校内では、対応に戸惑い、検討されていたのだろうと推測する。ひょっとしたら、嵐が過ぎ去るのを待つような思いで放置されたのかもしれない。一方、筆者が感じたのは、無視され、相手にされなかった時の苦々しい感情だった。町長に恨みの手紙を書いた保護者も似たような気持ちだったのではと思いを馳せた。

そこで、教育長に再度相談したところ、中学校の校長と筆者が直接面談する機会を設定された。やはり当然のことではあるが、メールではダメで、顔を合わせ対話を丁寧に積み重ねる必要があったと痛感された。教育長のやり方は、上からの一方的な統制ではなく、対話の「場」を設定し、協働の話し合いへと意図されたものであり、この軟着陸がその後の円滑な展開を決定づけたと考える。さて、校長が心配されていたのは、スクールカウンセラーとの「棲み分け」であった。そこで、実態を尋ねると、スクールカウンセラーは個別面談を中心に活動していた。月一回の学校全体のコーディネーション会議にも参加していたが、学校の規模が大きく、不登校の数も少なくないため、会議は実態報告と情報共有にとどまっているようであった。筆者は棲み分けの案として、学年会規模の支援会議によって教師を後方支援する役割を提案し、校長の快諾を得た。（これには後日談がある。一連の介入のあと、約半年後にアンケートを取ったところ、当時の生徒指導担当ではないもうひとりの教頭の意見は依然として、「スクールカウンセラーとの棲み分けが心配」であった。頭が納得していても手足はバラバラに動いている感じで、組織における情報伝達とは難しいものだとつくづく感じた。さらに、この言葉は当時の中学校の雰囲気を象徴すると思われた。生徒の利益や必要性ではなく、スタッフの働きやすさを優先する感覚が滲み出ていると感じるのは筆者だけだろうか。）

第三に提案したのは、小林（二〇〇九）による小中連携支援システムであった。趣旨としては、小学校の二学期が終了した時期に、一定の基準に合致した小六児童（不登校予防に関して特に配慮が必要な児童、全体の約一割前後）を対象に、担任が「シート」に情報を記入し、それに基づきカウンセリングの専門家が見立てと方針を示した「コメント」を作成し、中学校に送る。中学校では入学式前に共通理解を深め、入学当初から関係づくりや必要な配慮を行うことにより、不登校の予防に役立てるものである。教育長にこれを提案し、同意を得ることができた。そして、既存の教育相談系委員会（各学校から一名ずつ教師が参加）の定例会がちょうど十二月にあるので、会の活動として進めるよう手配していただいた。また教育センターを事務局として位置づけていただいた。当時、会合のリーダーであった校長先生から、貴重な助言を受けたことが印象に残っている。すなわち、「導入」という言葉を使ってはいけない、仕事が増えることに対して現場は敏感なので、表現の工夫が必要とのことであった。代わりに、「現在すでに取り組んでいる小中連携の書類に少し工夫を加えて、来年度はこちらでやってみましょう」と提案し、無事、承諾を得ることができた。決して嘘ではないので感心した。学校組織の運営経験が豊富な教育長や管理職の、既存の仕組みを活かした細やかな工夫に、これまでのご苦労を垣間見た。

ところでこの十二月初旬の会合の席で、来年度四月に共通理解のための研修会を開催する必要性を、中学校側出席者に対して説明し、研修会を設定していただく了解を得た。しかし、その後中学校から連絡はなく、三月下旬に筆者から尋ねたところ、担当者は「あっ！」と思い出した様子で、「これから教頭に提案します」との返事であった。このことから、学校の活動は、年度計画などの「仕組み」に良くも悪くも守られていると痛感した。そして仕組みを変える必要がある時、それをするのはほかでもない人間であること、変えるには苦労が伴うこと、たとえ機能しなくなった古い仕組みであっても、誰かが何とかしない限り、続いていくだろうことが実感された。

さて、この間、十二月から翌年一月にかけて実施された支援会議の様子を簡単に記述する。ある学年では、担任と学年主任だけが話し、あとはうつむいて目を閉じていた。冷たい雰囲気を見かねて、黙っていた教師に話を振ると「この生徒のことは、授業に出ていないからわからない」という返事だった。内心、絵に描いたような「個業化」だと感じた。一方、こちらの反省点として、「お前何しに来たんだ？」という空気もあったように思う。情報共有不足、会議の趣旨説明の不足があった。くわえて、大規模校では「学年」全体で子どもたちを見ていくのは難しいのだろうか、という悩ましい疑問も残った。次に支援会議を実施した学年では、会のはじめに教頭から目的をしっかり説明していただき、皆が話しやすい工夫を相当考えて進行した。

具体的にはマッピング法（喜田・小林・早川、二〇一二）を用いて、生徒を知らなくても、自分の経験から想像で発言してもよいという形で検討を深めた。結果、学年主任も若い先生方も積極的に発言し、和やかなチームの雰囲気を感じることができた。このことから、個々の教師の資質の問題ではなく、協働の文化が根付くことが課題であると再認識した。最後に支援会議を実施した学年では、三学期がはじまって二週間、一度も登校していないある生徒に対して、担任は一回も連絡を取っていないことが判明し、参加者にひそかなどよめきが走った。個業化の問題はここにある。うまくいっている時は問題ないが、対応に困って手が止まると、その子どもに対する支援のすべてが止まってしまい、それに誰も気づかないまま時間が過ぎるのだ。

●経過その②　平成二六～二七年度

平成二六年度四月に、中学校で共通理解のための研修会を無事済ませたあと、筆者はその後の介入を中断した。外部の人間が学校に介入することで感じる疎外感、針のむしろ感ともいうべき感覚に疲労困憊したからだ。教育委員会の後ろ盾があったからこそ、学校から無視されず、表面的には協力を得てここまで来たともいえる。臨床面接であれば、両者の間にただよう不穏な雰囲気を直接取り扱うことができる。しかし本事例では、当時、どこに向かって話し合いをしたらよいのかわからなかった。本来であれば、内情に通じている（はずの）事務局（センター）が矢面に立って調整をしてくれたなら、外部の専門家はストレスなく連携できたと思われるが、それにはまだ機が熟していなかった。

しかし、センターは、中学校における二六年度の月ごとの出席率の推移を学年別に折れ線グラフで示してくれた。小中連携支援システムで介入した第一学年に注目すると、一学期は比較的出席率が高く、二学期以降低迷していた。これを見て筆者は、多忙な教師に不登校対応の「意識」を維持してもらうためには、先述した学年会単位の支援会議を年間通して定期的に開催し、外の風を吹かせ続けることが必要なのではないかと考えた。おりしも、二六年九月で教育委員の任期を満了し、町長から再三、再任を要請されたが固辞したところ、かわりにアドバイザーに任命された。そこまで必要としていただけるならと腹を括り、手始めに、校長先生方に挨拶と趣旨説明の場を設定していただいた。それを機に、各小学校の校長先生から、保護者対象の講演会に呼ばれたり、困難事例のケース会議に呼ばれたりと、交流が深まっていった。

　二七年度は前年度の反省をふまえ、中学校第一学年に対して年三回の支援会議に入った。新しく着任した生徒指導担当の教頭から、この支援会議は効果的であると、喜びの声をいただいた。実際、この年度の一学年は、年間通してかなり高

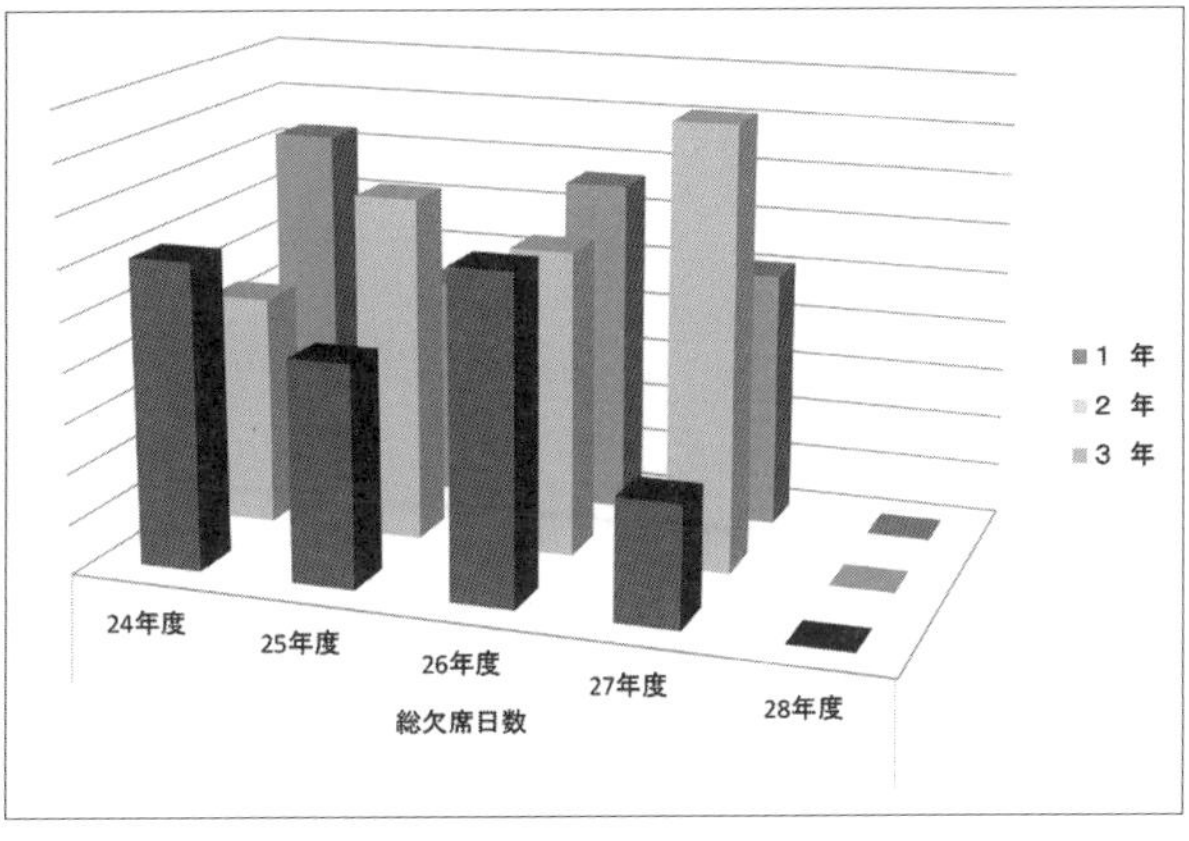

図② 総欠席日数の学年別経年比較

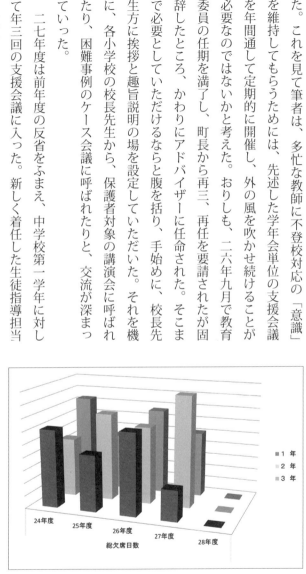

い水準で出席率を維持することができた。さらに全体的効果がより詳しく反映される「総欠席日数」で学年別に経年比較したのが図②である（縦軸の数字は削除した）。この数年間の中でも、二七年度の一学年の健闘ぶりが見て取れる。しかし、他の学年には効果が波及していないこともわかった。大きい学校では、ある学年の取り組みが、他の学年に自然には伝わり難い。情報伝達の工夫が課題として残った。

●仕組み完成までの試行錯誤

当初の見守りシステム（平成二七年度版）は以下の通りであった。小学校と中学校とを小中連携支援システムでつなぎ、各小・中学校から教育委員会に、欠席日数表を毎月提出してもらう。それを確認する「場」として、「見守り小会議（不定期）」を設定した。メンバーは、センタースタッフを中心に、教育委員会（学校教育課長および係長）、そしてアドバイザーである。会議の着眼点は主に以下の二点であった。第一に、早期対応に漏れがないか（欠席の推移と備考に着目）、第二に、長期欠席の子どもに対して学校が苦戦し、応援を必要としていないか（欠席日数の推移から推察）であった。会議での話し合いをふまえ、センタースタッフが、学校に電話して欠席の理由を尋ねたり、機会を捉えて学校と直接話して感触を確かめたりしながら支援を行うことにした。

センタースタッフは見守りシステムの趣旨に賛同し、見守り小会議で得られた知見を各学校に広めたいと意欲的に活動されたので、大いに心強かった。しかし、問題はすぐに露呈した。センターはスタッフの入れ替わりが早く、年度途中で配置換えになることすらあり、その都度、引き継ぎはあるものの、趣旨理解の点で振り出しに戻ったような感覚に襲われた。さらに問題だったのは、依頼も相談もされていないのに、センタースタッフから各学校に声をかけることが、「部外者の越権行為」といった感覚を、センターと学校の双方に誘発しやすいことであった。これに気付いた時、この仕組みは続かないと確信した。

見かねた学校教育課長が、学校に直接電話されるようになった。しかし、人が変わったとき、やはり続かないのではないかと悩ましかった。くわえてもう一点、問題が認識された。管理職の対応が、予想以上に学校によってバラバラであり、意図とはかけ離れた動きも散見されたのである。想定としては、管理職が欠席日数表に目を通し、回答に責任を持つことで、担任・学年の困り感や苦戦をキャッチしやすくなること、権限を有する管理職だからこそ、ケース会議の招集や内外の連携等を進めやすいので、学校全体の協働がうまく回っていくだろうということだった。まさしくそのとおりの動きをされた管理職が複数あった。たとえば、比較的大きい方の小学校で、教委の質問に対して、少なからぬ数の子ども

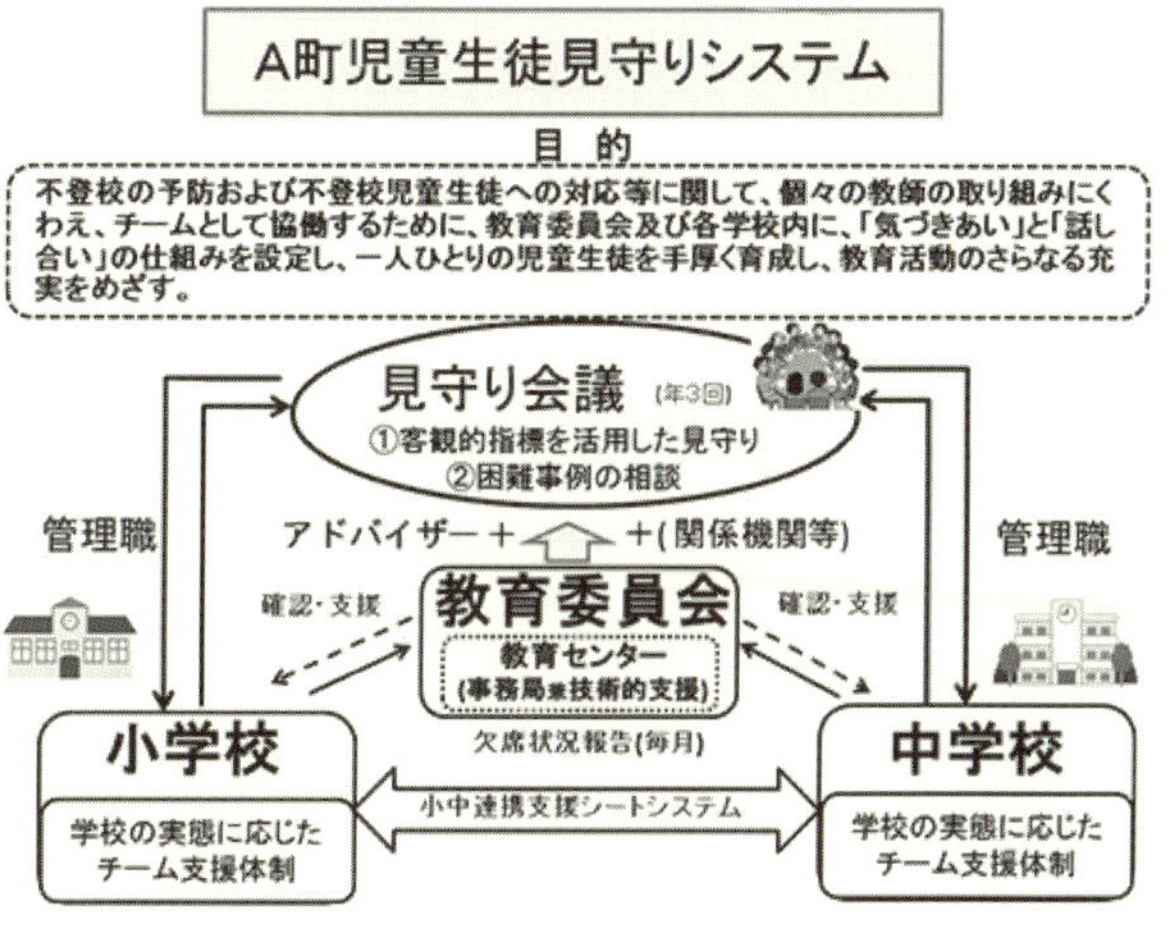

図③　A町児童生徒見守りシステムの全体像（平成28年度～）

たちの欠席理由を一人ひとり具体的に即答される教頭がいた。その一方で、年度途中に十日も欠席した理由を、「身体が弱い子です」とあっさり返事してきたのが、管理職ではないばかりか、担任でも養護教諭でも生徒指導主事でもない他学年担任だったので、重ねて質問したところ、今度は担任から孤軍奮闘の痛ましい経緯が直接教委に報告されたこともあった。

教育委員会やセンターと対応を協議した結果、「見守り小会議」を発展的に解消し、平成二八年度より、各学校の管理職を主要メンバーに据えた「見守り会議」へと展開した（図③）。年三回集まり、以下の二点を中心に協議を行うことにした。第一に、欠席日数表をみんなで眺めて早期対応のチェックを行うことである。客観的な指標を用いた不登校予防の手法を学び合うと同時に、不登校予防の「意識」の維持・向上を図り、それが各学校内にダイレクトに浸透・定着することを意図したものである。第二に、困難な事例の検討である。管理職はいわば孤独な立場にあり、それぞれ人に言えない役割上の悩みもあろう。この仕組みは、管理職同士の支え合い・学び合いの機会となり、管理職のマネジメント強化につながることが期待される。実際に開催したところ、想定以上の効果も見受けられた。小中の管理職が顔を合わせる意義は大きく、例えば中学生の困難事例における小学校時代の情報を得られたり、小学校と中学校にきょうだいのいる事例に関して、対応の整合性を図ったりといったことも可能となった。

●考察

まず、当時の中学校について見立てを述べ、教育委員会が支援することの妥当性を指摘する。そのうえで見守りシステムの臨床心理学的意義や援助構造の特徴と支援のありかたについて論じ、今後の課題に触れたい。

二五年度に支援会議に入った際、教員個々の熱意や資質の問題ではないと感じたことは先に述べた。それではなぜ、中学校は、出席率がさほど悪くないにもかかわらず、一部の保護者や生徒に深い恨みや絶望を与えたのだろうか。ごく一部の問題と見過ごしたり、保護者をモンスター扱いして責任転嫁したりする選択肢もあったかもしれない。しかし、A町の町長は、まっすぐ向き合い取り組む道を選択した。その結果、見えてきたのが個業化の課題だった。担任が問題にうまく対応できない事例では、その問題解決の成否は校内支援体制の整備如何にかかっており、援助の見通しが得られないとき、教員は「生徒援助から距離をおく選択」をすることがある（中村ら、二〇一三）。中学校で生じていた事態はまさにこれではなかったか。つまり、全体としては生徒援助が円滑に進められながら、部分的な停滞が深く遷延化していたといえる。

加藤（二〇〇八）によれば、学校においては、既存の組織やシステムの再編成が必要とされており、「連携」「協働」のシステムのエンジン部分の円滑な稼働には課題が多いのが現状であるという。ゆえに市区町村教委には、学校の上位組織として、学校マネジメントを方向付ける指導力と問題解決力が求められる（中村ら、二〇一三）。教委やセンターによる支援に対して、学校管理職の受けとめ方は、内心複雑であったことが想像される。それらを腹に抱えながら、協力されたA町立小中学校の管理職に敬意を表したい。

二八年度からスタートした見守り会議は、結果的に、コーディネーション会議を町レベルで実施するような形態へと発展した。家近・石隈（二〇〇三）は、コーディネーションを、「学校内外の援助資源を調整しながらチームを形成し、援助対象の問題状況および援助資源に関する情報をまとめ、援助チームおよびシステムレベルで、援助活動を調整するプロセス」と定義し、コーディネーション委員会の機能として、①コンサルテーションおよび相互コンサルテーション機能、②学年・学校レベルの連絡・調整機能、③個別のチーム援助の促進機能、④マネジメントの促進機能を持つとした。見守り会議には、これと同じ機能があると同時に、その効果を体験的に学び、各学校で展開するための機会を管理職に提供することができる。さらにはこれらを通して、不登校対策を掲げる教育委員会のマネジメントが強化されることが期待できる。

本事例は、筆者の立場から言えば、外部の専門家が、教育委員会と連携して間接的に、学校支援体制の再構築促進を試みたものであるといえる。従来、教育委員会の施策により校内支援体制の再構築が図られる実践においては、それを支える条件として、①施策を起案し牽引する指導主事、②コンサルタントを担う大学教員、③実行のための予算の三つが必要であると指摘されてきた（中村ら、二〇一三）。まさしくそのとおりであるが、今回は、事務局の実質的機能に脆弱性を抱えた援助構造であったといえる。しかし、臨床実践には、「縁」を無視できない出会いがある。筆者にとって本事例がまさしくそれであった。したがって今回は、条件が整わないから断るといった選択肢は筆者にはなく、可能な支援を模索することを選んだ。そして、教育長や学校教育課長、センタースタッフ、そして学校長と、根気強く対面で話し合うことにより、少しずつ事態が展開するという当然の経過をたどったといえる。

一方で、視点を変えればこの状況は、学校臨床でしばしば出会う、相談意欲の乏しいクライアントを援助する状況と類似している。田嶌（二〇〇九）では、そのようなクライアントに対して、「節度ある押しつけがましさ」をもって関係性を構築し、目標の共有から自助努力を引き出すという支援の枠組が指摘される。

スムーズな連携関係を構築するためには、関係者全員が「本来これは誰々の仕事」といった意識を、脇に置く必要があった。また、最終的に責任を取るのは内部の管理職である。したがって、外部からの無責任な提案で、業務を阻害してはいけないとの自戒も常に念頭にあった。その一方で、学校は誰のものなのか、教職員だけのものか、とも考えた。なによりも、子どもたちの笑顔は我々の未来であり希望であり、役立つことがあれば関与したいとも思った。このようにせめぎあう力動の中で、矛盾する要素を無視せず抱え、折り合いをつけたりバランスを取ったりすることこそが、心理臨床家の中核的営みにほかならないと気づくとき、システム形成型アプローチを違和感なく心理臨床実践に位置付けることができる。始まったばかりの見守りシステムであるが、事務局機能の強化と、効果の検証が今後の課題である。

《註》

①A町は人口約三万人弱の自然豊かな町である。町立の学校には、中学校一校（生徒数七八八名）と小学校九校（うち二校は休校中）を有する（平成二八年八月現在）。小学校の規模は、小さいところで児童数三三名、大きいところは二八九名である。

②石隈（一九九九）によれば、援助チームは、以下の三水準に分類できる。①特定の児童生徒に対し一時的に編成され、問題解決とともに解散される個別の援助チーム（例　ケース会議）、②学校の心理教育的援助サービスの充実をめざして恒常的に機能するチーム（例　生徒指導委員会等のコーディネーション会議）、③学校全体の教育システムの運営に関するチーム（例・運営委員会等）である。当初、筆者が想定していたのは、①の個別ケース会議だったが、②のコーディネーション会議が必ずしも機能していなかったので、その効果を実体験してもらう意図で、学年会規模のコーディネーション会議を設置していただき、そこに入ることにした。しかし同時に、

個別のケースについて詳しく見通しを得たいというニーズも無視できなかった。そこで、いわばプチケース会議の機能を付加したコーディネーション会議の形態に落ち着いた。これを本稿では「支援会議」と総称している。

《文献》

①家近早苗・石隈利紀（二〇〇三）「中学校における援助サービスのコーディネーション委員会に関する研究」『教育心理学研究』第五一巻、２３０～２３８頁
②石隈利紀（一九九九）『学校心理学』　誠信書房
③伊丹敬之（一九九九）『場のマネジメント―経営の新パラダイム』　ＮＴＴ出版
④加藤哲文（二〇〇八）「学校における「連携」の必要性とそれを実現するための諸課題」『上越教育大学心理教育相談研究』　第七巻　73～78頁
⑤喜田裕子・小林正幸・早川恵子（二〇一二）「「マッピング付箋法」を用いた教師のためのカウンセリング研修事例」『カウンセリング研究』第四五巻　１３１～１４０頁
⑥小林正幸監修（二〇〇九）『学校でしかできない不登校支援と未然防止』　東洋館出版社
⑦中村恵子・小玉正博・田上不二夫（二〇一三）「教育委員会に所属する学校カウンセラーの介入が不登校生徒への校内支援体制に及ぼす影響」『カウンセリング研究』第四六巻　43～52頁
⑧佐古秀一（二〇〇六）「学校組織の個業化が教育活動に及ぼす影響とその変革方略に関する実証的研究」『鳴門教育大学研究紀要』第二一巻　41～54頁
⑨瀬戸美奈子・石隈利紀（二〇〇三）「中学校におけるチーム援助に関するコーディネーション行動とその基盤となる能力および権限の研究」『教育心理学研究』第五一巻　３７８～３８９頁
⑩田嶌誠一（二〇〇九）『現実に介入しつつ心に関わる―多面的援助アプローチと臨床の知恵―』　金剛出版

子どものwell-beingが一番と評された〈オランダ〉

向山　陽子

●はじめに

ユニセフ（UNICEF）は、ユニセフ・イノチェンティ研究所（子どもの権利に関する様々な問題について国際社会の理解を深めること、世界各国において子どもの権利条約が完全に履行されるよう促すことを目的として設立された研究所。イタリア、フィレンツェ）が、先進国における子どもの状況を比較・分析するために、二〇〇〇年からほぼ一年に一冊のペースで報告書を発表している。その報告書であるレポートカード（通信簿）シリーズにおいて、二〇〇七年二月『An Overview of Child Well-being in Rich Countries：Innocenti Report card 7』（『先進国における子どもの well-being・生活と福祉の総合的評価：イノチェンティ研究所　レポートカード⑦』）に続き、二〇一三年四月、『Child well-being in rich countries：Innocenti Report card 11』でも、オランダを総合順位で一位と評価し、報告した。

子どもの貧困問題についても、イノチェンティ・レポートカードシリーズ⑫『Children of the Recession』（『不況の中の子ども達』）二〇一四、シリーズ⑬『Fairness for Children ;A league table of inequality in child well-being in rich countries』（『子ども達のための公平性：先進諸国における子ども達の幸福度の格差に関する順位表』）二〇一六によって、それまで知られてこなかった日本の子どもの貧困についても指摘、報告している。

日本では、well-beingが幸福と訳され、メデイアでも話題になったが、どうもしっくりこない。「子ども達の生活状態の健康度と安心度」という意味合いであり、子ども達がその状態を幸せと感じているかの満足度を測っているものではない。ここでは、この事を考慮して既に「幸福」と訳されているもの以外はwell-beingのまま使用する。

筆者は、一九八九～一九九三年にアムステルダム郊外アムステルヴェーン市に在住し、一九九八～二〇〇二年には定期的に訪問した。その当時、環境問題、人権問題、労働や自立の価値観、篤い周産期ケア、多様な子どもと多様な家族形態、移民やジェンダーマイノリティーなどの一人一人に行き届く社会制度と高い税金、残業禁止の法律、お年寄りが美しいなどに驚く一方で、子育てを大切にしたいから仕事を辞めるオランダ女性の家族を大事にする考え方に共鳴する等、日本と比較し、アメリカナイズされた日本を周辺から眺める時間を持った（一九五七年までは就労に夫の許可が必要だったと聞き、もっとびっくりしたが）。また、オランダで育っている子ども達の印象が「大人になっていこうとする（なりたい）子ども」であり、日本の「かわいい、未熟（でいたい）子ども」とは違った印象であった事も思い出す。大人社会が期待する子ども像の相違であろうか。その後、幼稚園教育に携わり、退職した今になって私の中に見つかる〈オランダ〉を意識するようになっている。

日本においては「教育改革」「子ども・子育て支援」として行政から様々な施策が提案され取り組まれて

いるが、子どもの生活基盤である学校と家庭での子どもの在り方の現実は、オランダの子ども達が答えている「学校が好き」「いつも家族と一緒にいられることが幸せ」からはほど遠く、逆向きの懸念さえある。特に都会においては保育所待機児対策が叫ばれ、保育所の数と預かる時間という「枠」を大きくする施策に傾き、保育の質や子どもの well-being の視点からの対策に乏しい。「子どもは預けて働け働けとお尻を叩かれているよう」とは、第一子を出産したばかりの女性の言葉である。

一方で、保育士の離職率は高く、その日の保育を省察し語り合う時間の捻出さえもままならない現状が問題視されている。低収入に加え、研修は休日に行われ、保育士達は疲れている。長時間預けて就労する親も、預けられる子どもも疲れている。幼稚園教育においても、「教育課程に関わる教育時間の終了後に行う教育活動」が子育て支援として重要視され、「親のニーズ」という衣をまとった長時間保育は当たり前になっている。

しかし、保育の質を追求しない長時間保育に預けられる子どもの well-being はこのままでいいのだろうか。都会への労働力集中、男も女も働いて子ども達は長時間、保育施設へ囲い込まれ、大人も子どもも疲れ、その影響は子どもに波及している。次代を担う子ども達の健全な成長を軸に据えた働き方や、子どもの well-being に繋がる学校・保育施設の在り方、家族の在り方、子育て支援の在り方、大人同士のつながり方や地域の在り方に関する議論が始まるべき時である。

少子高齢化が進み、男女共同参画社会へと舵が切られた日本の、子どもの well-being 向上を考えるために、かつて見たオランダの一断片、少し前の調査に見られるオランダの子ども達の well-being が良好な姿を、一つのモデルとして眺めていきたい。

一　「子どもの well-being」を支えるオランダ社会

ユネスコ・先進国における子どもの well-being 調査は、その調査目的を「先進工業国二十一カ国に於ける子どもと若者の生活と福祉の総合的評価を説明するもので、子どもの生活を改善する政策についてモニタリングを促し、政策の比較を可能にし、政策の議論と形成に刺激を与える」ためとする。

先進国二十一カ国の入手可能なデータを基に、二〇〇七年には「Material situation 物的状況」「Health and safety 健康と安全」「Education 教育」「Family and peer relationship 友人や家族との関係」「Behaviors and risk 日常生活上のリスク」「Subjective well-being 子どもや若者自身の実感」の六側面から、二〇一三年には「Material well-being 物質的豊かさ（子どもの貧困）」「Health and safety 健康と安全」「Education 教育」「Behaviors and risks 日常生活上のリスク」「Housing and environment 住居と環境」の五側面から評価、比較分析した。その他に、「The Children's life satisfaction league table 子ども達の生活への満足度（二〇〇九／二〇一〇）を示し、オランダは九五％の子ども達（十一、十三、十五歳）が、生活に満足しているると答えている（平均およそ七五％）。調査資料であるWHO（World Health Organization：世界保健機構）「Social determinants of health and well-being among young people CHAPTER2.SOCIAL CONTEXT」において、オランダの子ども達は「学校が好き」「学校の課題が最もストレスを感じていない」「友達との関係がとても良い」「母親と何でも話せる」「父親と何でも話せる」「いつも家族と一緒にいられることが幸せ」と答えている。

学力については、「OECD 生徒の学習到達度調査 Programme for International Student Assessment（PISA）二〇一二年調査 国際結果の要約」（文部省国立教育政策研究所）において、ヨーロッパの中で、読解力、数学的リテラシー、科学的リテラシー共に上位に位置している。

経済活動については、日本の上向き経済、低迷のヨーロッパ経済という当時の状況において、失業率の数字は上がりながらも、二〇一三年一人当たりＧＤＰは日本の一・二四倍、二〇一五年は一・〇三倍となっている。

❶ 学校が好きな幸せ

① 吉瀬亜希子（元ロッテルダム日本人学校教諭）は、多様な小学校の一校について授業風景を次のように報告している。（註①）

（学校の授業は）一週間に学ぶ内容は決まっていて、どの科目をどの曜日に、どのように勉強するかは、子ども達が自分で決める。また、自分の興味や理解の度合いに合わせて学ぶことができる。（略）子ども達に、自分のやりたいことを、やりたいように勉強すればいいと伝えると、子ども達は自分を認めてくれたのだと安心する。そのことによって、気持ちよく、進んで学習に取り組むようになる。（略）わからないまま進学するよりも、もう一度同じ学習をやり直して遅れを取り戻し苦手な教科をなくすことが大切だと考える。（略）自分に自信が持てるようになる。自分がやることを、自分で選べる子ども達は、「オートノミー」（註②）つまり、自律の感覚を身につけることができる。この感覚によって、自然に子ども達は社会性を身につけられる。そして、子ども達がより仕合せに、楽しく感じられるようになる、というのである。

日本において、吉瀬がここで報告する「自律の感覚の獲得」は、幼児教育においては重要視されてきたが、小学校以上の教育においては「教授」から子ども達の「学び」へと教育の主体の意識が代わってきたのは近年である。

オランダの教育の歴史を調べてみると、子ども達が好きな学校は、一朝一夕で成ったものではない事が解る。そこには、闘争があった。

教会が運営していた私立学校にも「公立と同じ（ように、政府の）補助金を出すべき」とする憲法改正を求めた九〇年間にもわたる学校闘争を経て、一九一七年、次の「教育の三つの自由」が憲法二三条で保障された。

「教育理念の自由」……宗教や、それぞれの理念に基づいた特徴を出す事ができる自由

「設立の自由」　……二百人の子どもを集めれば学校をつくる事ができる自由

「教育方法の自由」……教育の方法・教育内容の自由

一九六〇年以降、より特色ある学校を作ろうという動きが始まる。

例えば、今、日本で注目を集めている「イエナプラン」は、一九二〇年代、ドイツ、イエナ大学教育実践校で提唱された異年齢グループでの教育方法であるが、異質な子ども達が助け合い学び合うことで多様性を受け入れる共同体として学校を設立運営する。ドイツに始まったが、ナチス政権の登場や東ドイツに位置し

たこともあり、第二次世界大戦後は継続されなかった。一九六〇年代「教育の自由」の下、オランダに取り入れられ、平成二六年現在二二〇校といわれる。モンテッソリ、ダルトン、イエナ、フレネ、シュタイナー等の学校は、オランダの学校全体の一割程度である。

② 保坂展人（世田谷区長）は海外視察報告（註③）でオランダの教育制度等を次のように報告している。

《制度など》

- 義務教育は五〜十八歳（十六歳以上は部分的義務教育）
- 学区制無し。保護者が子どもの学校を選ぶ
- 公立（三〇％）は勿論、私立学校（七〇％）も無償　校舎・設備は公の自治体の予算で整備
- 学習内容の七〇％は国の基準の学習到達目標に沿うこと。三〇％が独自教育
- 大学入試試験無し。高等教育機関卒業試験をクリアすると大学入学資格取得
- 三年続けて児童数が減少している学校には教育監督局が指導に入る。（教育サポート機関が学校に出向き、問題点を把握し、解決策をアドバイスし、改善に成果が上がれば児童数の減少が止まるシステム）
- 全ての学校は、教育監督局に四年ごとに政府方針に従っての「学校改造計画」と、保護者に公開する「学校要覧」の提出義務がある
- 教育サポート機関はオランダ各地にあり、学校支援のプロが常駐し、教員研修や新しい教材やメソッドの導入支援等をする

•学校には、教員五〇%保護者五〇%で構成する経営参加委員会設置の義務があり、学校運営方針に対しての勧告や同意、教員の採用や罷免する機能を持つ

＊習熟度モニター制度（学習の段階、習熟度を客観的なデータとして把握する制度）

例えば、国語の場合、「読解力」「単語の把握」「スペル」等の要素に分けて評価し、学習の遅れが見られる子どもにはオーダーメイドの支援を行う。「習熟度モニターの個別記録」を子どもと親に示し、プログラムを提供する

子ども自身が自分の課題を知り、自分の学習計画を立てる

定期的に学習状況を教員が示す

多様な宗教や文化、背景を持つ子ども達、親達も含めて教育プロセスにのせていくために、合理的な根拠を示すことが説得力になる

＊特別支援教育は「遅れた子」のみならず「進みすぎている子」も対象で、本人の意見をふまえて対応

＊経験に裏打ちされた教育スキルや指導方法を学校全体で共有し、平準化して、組織であたる

＊「チームの力量」が問われる

電子黒板、パソコン、タブレットなど、電子情報機器の活用が盛んに行われている

《学校を支える社会の基盤》

＊オランダに根付いている「オルタナティブ（刷新）教育」

時代とともに時代にあった教育制度が更新されることが根付いており、制度改革が実現している

＊学校を取り巻く多様な支援機能
例えば、「民間教育団体ヨーロッパプラットホーム」では、
「国際化教育」の支援に力を入れる
開発したプログラムを授業に取り入れる
スカイプやEメールを利用しての交流
気候の違いを種を蒔いて比べる
バイリンガル教育
＊「中等学校の『全国生徒行動委員会』」
年間約一億円の活動費はオランダ政府から出資
教育制度の改革には「教員」「保護者」「生徒」の三者合意が必要
学校の満足度調査等
＊行政サービスとして、スクールソーシャルワーカーが学校を訪問し必要に応じて支援する
市民として受け入れた移民の子ども達への教育を保障する
＊教育サポート機関　ベテランスタッフが新しい指導法や教材を開発し、それぞれの学校の特性を見ながら紹介、教員研修が受けられる

保坂展人はオランダ報告の最後を次のように結んでいる。

こつこつと干拓を続けて、堤防を築き、水路を巡らせて来たオランダの社会的基盤は、（略）協働でみん

なの幸福を継続することにあるといいます。オランダの学校は孤立していません。（略）その水面下に親たちの支援と参加、子どもたちの声、教員へのサポート機関や民間教育団体の支援、学校経営へのアドバイス、教育監督局の助言等、重層的な支援構造がありました。多様性のある自由な教育を支えるために、これほどに精緻なシステムを構築しています。表面的にオランダの教育を見ると、それぞれの学校が特色を持ち、「教育の自由」を謳歌しているようにみえますが、その「自由を支える確固とした基盤」にも注目したいと思います。

以上、二人の報告から、子ども達が「学校が好き」という背景には、その基盤としてオルタナティブ（刷新）な教育風土に加えて、「教育の三つの自由」と「学校が社会から孤立していないこと」があり、さらに、多様性のある自由な教育の基盤には、親達の支援と参加、子ども達の声、教員へのサポート機関や民間教育団体の支援、学校経営へのアドバイス、教育監督局の助言等、重層的な精緻な支援構造があることがわかる。

これは、大人一人ひとりが一人ひとりの子どもの教育に責任を負うという意識と、それを可能にするシステムを作り上げて来た市民の歴史の賜物である。子ども達への教育は、子どもを持つ持たないに関わらず市民の義務であるという風土を作り上げてきた。

筆者は、子ども達もコミュニティーを作り上げていると自覚していると思えるような「自己肯定感」に、幾例も遭遇した。例えば、（筆者はママ達の一人）

住宅街の街路樹の根元にたむろして六～七歳の子ども達三人が根元の土をいじって遊んでいる。ママ達は近くでおしゃべり。そこを通りがかった初老の男性が、子ども達に「木を傷つけてはいけない」と注意した。子ども達は「木と遊んでいる」とその男性に応じた。彼らは「木と遊ぶことと、木を傷つける事」について話し合いを始めた。男性は子ども達の意見を尊重して聞き、自分の意見をゆっくりと話す。ママ達はおしゃべりを続けている。討論がどう治まったのか、男性が去る時、ママ達は無言で感謝のまなざしを、男性は優しい視線を送って去った。地域社会で子どもを育てるとはこういう事かと腑に落ちた。

十六世紀〜十七世紀にかけて、世界で初めての、しかも英雄のいない市民革命で成立した海面下の泥炭地の共和国が、人力で国土を作り、世界の海を渡り貿易で国力を増した歴史を持つ国である。一人ひとりの持つ力を存分に発揮させて国を創ってきた歴史は、人づくりにも反映され根付いているように思われる。日本の歴史を見る時、明治政府が急いで創った近代に、西洋から輸入して訳した「自由」「自律」「責任」「個人」「公正」等の言葉の持つ歴史的な意味の深遠さを考えさせられるとともに、同じように日本人が培ってきた「ていねいさ」「和」「ねばり強さ」「寛容」「手の技」「子宝」等の価値に自信を持って事に当たりたい、と思う。私達は、一人ひとりが自律感を持って一人ひとりの子どもの自立を育て、活かす教育ができるだろうか。大人として次代を生きる子ども達に責任を持つために、学校を支える地域システムを構築できるだろうか。

❷ 家族と一緒にいる幸せ

一九八九〜一九九三年、筆者が家族と共に体験したオランダは、経済も社会も上向きであったと思い出されるが、「女性の社会進出と伝統的母性観」の矛盾が、子育て世代や若い女性にとっての大きな問題となっていた。夫と子どもが昼食を家で摂る事が負担だとも耳にした。

一九九八～二〇〇二年、二度目の体験では、知り合いの女性達は子育てが一段落し、仕事に就いていた。多くはパートタイム勤務であった。「残業」は禁止されているので始業前に出社していた。夕方の道路は家路を急ぐ車で混んでいた。家族旅行や家族団らんは当たり前の風景だった。男性の子育ても見慣れた景色であった。

白井常は、一九八四年に、オランダ保育所協会（WKN）主事から「一九六〇年頃から就学前四歳未満の子どもを預かる保育所への要求が急に高まり、一九七五年頃から学童保育を要求する声が増えてきた。一部には、特に政治家たちは『母親は家にとどまるべきだから、制度化する必要は無い』と考えており、保育所の法令化が進まない」と聞き取っている。（註④）そして「義務教育前の四歳未満の子どもは家で母親に育てられるべきという考えがまだ根強く浸透しており、保育所の発達を妨げている。そのため、子どもを預けることができないので仕事が持てない、と言う母親が大勢いる」と述べている。

白井常の見聞から三十数年後、「いつも家族と一緒にいられることが幸せ」と子ども達が表現するオランダは、伝統的母性観をいかに乗り越え、女性の社会進出と家族と一緒にいることが幸せな子どもをいかに実現できたのだろうか。この問題は、現在の日本にとって、重要課題と思われる。

この過程を、リヒテルズ直子（オランダ在住社会教育研究家）は『オランダ通信』（註⑤）で「子どもの幸福度が教えてくれる、脱産業化社会への離陸」と表現し、権丈英子（独立行政法人経済産業研究所）は、「オランダに於けるワーク・ライフ・バランス」（註⑥）で「労働時間と就業場所の柔軟性が高い社会」と表現している。長坂寿久（元拓殖大学教授）は、『オランダモデル』（註⑦）で、「制度疲労なき成熟社会」と名付ける。三人のレポートから、「女性の社会進出と伝統的母性観」の問題を如何に乗り越えて「家族と一緒にいられるから幸せな子ども」が可能になった過程を整理した。

① オランダの奇跡

「オランダの奇跡」と評される、一九九〇年代に起こったワークシェアリング、働き方改革の変遷を追ってみる。

オランダでは一九六〇年代に天然ガスが発見され、その後七〇年代の石油危機による価格高騰もあり、天然ガス輸出で莫大な外貨収入を得た。それを元手に社会保障制度の整備を進めたが、輸出拡大が自国通貨高をもたらし、製造業の国際競争力が損なわれた。国内産業が衰退すると同時に、手厚い社会保障関連費が重荷となり財政が悪化。オランダは八〇年代前半には、低成長と高失業率に悩む国となった。これを「オランダ病」という。

(ア) 「オランダ病」に直面したオランダで一九八二年、政府と経営者、労働組合の代表三者が話し合い、賃金上昇の抑制などを取り決めた。ハーグ郊外のワッセナーで結んだことから「ワッセナーの合意」と呼ばれる。

(1) 労組は賃金上昇の抑制

(2) 政府は社会保障給付を抑える一方で減税の実施

(3)　経営者はワークシェアリングを導入して雇用を確保という三者の痛み分けで「オランダ病」の打開をめざした。この時、労働組合が行った調査の結果、「育児や介護や自己実現のなどのために、パートタイムで働きたい」という声がかなり大きいことが解り、その要請を受け入れて、パートタイム労働を促進する。

政・労・使が話し合い、合意形成に至る背景には「オランダ病」と言われる程深刻な経済後退に陥っていたことと、オランダには合意形成によって行う社会システムが内包していたことがあげられる。

(イ)　「労働時間差差別を自主的に修正し均等取り扱いにする」という政・労・使三者間の合意に基づき、まず企業が実施する。

(ウ)　一定の企業の対応が終わった段階で、一九九六年十一月、政府は労働時間差差別を禁止する法的措置を導入する。

(エ)　パートタイム労働者が急増する。

(オ)　パートタイム労働への評価が、地域社会での活動参加・子どもと過ごす・学校のボランテイア・大学や研修を受けてキャリアアップ等、目的があるからパートタイムで働いていると変化してくる。

(カ)　ワークシェアリングが発生し、自分の状況に応じ、多様な働き方が可能になる。

(キ)　雇用が増え、失業が急減し、生産性が向上する。

(ク)　家族の共稼ぎ化によって世帯所得が上昇する。

(ケ)　消費が増加、経済が成長し、出生率低下が止まる。

(コ) オランダ政府が「一・五モデル」共働きパターンを推奨する。残りの〇・五は家族がより一緒にいられる時間、自己実現のためにやりたいことができる時間にと推奨する。

② 生活革命をもたらしたワークシェアリング

「オランダの奇跡」は、育児、介護等、ライフスケープの変化に応じた働き方が可能になり、家族が一緒にいられる生活、自己実現のためにやりたい事ができる生活を生み出した。例えば、子育て世代の父親が週に四日、母親が週に三日働く事を選ぶと、週に三日は父母いずれかが家庭で育児に携わり、残りの二日を保育施設に預ける事になる。つまり子どもは、週に二日だけ保育施設に預けられ、他の日は父か母と一緒に過ごすことができる。子どもの成長に応じて労働時間を延長したい時には雇用者はその相談にのらなくてはならない。保育施設の数も少なくてすむ。五歳からは義務教育になり、学校教育が始まる。家族の風景を、リヒテルズ直子『二〇一四オランダ通信(3)』から引用したい。

大人たちは、仕事場を離れて休み、家庭の仕事に関わり、子どもと会話の時間をたっぷり持ち、そういう時間に、社会とはどうあるべきか、人間の幸福とは何なのかを感じながら、社会に参加していくことを学びます。(略)労働と家庭生活と、さらには社会生活をバランスよく続けていくうちに、自分の意志で生きること、他者とともに生きること、社会に参加して社会を変えること、という風に、自ずと人々の意識が育っていくのです。

こうした大人たちの生き方は、子どもたちのウエルビーイングや幸福度の高さに間違いなく反映していると思います。実際、オランダの子どもたちは、親とともに食事をするのが普通ですし、長い休暇の間には、家族旅行をして親子で会話をする時間もとても多いです。国は、女性の労働力を無駄にしないためにも保育費の補助を出していますが、育児期にある親が父親も母親もパートタイムで働けば、そうした保育費補助も比較的節約できます。(特に高学歴の女性たちがパートタイムで働ける)学歴を無駄にしない働き方は、国が国庫資金をかけて育てた人材を大切に活かす制度でもありましょう。

日本の子ども達に目を転じると、子育て期の共稼ぎ夫婦の忙しさ、余裕の無さに心が痛む。そのしわ寄せが子どもは勿論、保育現場に集中している感がある。今、声だかに叫ばれている「保育の質」の根底に、子どもと親とがのんびり、ゆったりと過ごす時間と、子どもと親の心身の安定を第一とする価値観をしっかりと据えたい。声に出して訴えることができない子どもの well-being と、親として育ちたい思いを可能にするために、社会全体に向かって働く仕組みを変えようと声をあげたい。

オランダの教育で見てきた、自律の教育は、自分で自分の生活を組み立て、責任を持って行動する力を養い、労働と家庭生活と社会生活とのバランスを自分で調節する力を持った大人を育てている。そして、子どもの well-being は、大人達の、「協働によるチーム」を基幹に据える働き方から生まれ、支えられていることが解った。

③　日本のワークシェアリングは？

ここでは、労働経済学者小倉一哉のレポート「ワークシェアリングは雇用促進に有効だったか」（註⑧）と、二〇〇九年、二〇一〇年の朝日新聞記事を参考にしたい。

日本では、二〇〇二年の完全失業率五・四％という雇用情勢の悪化に際して、欧州のワークシェアリングが注目された。しかし、フランスのように社会全体においても、ドイツのフォルクスワーゲン社のように特定企業内でも成し得なかった。その理由を小倉は、①長時間労働の実態、②様々な手当やボーナスという賃金体系、③割増率の低い残業、サービス残業、年休の未消化といった、日本の根深い労働問題をあげている。また、オランダ型ワークシェアリングは、パートタイム労働を促し、女性や高齢者の就労促進、男女の仕事の垣根を取り払う長期的方策として認識されているが、日本では、①同一労働同一賃金または均等処遇を目指すには「正社員」と「非正社員」の壁が高すぎる事、②税制や社会保障制度の変更に社会的コンセンサスを得る難しさが課題であると、小倉は指摘する。日本では、女性や高齢者の就労促進が叫ばれ、「非正規社員」の労働実態が問題になり、経済格差が広がる中で、見えてくるのは、相対的貧困率における子どもの貧困である。

二〇一〇年七月三一日朝日新聞「オランダの雇用革命」の小見出し、「育児楽しむ『正社員パート』」「フルタイムと同待遇・失業率減り経済活性化」がまぶしい。「フレキシキュリティ」（労働市場の柔軟性・フレキシビリティー＋労働者の権利の保障・セキュリティーを両立させる考え方）政策導入がきっかけで可能になったという。「グローバル化と技術革新によって、付加価値の高い産業へ急速にシフトしなければ競争力を維持できなくなっている。企業は技術革新に適応できる人材を集め、そうではない従業員を解雇あるいはパートタイム化する事を求める。それを可能にするのが柔軟な労働市場政策だ」と、当時のオランダ社会問題・雇用省の幹部職員は語る。「二人目出産を機にパートタイムになり『子どもと過ごす時間が増えた』と話す」女性の写真。二〇〇九年八月七日朝日新聞政策面「働く環境整え育児支援」には、ドイツとノルウェーの出生率低下対策、雇用対策の記事に「『二人で一人分』の勤務で仕事と子育てを両立する」笑顔の親子の写真が載っている。日本の雇用対策、少子化対策の記事に保育所ではなく笑顔の親子の写真が載るのはいつのことだろう。

二〇一六年八月に発足した第三次安倍内閣は、新ポスト「働き方改革担当大臣」のもと、「働き方改革実現会議」を開き ① 長時間労働の是正、② 同一賃金同一労働の実現 ③ 高齢者の就労促進 ④ 障碍者やがん患者の労働環境整備等、具体策の議論が始まった。長時間労働の是正が経済成長につながり、少子化対策になることに、男性が圧倒的多数を占める政府関係者はやっと耳を傾け、緊急課題として動き出した。ともあれ、日本の根深い労働問題と税制や社会保障制度変更の困難さに取り組み、男女の仕事の垣根を取り払い、働き方を改革しようとする政府の本気度を見ていきたい。そして、学校・家庭・地域での子どものwell-being 向上のための政策が関連している改革か、心身のゆとりのある、安心・安定した子育てが保証される働き方改革か、子どもの well-being の視点からその実際を注視したい。

二 ユニセフ・子どもの well-being 調査における日本の指標データ欠如

実は、レポートカード⑦で評価の対象となった先進国の中に日本は無く、総合評価表の注意書きには「データが不十分なためにこの総括に含められなかった OECD 加盟国：オーストラリア、アイスランド、日本、ルクセンブルグ、メキシコ、ニュージーランド、スロバキア共和国、韓国、トルコ」と記されている。

また、レポートカード⑪にも、日本は入っていない。レポートカード⑪発行から遅れること八ヶ月、二〇一三年十二月に『イノチェンティ・レポートカード⑪先進国における子どもの幸福度—日本との比較特別編集版』（『Report Card 11 Child Well-being in Rich Countries: Comparing Japan』）が追加発行されている。「オリジナル版においては、日本は多くの指標に関するデータが欠落していたため、子どもの幸福度に関する総合順位表に含まれていなかった。そこで、阿部彩、竹沢純子がイノチェンティ研究所と協力して、原文の『レポートカード⑪』に、比較できる日本のデータを追加して日本の順位を割り出し、日本の状況についての考察を加え、今回の『特別編集版』の公表」に至ったと記されている。

二〇一三年当時、日本には、子どもの well-being に関するデータが不足・欠如していた。つまり、ユニセフの先進国比較調査のテーブルに載せるに足る子どもに関するデータが揃っていなかった。そこで、阿部彩と竹沢純子は「日本の統計データを、オリジナル版で使用されたデータと綿密に照合する事で補充し、順位表に日本を位置づけた。日本のデータが入手可能な指標のみを使用し、オリジナル版で使った指標のうち、第一の分野『家庭の豊かさ尺度』第四の分野の『果物を食べる』『運動をする』『喫煙する』『大麻を使用する』『献花をする』の指標は除外」したと記す。

そのような経過を経た『レポートカード⑪　日本との比較　特別編集版』」において日本は、総合順位ではオランダ、北欧諸国について六位である。しかし、「教育」「日常生活上のリスク」において一位、「健康と安全」で中間クラス、「物質的豊かさ（子どもの貧困）」では最下位から三分の一のグループというように、分野ごとのばらつきが大きい。「各国の五分野の結果には相関関係が認められる事実があるので、『教育』『日常生活上のリスク』の上位の成績も、将来的には悪化することもあり得るという注意喚起として、本報告書の結果は捉えられるべきであろう」と警告を受けている。

実は、二〇一六年イノチェンティ・レポートカード⑬『子ども達のための公平性：先進諸国における子ども達の幸福度の格差に関する順位表』においても、阿部は「日本のデータが含まれていないために『健康』と『生活満足度』についての日本の子どもの状況を知る事ができない結果となっている。また『所得』『教育』についても詳細な分析に用いたデータが国際比較可能な形でなかったため、多くの分析から日本が抜けてしまっている。」と解説している。

レポートカード⑦『先進国における子どもの幸せ　生活と福祉の総合的評価』中表紙には、次のように記されている。

生活と福祉の総合的評価
国の状態を示す本物の目安とは、その国が子どもたちに対してどれほどの関心を払っているかである

〈子どもたちの健康、安全、物的保障、教育、社会との関わり、生まれてきた家族と社会の中で愛され、認められ、その一員として含まれているという感覚を重視しているか。〉

レポートカード⑦「概要」では、測定と政策との関係を「改良するにはまず測れ」の格言をあげ、「測定は政策の道しるべとして機能する」と明言する。

子どもに関するモニタリングがされてなく、データが揃っていないという事は、子どもに関する政策が重要視されていないということになる。

日本が、子どもの well-being に関心を払い、子どもの生活を改善する政策についてモニタリングを促す国であってほしい。

●おわりに

ユネスコ・先進国における子どもの well-being 調査が、二〇〇七年、二〇一三年共に総合点において、オランダを一位と評価したことから、オランダの子ども達が「学校が好き」「いつも家族一緒にいられることが幸せ」と答える子どもの生活基盤の背景を探った。そこには、オートノミー感を育てる教育、オルタナティブ教育の歴史、勝ち取った「教育の三つの自由」、学校を支える社会基盤、ワークシェアリングで可能になった子育てと仕事の両立など、子どもの well-being が一番と評されるに値する社会の在り方があった。それは、筆者の思い出の中の人権問題・環境問題等への意識が高いオランダの大人達と繋がってくる。子どものwell-beingは、大人がどのような社会を大人の責任で作るかに負うている。

地域に構築するべきは、子どものwell-beingの向上を目的とした学校と家庭を支える社会システムであろう。一人ひとりの大人が「生き方を他人から決められるのではなく、自分で決める市民社会」を構築し、次代を背負う子ども達に大人らしい姿を見せ、関わることであろう。換言すればリヒテルズ直子が言う「自分の意思で生きること、他者と共に生きること、社会に参加して社会を変えること」を、子ども達に見せ、子どもの参加を歓迎して共に地域を創っていくことであろう。それを可能にする「働き方改革」の行方は見逃せない。

また、ユニセフ・イノチェンティ研究所の言葉「国の状態を示す本物の目安とは、その国が子どもたちに対してどれほどの関心を払っているかである」を重く受け止めたい。日本が、子どもに関する様々なデータ収集に努める国であり、子ども＝未来への関心の高い国であってほしい。阿部は「二〇一三年六月『子どもの貧困対策に関する法律』成立によって、日本政府には子どもの貧困について各種指標を用いてモニタリングする仕組みを作ることが義務」となったと言う。また「イノチェンティレポートの弱点は、子どもの幸福、健康、発達に対する社会の関心と保護が最も必要な生後数ヶ月から数年間にわたる発達面のwell-beingに関するデータが欠落している」ことを指摘する。阿部のこの指摘をきっかけに、乳幼児期の子どものモニタリングが、日本は勿論のこと、各国で進められることを期待する。

本稿では、ユニセフ・イノチェンティ研究所イノチェンティ・レポートカードの報告から「学校」と「家庭」に焦点を当てて考察してきた。今後は、本来子どものもう一つの生活の場であり「学校」と「家庭」の基盤である「地域」、日本では高齢者が溢れていく「地域」に焦点を当て、子どもと高齢者と well-being など、オランダをはじめとする諸外国と日本における子育て・教育・福祉に関する具体的な在り方、連携の仕方に、興味関心を注いでいきたい。

先進国だけでなく世界中の子どもの well-being の向上を祈念する。

《注》

①吉瀬亜希子「幸福度世界一の国オランダの教育に学ぶ」東京学芸大学国際教育センター　二〇一一

② autonomy 自律。自己の行動を外部より拘束されず、みずから課した原理によって決定すること　自治。同質的な集団ないし団体の意思が、構成員の参加に基づき決定されることをいう。イギリスの中世都市はオートノミーを体現していたといえる。なお現代においてこの概念は非常に重要視されつつある。「ブリタニカ国際大百科事典」より

③世田谷区長保坂展人「平成二六年度　海外視察（オランダ）報告書」世田谷区教育委員会　二〇一四

④白井常『世界の幼児教育／幼稚園・保育園・保育所シリーズ　オランダ・スウェーデン』丸善メイツ株式会社　一九八四

⑤リヒテルズ直子のオランダ通信（http://www.naokonet.com/oranda/oranda.htm）

⑥権丈英子「オランダに於けるワーク・ライフ・バランス―労働時間と就業場所の柔軟性が高い社会―」独立行政法人経済産業研究所　二〇一一

⑦長坂寿久『オランダモデル　制度疲労なき成熟社会』日本経済新聞　二〇〇〇

⑧小倉一哉「ワークシェアリングは雇用促進に有効だったか」『日本労働研究雑誌』五七三号　二〇〇八

⑨二〇一三年十二月五日東京発・ユニセフ協会からのお知らせ

《参考文献》
①太田和俊「オランダ教育制度における自由権と社会権の結合―国民の教育権論の再構築のために」『人間科学研究』第三一号　文教大学人間科学部　二〇一〇
②リヒテルズ直子『オランダの教育―多様性が一人ひとりの子供を育てる』平凡社　二〇〇四
③佐藤淑子「ワーク・ライフ・バランスと乳幼児を持つ夫婦の育児の協同―日本の中の多様性―」『鎌倉女子大学紀要』第一八　二〇一一
④権丈英子「オランダにおけるワーク・ライフ・バランス―労働時間と就業場所の柔軟性が高い社会―」RIETIディスカッション・ペーパー・シリーズ　独立行政法人経済産業研究所　二〇一一
⑤武石恵美子「ワーク・ライフ・バランス実現への課題：国際比較調査からの示唆」RIETIデイスカッション・ペーパー・シリーズ　独立行政法人経済産業研究所　二〇一〇
⑥池田心豪「ワーク・ライフ・バランスに関する社会学的研究とその課題―仕事と家庭生活の両立に関する研究に着目して―」『日本労働研究雑誌』五九九号　二〇一〇
⑦佐藤博樹「ワーク・ライフ・バランス第2段階の取り組みへ」講演会資料　東京大学社会学研究所　二〇〇七
⑧白川桃子・小室淑恵「なぜ、『2年以内』の働き方改革が必須なんですか？」『プレジデントウーマン』二〇一六
⑨「平成二十六年度教育課題研修指導者海外派遣プログラム研修成果報告書『学校と地域等の連携』オランダ」独立行政法人教育研修センター　二〇一四

世界の保育フィールドから捉える「子ども」へのまなざし

内藤　知美

●はじめに

本田研究室では歴史・文化的な視点から子どもの問題を捉えることを学んだ。その後、保育者養成を行う大学で、学生教育に関わるようになり、その関心は「保育」研究へと徐々に傾斜していった。特に大学教員との兼任という形で附属幼稚園での副園長・園長を七年間務めたことは、私にとって大きな転機と言わざるを得ない。当然のことながら、身体を基軸にして物事を理解すること、めまぐるしく起こる親子の出来事を前に、短時間で多様な要因を交錯させて考えることを学んだ。フィールドに身をおいたこの期間は、目の前で起こる事柄への性急な対応を迫られることが多かった。しかしこのような環境においても、近視眼的にならずに客観的に事象を捉え俯瞰する視点を少なからず保持できたのは、本田研究室の学びに負うところが大きいように思う。さらに現在は、世界の保育フィールドを見ることで、日本の保育を見つめる機会を得ている。ここでは世界の保育フィールドから見える子どもの問題について述べてみたい。

一　保育のグローバル化

子どもを含む大量の人々の「移動」と情報の共有化が、その結果として日本経済・社会のグローバル化だけではなく「保育のグローバル化」を推し進めていることは必然ともいえる。近年、欧米諸国はもとより日本を含むアジア太平洋地域では、保育政策の変革を求める声が高まっている。日本の保育政策は労働政策の観点から規制緩和を進め、保育の量的拡充を目指すという色彩が強いが、しかし同時に、すべての子どもに教育の機会を与えるという世界的な規模での就学前教育の拡充とその質の向上を目指す動きと連動して、変革が行われている。

例えばＯＥＣＤ（Organization for Economic Co-operation and Development 経済協力開発機構）は、共通の経済・社会的基盤を有する先進諸国と連携・協力して国際的調査研究を実施し、各国の状況を比較分析することで、各国の教育改革の推進と教育水準の向上を目指している。ＯＥＣＤはＰＩＳＡ（Programme for International Student Assessment 生徒の国際学習到達度調査）などの国際教育比較で知られているが、就学前教育に関しては二〇〇一年に Starting Strong（「人生の始まりこそ力強く」と訳される）、二〇〇六年に Starting Strong Ⅱ、二〇一一年に Starting Strong Ⅲを刊行した。一連の Starting Strong は、経済効果や将来投資についてのエビデンスを用いた就学前教育の比較政策研究として注目を集めた。（註①）

国民の教育水準を高めるためには、子どもの発達の初期段階からの介入と投資が肝要だとする議論は、ここに脳科学研究の成果が加わり、「赤ちゃんの意見表明権」を順守しようとする動きや「ゼロ（トゥ）スリー」を合言葉に〇歳から三歳までの教育に力を入れる動きが、世界的な規模で起こった。

二 「遊び」の尊重

保育における「遊び」を重視する傾向は「子どもの権利条約」と連動している。「子どもの権利条約」は、一九八九年に国連総会（日本の批准は一九九四年）で採択された法的拘束力をもつ国際法である。「子どもの権利条約」は全五四条からなり、子どもは「生きる権利」「守られる権利」「育つ権利」「参加する権利」をもつことが表明されている。すべての子どもが人権をもつという考え方が広く認められたことは画期的なことであり、各国政府は子どもの権利に基づき、自国内での子どもの人権を守るという義務を担うことになった。（註②）

権利条約の下で、子どもの最善の利益を保障するため、子どもの「遊び」への注目が、近年顕著になったと言える。もちろん、実際には世界各国の子ども達が遊びを保障された生活を送っているとはいいがたい状況にあるが、ユネスコ、ユニセフや所属しているＯＭＥＰ（世界幼児教育・保育機構）などでは、「遊び」の議論が日増しに高まっている。ここでは「子どもは遊びの中で、自らの学びを育む存在である。遊ぶ主体としての子どもは、遊びを通して学ぶ主体でもある」と捉えられる。人間は誕生期より有能であり、その生を形づくるのは「遊び」であり、この遊びを通した「学び」によって幼児教育を行おうとするのである。

就学前教育における「遊び」重視の姿勢は、例えば中国の幼児教育においても見られる。

二〇一三年七月に中国上海にある「科技幼儿園」を見学する機会を得た。科技幼儿園は、中国が推進する幼児教育のモデル園の一つである。就学前教育の普及を進める中国では、モデル幼稚園を指定し、保育の質の均一的保持と向上を目指している。二〇一三年当時の中国のモデル幼稚園では二つのねらいをもって幼児教育が行われていた。一つは科学教育の重視、もう一つは遊びによる教育である。この目標がどのように実現されようとしているのかを科技幼儿園の保育環境に着目して考えてみたい。

科技幼儿園という園名に象徴されているように、玄関の扉を開けると、広いエントランスホールに3Dの立体プロジェクターが置かれ、人間の動きをキャッチして大型モニターに映しだされた。電飾の明るさに圧倒されて入った保育室は清潔で明るい空間であった。部屋では子ども達が科学遊びと称して、仕切りのあるコーナーで水と液体の割合を考えて板の上にシャボン玉を作り、（おそらく表面張力を体験する遊びであるのだと思われるが）壊れないで成功したデータを集め、その結果を表に記していた。また別の部屋には十

デジタル化する幼稚園

幼稚園の掲示板

台以上のタブレットが置かれていて子ども達が課題探究の調べものをしていた。もちろん積木や絵画、木工などのコーナーもあった。保育室で遊ぶ子ども達の洋服は、都市の富裕層を彷彿とさせる小綺麗なワンピースやワイシャツにベルトのついたズボンであった。

各学年の保育室には、入口に教育課程表が貼られ、①探索（exploration）、②創造（creation）、③互動（interaction）、④专注（attention）を育てることが目標であると示されていた。また壁面には「我自己」という自分自身の身体を模った型紙や自分の名前の由来を書いた色鮮やかな「自分の名刺」という作品が貼られており、自分は誰なのかを問う活動が保育内容に入れられていることがわかる。また国際化が意識され、廊下には主に先進国の国旗が飾られていた。そして幼稚園を参観して園を出る最後の掲示板に、“I am playing. I am not just playing. I am learning from playing”と書かれていたのが印象的だった。

保育目標が明確に示された教育課程表とそれを実現する教材や絵本などの量的充実や多様な遊びが設置されたコーナーを見て、モデル園らしい質の高い保育環境が整備されていることが分かった。その一方で気になったのは子ども達の関わりである。保育室では子ども達の動線がぶつかり合うことはなく、子どもはパーティションで区切られ、整理・整頓されたコーナーで課題に向き合い集中して遊ぶ。自分の主張と他者の主張が交錯する際にしばしば起こるトラブル場面が生まれないように見事に操作されているのである。

子ども一人ひとりには異なる思いや考えがある。もちろん国においてもそうである。この行き違いを乗り越えるためには、幼少期からトラブルとの遭遇と、そこで味わう自己の混乱、葛藤、そしてそれを乗り越えようとする工夫と対話の経験が重要であろう。協同の土台をいかに育むのかという幼少期の「経験」に対する考え方に大きな違いがあることに気づいた。また保育室での遊びは遊びの自己目的性を主張したホイジンガやカイヨワの遊び論とはかなりのかい離がある。就学前教育で語られる遊びを重視する言説には、遊びによる発達課題の克服と社会性や認知能力の獲得が表裏一体の関係にあり、子どもは「単に遊んでいるだけではない」という掲示の言葉に、「単に楽しいから遊んでいる」ことの豊かさを考えざるを得なかった。遊びが世界の保育において注目される一方で、実際に保育で展開されている遊びの内容は大いに異なり、遊びの定義も有益性と学びの効果に直接的に結びつけて考えられていることが多いと言える。

三　多言語保育

二〇一五年七月には、アメリカ、ワシントンD. C.のBarbara Chambers Childrens' Center（ここではBCCとする）を見学した。この保育施設は、キング牧師が暗殺された一九六八年の春に、近隣在住の保護者によって、子ども達が人種を超えて共に集い学ぶ場として創設された。BCCは、いわゆる低所得者層が居住する地域にあり、特に中南米からの移住者が多い。BCCは、〇歳児から二歳児が一クラス、二歳児が一クラス、三歳児二クラス、四歳児から五歳児　クラスと学童保育があり、〇歳から十二歳児までの子ども達が通う。この施設では、英語とスペイン語による完全二か国語による保育が行われていた。施設内の掲示には日課表や給食の内容、保育室内には子どもの当番表や、やってはいけないルールが絵と二言語で示されていた。

多様な文化背景をもつ子ども達や保護者がいる環境の下での保育では、わかりやすく明文化することが求められる。「今日の保育がどのように行われるのか」と「今日の保育において子ども達がどのように行動できるのか」を示している点は興味深かった。

保育内容は、言葉、造形、科学、ごっこ遊び、積木、自分プロジェクト等に分かれていた。中国の幼稚園と同じく、「自分は誰か?」を問う活動が入っている。保育者は完全な形で二か国語を話す。またこれも世界の潮流であると考えられるが、一人ひとりの成長の記録として、保育内容や子どもの発達や支援、保護者への支援等がポートフォリオ（プロファイルとも呼ばれる）としてまとめられていた。

保育内容では、ヘッドスタートを受けて、数と言葉のドリルが用いられていた。遊びのコーナーの中でも特にごっこ遊びコーナが充実しており、動物、家族、プリンセス、キャラクターなどの衣装がふんだんに置かれ、色々な役になりきって遊ぶことができる。もちろんごっこ遊びは子ども達が好んで遊ぶ遊びであるが、多言語、多文化の中で人々が共に生活するためには、色々な役割に変身する演劇的要素の学びが重要なのではないかと考えた。園庭は安全で整頓されていて、幼児用の遊びスペースと一歳から二歳用の子どもの遊

多言語保育

び場に分けられていた。幼児用園庭はウッドチップが敷かれ、カラフルな遊具で遊ぶ子どもの姿が見られた。一方の小さい子ども達の遊び場は、陽射しを避ける空間の工夫がなされていた。（註③）

四　Super Diversity（超多様性）

二〇一五年十一月には、ニュージーランド、オークランド郊外にあるManukau工科大学で開催されたアジア太平洋地域の幼児教育者の会議に参加した。ニュージーランドは、一九九六年にワイカト大学のマーガレット・カー（Margaret Carr）が中心となって保育実践者と協力して、保育現場の実態から子ども中心の保育理念や学びの課題を掘り起し、ボトムアップの形で日本の幼稚園教育要領や保育所保育指針にあたるナショナルカリキュラム「テ・ファリキ（Te Whariki）」を作りあげた。その他にもニュージーランドには子どもの学びの物語であるラーニングストーリーやアセスメント（評価）など、子ども中心の思想とともに子どもの成長を遊びの中から捉える保育評価があり、幼児教育の牽引役として日本はもちろん世界からの注目を集めている。

「テ・ファリキ」は、子どもが抱く興味や関心をもとに、四つの理念（エンパワーメント、全体的な発達、家族とコミュニティ、関係性）と、学びの五つの原理（ウェルビーイング、所属、貢献、コミュニケーション、探求）から構成されている。テ・ファリキを基に、子どもが「学び手」として、「有能感」と「自信」をもって取り組むことができる保育を目指し、その実践が行われている。

子どもの学びの原点に「所属（あるいは帰属）」をおく考え方は、テ・ファリキをモデルに二〇一二年以降に着手されたオーストラリアの新ナショナルカリキュラムにも影響を与えている。オーストラリアの新ナショナルカリキュラムでは、三つのBすなわちBelonging・Being・Becoming（帰属意識、自身の存在感、人間形成）が就学前教育の核となる。その中でもBelonging（帰属意識）は、人間関係を築く上の土台として欠くことのできない感覚であるとされる。

両国が所属意識を強調する背景には、移民を受け入れ、言語を含めて「精神の拠り所」をどのように形成していくかという課題を常に突きつけられてきたそれぞれの国の歴史・文化がある。

人間の礎を作る幼児教育においては、とりわけ「子どもに安心感を与える」、「子どもを取り巻く世界のあり方を伝える」、「子どもが『今』所属している世界を認める」、「自分の意志で選ぶことを尊重する」ことに努めている。

ではここで二〇一五年の幼児教育の会議の話に戻ろう。これまでもNZの南島のクライストチャーチを二回訪問し、保育施設を見る機会があった。しかし、この会議に参加することで、改めてニュージーランドの幼児教育が「子どもを取り巻く世界のあり方や今所属

マラエでのOMEP・アジア太平洋地域会議

している世界を認める」ことを重視していることが理解できた。

この会議は、ＭＡＲＡＥ（マラエ、マオリ族の教会でありまた集会所でもある）においてマオリの儀式が行われた後にスタートした。会議のテーマは、Identity・Language・Turangawaewae（a place to stand）・Exploring our past・Diversity・Advocacy（Partnerships・ESD・Child Poverty）の六つであった。その中で、特に関心をもったIdentity・Language・Turanngawaewaeについて考えてみたい。

ニュージーランドは、ポリネシア系の社会である。ニュージーランドの周りには多くの小さな島々があり、それぞれの島は一〇〇キロを離れた距離にあることもある。その中には遥か遠くの先進諸国の産業・経済的発展の余波を受けて、地球温暖化が進み、自分たちの国が水没する危機に見舞われている国もある。国土の存続さえ危うい状況にある国では、家族でニュージーランドへの移動を余儀なくされるケースもある。ニュージーランドで新たな生活を送る家族には子ども達に共同体につながっているという意識を持ってほしい、そのためには自分のルーツ、文化を継承してほしいと願う世代と、自国の言語を学ぶ機会を持たず、巨大なマーケットで流通する英語という言語を修得しなければ生計を立てることが難しい世代の間のギャップがある。

「〇〇で生まれ、幼稚園・小・中・高と十八年間を〇〇で育ち、大学に進学するために〇〇に移り、そこで仕事を見つけ職につき、両親は故郷の〇〇にいて……」など自分のルーツを語ることの意味を正直それほどに意識してこなかった。この会議では、混乱と複雑な背景の中に育ち、語ることで、自分が何者であるかを求めざるを得ない人々に出会い、その苦悩を目の当たりにした。それゆえ、人間としての出発点である乳幼児期の経験として、「場所の記憶」と「母語の感覚」にこだわるのである。

アジア太平洋地域には一五〇もの母語の異なる文化を背景にする子ども達がいる。ニュージーランドはマオリ語と英語を公用語としており、保育の中では必ずマオリ語を使用することと規定されている。マオリ族の子ども達の保育施設であるコハンガレオは有名である。しかし、ニュージーランドの保育はマオリ語と英語を使って保育を行うという意味にとどまらない。巨大な言語に飲み込まれ文化が画一化することを「拒む意思」として二言語主義が主張されているのである。

オークランド滞在中にニュージーランド政府認定の日本人による日本人幼稚園を見学した。もちろん日本にルーツをもつ子どもが通う学校であるが、日本の現地校ではなく正式なニュージーランドの幼稚園の一つである。日本人幼稚園を認定幼稚園であると認める姿勢に、ヨーロッパに先祖をもつパキハや現地住民のマオリだけではなく多様な文化を認めていこうとするニュージーランドの歴史から生まれた強い意思を読み取ることができる。

就学前教育でしばしば大切にされる言葉にマオリ語のＡＫＯ（アコ）という言葉がある。「互いに話し、分かち合い、学び合い、育ちあう」ことを表すという。自分はどこからきたのか、自分は何者であるのか、自分の言葉は何か、自分の幼少期（核）は何でできているのか。そこで語られる自己の物語は、多様性を超えたSuper Diversityの物語である。

●おわりに

やむなき事情で繰り返される移動、集結と分散の過程、世代を引き裂く新しい価値の台頭、凝集への憧憬、新しい世代との葛藤、次世代に引き継ぐもの……。

保育のグローバル化や幼保の一元化、幼保と小学校の接続などといった現在の保育界を賑わすキーワードは少なからず効率性を重視し、共通のスタンダードを模索する動きが読み取れる。しかしその一方で、保育の内容においてはラーニングストーリー（学びの物語）という言葉に代表されるように一人ひとりの物語をに紡ぎだし、Super Diversity を許容しようとしている。そしてその行為は我々の生に、それぞれの歴史・文化があることを改めて認識させる。

急激に進む保育改革と保育のグローバル化の動きの下で生まれているこの「渦の力」を見守りたい。

《註》

①内藤知美「海外の保育を学ぶ」（石川昭義、小原敏郎編著『保育者のためのキャリア形成論』建帛社　二〇一五）

②中野光・小笠毅（一九九六）、「ハンドブック　子どもの権利条約」（岩波書店）、子どもの権利条約総合研究所編（二〇一一）、「子どもの権利条約　ガイドブック」（日本評論社）

③参考　ＯＭＥＰニューズ　Vol.46 No.2（二〇一三）、Vol.48 No.2（二〇一五）義永睦子ほか、Vol.49 No.1（二〇一六）上垣内伸子ほか参照

子ども研究の模索
―学際的「子ども期」研究と一九八〇年代の子ども論―

首藤美香子

子どもを研究対象とする取り組みは、十九世紀末の児童研究（Child Study）から始まる。

日本では米国の児童研究をモデルに時期的にも追随する形で進展したが、それは「児童とは何者か、児童学とはどうあるべきか」積極的に定義を試み、学問としての深化や精度を求める方向に向かうというよりも、各時代の最先端の思潮とシンクロしながら、領域横断的に連携するインターアクティブな知の運動態であった。自明の存在として意識化される機会の少なかった児童を糸口に人間の生の本質を解明しようとし、児童と社会の関係のなかに科学的合理性に立脚した知の集積を目指す児童研究運動は、初期には一般の人々の研究参加を歓迎する開かれたものだった。そして、児童研究の成果を一定の実効性のある社会規範として提示することで、近代化の過程で顕在化する児童問題の解決に助力し、さらに児童研究の方法論によって、一般の人々の児童に対する認識枠組みを改変するための啓蒙活動が行われた。

しかし、子どもを対象とする研究領域が専門分化していく過程で、疾病予防・治療は小児医学、健康の維持・増進は小児保健、心の発達過程の解明は発達心理学、学校教育全般については教育学、子どもの遊びや文化財、娯楽活動を扱うのは児童文化、養護・保護・救済が必要な子どもへの処遇については児童福祉が担うようになり、それぞれの領域で発見された問題に対しては、それぞれの領域の方法論に則って解決が図られていくことになる。その結果として、子どもに関わるすべての人がそれぞれの立場や専門、利害関係を超えてつながり、子どもに対する知見や経験を深めあい自己省察しながら、問題解決の幅を広げる取り組みの必要性がたびたび指摘されながらも、その実現には程遠かった。

今日、日本の大学で「子ども学」という新しい分野が成立した背景のひとつには、そうした過去に対する深い反省があるように思われる。「学」としての体系化や組織化が可能かどうかは別として、日本の子ども研究はどうあるべきなのか、筆者なりに模索する過程で、二〇〇〇年前後より欧米で展開されている学際的な「子ども期」研究（Childhood Studies）に出会った。その存在を知ってからまだ日が浅く、欧米の学際的「子ども期」研究の目的や対象、課題、方法論については一から情報収集をしている段階に過ぎず、その全体像や学問としての妥当性、意義、研究成果について十分な理解も検証もできていない。とはいえ、欧米における学際的「子ども期」研究の成立の背景や動向を追うなかで、日本の子ども研究に示唆するものが大きいと思われたので、筆者なりの発見のほんの一部を紹介してみたいと思う。

一　アリエスによる「子ども期」の歴史的相対化

周知の通り、子ども研究のあり方に大きな影響を与えたのはアリエスである。アリエスが『〈子供〉の誕生―アンシァン・レジーム期の子供と家族生活―』（一九六〇）で試みた「子ども期」の歴史的相対化、すなわち私たちにとって自明の「子ども期」は近代化の過程で「ひとつの概念として発見された」ものであり、「子ども期」に対する認識や表象、実践は、時代により異なる可変的で多様なものであるとするテーゼは、歴史学のみならず、子どもを研究対象とする諸領域のパラダイムに改変を迫る衝撃力を持った。しかし、アリエスが実証のために用いた第一次資料の選別法とそれらの解釈（特に図像史料や数量データの扱い）、中世社会には「子ども期」の観念はなかったとする説、フランスを中心に十六世紀から十七世紀を転換期とすることなどへの妥当性をめぐって、さらにはあるべき「子ども期」の理想像を前提に現在の視点から過去を対照し各時代の特殊性を明らかにしようとした研究姿勢について、激しい議論が巻き起こった。そして今日までの五十年間、各方面で徹底的に批判的検証がなされた結果、その結論の多くは覆されてきている。とはいえ、アリエスが「子ども期」の歴史研究の開拓者として高く評価されてきたことは事実で、最近になってようやく、超克の試みが一つの区切りを迎えたと学会でも宣言された。

アリエス以降の「子ども期」の歴史研究は、単純に過去の時代の「子ども期」の有無を問う論争の段階を超え、例えば「子ども期」に「大人期」とは異なる特別な価値と意味が付与され、子どもの救済・保護・教育のための諸政策の整備により、「子どもに適切とされる子ども期」を国家と家族が保障する一連の企図をもって、「近代的子ども観」の創出とする説が出されている。「子ども期」に対する概念の転換は、西欧では十八世紀前後に徴候が見られ、産業革命を機として二十世紀前半には普遍化・世俗化する、という理解が一般的になりつつあるようだ。

さらに興味深いのは、研究の焦点が二十世紀後半から二十一世紀の「子ども期」の新たな様相を読み解き、子どもの生育や生活に関わる現実の諸問題の理解と解決にどうつなげるかという主題に移ってきていることである。その必然的帰結として「子ども期」研究における歴史学と社会学の接近のみならず、文化人類学、カルチュラルスタディーズ、メディア論、ジェンダー研究、法学、政策研究などとの学際連携が試みられている。それほど子どもの問題は多角的なアプローチを要する錯綜した状況にあることの表れでもあろう。

「子ども期」に関する学際連携の活発化に伴い、「子ども」「子ども期」の表記の違いや定義そのものも共通の検証課題となっており、それらの使用には慎重さが求められる。おおまかな原則として、英語圏の研究者の間では、人間存在すなわち実在する子どもは、集合体として Children と表される一方、「子ども期」という〈人生段階や人間の成長過程のある期間〉〈大人との区分や境界〉〈子どもという存在に対する観念や表象、価値観〉の大きく三つを含意する場合は、Childhood と表されるようである。いささか乱暴だが、敢えて二つを対比させるなら、Children は「実在としての子ども」を指し、Childhood は「概念としての子ども」を指すといえる（後者は、日本語で「子どもらしさ」「子どものイメージ」「子ども観」などと呼ばれてきたもの）。なお、後述する子ども社会学の提唱に倣い、Childhood は世界で普遍的に見られる単一の事象ではないことを強調するために、Childhoods と複数形で示されることもある。

米国では、「子ども期」の歴史に関心を持つ学徒向けに、アリエス以降の「子ども期」研究の優れた成果を集めた論文集がいくつか出版されている。例えばH・ジェンキンス編集の『子ども文化読本』（一九九八）は、ルソーやロマン主義に端を発した「子ども期」を「純粋無垢の理想郷」と捉える「神話」再考を主眼としており、親子関係・児童労働・教育・遊び・マスメディアや子どもの消費文化などから「神話」の解体が試みられる。

さらに、子ども文化は「子ども期」の意味と子どもの生活を規定するものであると同時に、子どもの側も文化のあり方に影響を与え、文化を新しく創造し変革する力を持つことが示される。P・ファス編集の『西欧世界における「子ども期」』(二〇一三)は、アリエスの限界を克服すべく第一線の「子ども期」の歴史研究者によってなされた、信頼性に富む秀逸な成果をひとつに集めたものである。第一部では古代から近代初期までの「子ども期」の長期的変化が概観され、第二部では十六世紀以降の西欧世界において「子ども期」と子どもの生活の基底部で何が起こったか、家族・国家との関係・労働・法・学校・身体・セクシュアリティ・文学・消費文化に焦点をあて、年齢・ジェンダー・階層・人種・時期区分に応じて検証される。第三部では、現代世界での子どもの生死と経験を、奴隷制・混血児/浮浪児・中絶/嬰児殺・大恐慌時代・戦争体験など特異な例から精査され、また社会福祉制度・子どもの権利擁護運動・子どもの救済のための国際協力事業などが包含する「子ども期」への功罪が考察される。ファスによる野心的な取り組みは、H・モリソン編集『「子ども期」のグローバルヒストリー読本』(二〇一二)にも通じるもので、「子ども期」という視座は、ジェンダー・ナショナリズム・開発・環境・貧困・消費主義・精神文化・グローバリゼーションなど、現代の大きな問題を解明する鍵を握るものとなってきている。以上の「子ども期」に関する文化・歴史研究に共通するのは、二十世紀とは、エレン・ケイが「子どもが権利をもつとき道徳が完成する」という言葉に触発されて「種の改良」による社会改革の実現を期した「子どもの世紀」のように、単純に明るいものにはならなかった、という苦い回顧である。

二　「子どもの世紀」末にみる「子ども期」のねじれ

では、二十世紀は子どもにとってどんな世紀だったか、歴史を振り返ってみよう。英国における「子ども期」の歴史研究の代表格であるH・カニンガムは『一五〇〇年以降の西欧社会における子どもと子ども期（邦題　概説子ども観の社会史）』（一九九五→二〇〇五）で、啓蒙主義とロマン主義運動に結びついた「子ども期」の観念に大きな変化がみられたのは十八世紀末から十九世紀初めであるとするものの、二十世紀後半に「子どもであることの経験に非常に急激かつ意義深い変化が生じ」、「子ども期（の観念）への持続的な攻撃と、子ども（の実態）への関心の両方によって特徴づけられる」ようになった、とする。少し長くなるが北本の訳から引用する。

ねじれが生じたのは二十世紀後半であった。子どもは、与えられた家庭と学校に依存する強制居留地《ゲットー》から脱走しはじめた。いまや子どもは、自分と親との間で一定の情緒的、経済的、および法律上の力を手にして、利潤追求に支配された商業文化への参加者になることができた。大人の大半はこれが異質の文化であると気づいたが、そうした文化は規制できるし、末端ではあるが自分の子どもの参加を規制することもできた。二十世紀のヨーロッパ社会の多数の子どもにとって子ども期が「子どもの世紀」を求める期待と一致することはほとんどなかった。

しかし「子どもの世紀」は、最初の段階とは予測できなかった仕方で、理想を実現することになった。子どもは権利を獲得するようになり、大人から分離するより接近するようになった。大人は、法的措置や家庭内の口論においても、二十世紀の初頭には想像もつかなかったやり方で子どもの見方を引き出し、尊重するように務めた。二十世紀の子どもの権利宣言は、子どもの保護だけでなく、子ども自身の自己決定権も強調したが、これは大人世界と子ども世界を分離しようとした当初の試みに完全に泥を塗るのに等しいことであった。（Cunningham（二〇〇五）二〇三〜二〇四頁　北本（二〇一三）二五九頁）

このカニンガムの叙述を具体的な根拠を挙げて補足説明するのは難しいが、筆者なりの解釈を加えると次のようになる。カニンガムによると、過去約二〇〇年間「子ども期」を心身ともに未熟で発達途上であるがゆえに大人の保護・教育を要するという子ども観に基づき、注意深く「大人期」から分離し、どの子どもにも「子ども期」を「適切」に保障するために家庭や学校という装置で囲繞しようとしてきた。が、今や子ども自身がその「強制居留地」からの自由と解放を求めている。加えて、「子ども期」への商業文化の侵襲は、一人前の消費者と化した子どもに対する大人の管理統制力を奪いつつある。かつては、子どもの存在意義は労働力として家庭経済への貢献度にあったが、二十世紀には「子どもが子どもであること」それ自体が重要で、親が愛情をそそぎこむ対象として子どもは感情的価値を持つようになる。そして、子どもが「子どもらしく生きられる」ことこそが「子ども期」の最大の幸福となり、その希求が大人に不可避の責務とされる。

だが二十世紀後半には、ある種のねじれが生じる。「子どものため」を突きつめようとするならば、子どもを、大人に依存する社会的弱者としてではなく、市民社会の一員として、自らの幸福の実現に向け能動的に発言し問題解決に参加する「自律した主体」として承認し、法的権限さえ付与せざるをえなくなる。子どもの人権意識の高まりは、近代が「大人期」と「子ども期」を分離するために意図的に設けてきた境界が取り払われ、大人と「対等」の立場にまで子どもが「接近」し、両者の力関係が拮抗してきていることの表れでもある。「子どもは、子どもだからこそ、子どものままで権利を持つ」とは、「子どもの世紀」を夢見た二十世紀初頭には予期せなかったことだろう。一方、子どもの生の実態がいっそう精緻に解明されるほどに、理想と現実の乖離が発見され、大人が想定しなかった「子どもらしくない」負の様相が次々と露呈し、大人と同じ処遇をすべきだという考えも強まっている(少年犯罪の厳罰化がその典型であろう)。この二つの流れによって、「大人期」と「子ども期」は異なるとして社会の「周縁」に隔離しようとしてきた「子どもの世紀」の構図は綻びを見せ、子どもを社会の「中心」へと押し戻す圧力がかかってきている。そのことをカニンガムは、こう語る。

二十世紀末と二十一世紀初頭の特異性、すなわち、子ども期について現在見られる大きな混乱と不安の根本原因は、子どもは一定の自律的な権利をもつ人間であると主張する公的言説が、子どもの権利とは子どものままでいることだと考えるロマン主義的な子ども観の残滓と相容れないことにある。前者の子ども観が含意するのは子どもの世界と大人世界の融合であるのに対して、後者のそれは、大人と子どもの分離を維持することなのである。(Cunningham（二〇〇五）二〇五頁　北本（二〇一三）二六二頁)

カニンガムが看破した、子どもの世界と大人の世界が融合と分離に引き裂かれた現象について、英国における子ども社会学（Sociology of Childhood）の創始者A・プロウトも、ポストモダンの枠組みから読み解いている。

三　「社会文化的構築物」としての「子ども期」

二〇〇〇年前後から始動する学際的な子ども研究を社会学の立場から牽引してきたプロウトは、『子ども期の未来』（二〇〇五年→二〇一〇年）のなかで、二十世紀後半四半期の急激な社会変化は、「子ども期」にも大きな揺らぎをもたらしてきていると指摘する。

ここで、プロウトが提唱する子ども社会学の全容と学問的布置を概説するのは、筆者の手には余ることで、今後の課題とせざるをえない。よって以下では、プロウトの問題意識と方法論について、筆者が把握する最低限のことのみ紹介するに留める。以下では、「子ども期」研究において、近年は歴史学と社会学が問題意識を共有し急接近していることを示すために、二十世紀末に出現した「子ども期」の「ねじれ現象」をプロウトがどう分析しているかに焦点をあて、整理してみたい。

社会学は従来「子ども期」を研究対象に据えてこなかったが、プロウトは、大人と子どもの差異や関係性を、生物学的に先決予定された人類普遍の現象とみなし、「発達」や「社会化」の観点から解釈する立場が子ども研究の主流であることに疑義を呈し、「子ども期」を、どの子どもにも共通の同一の実体としての側面だけではなく、「社会文化的構築物」としての側面にも意識的に目を向け、既存の思考枠組みの呪縛を解こうとする。

プロウトによれば、大人は「公的・文化的・理性的・自立的・能動的・有能な存在で労働をするもの」、子どもは「私的・自然的・非理性的・依存的・受動的・無能な存在で遊ぶもの」という二項対立モデルで固定する近代的思考は、もはや時代遅れで有効性を失っているという。その思考法に代わって、現代における「子ども期」の意味や経験、子どもの社会化の過程を捉えるためには、子どもから大人へ向けて働く作用、すなわち子どもの「当事者性」、「行為主体性」（agency）に注目し、大人と子どもの関係性を双方向から動的に捉える必要があると説く。プロウトの唱える構築主義は反本質主義の表れであり、アクターネットワーク理論やドゥルーズ／ガタリ、ダナ・ハラウェイらの諸説を援用し、「子ども期」とは人間・モノ・科学技術・情報・表象・言説などの異種が混淆しながら絶えず複雑に生成変化するもので、複数の形態と性質を有する“Childhoods”だとする。

プロウトの発案は実際に、前述した「子ども期」の歴史研究のあり方をも変えた。かつての手法は大人側が残した史資料に頼ってきたのに対し、子ども自身も「子ども期」を当事者として作り上げている一人であるという視座に立ち、子どもの日記、手紙、自伝、口述記録などをもとに「子どもによる子ども期の生活と経験」を歴史的に位置づけ意味づけようとする作業が精力的に進められてきている。こうして、大人の眼で捉えた「子ども期」に、子ども自身の声や思い、足跡が補完され、「子ども期」の歴史が複眼的かつ重層的に描写されるようになった。

さて、プロウトの代表的な著作である『子ども期の未来』は、その独創的な方法論を駆使した実験的な著作といえる。特に、第一章「グローバル化する世界のなかで変容する子ども期」では、二〇〇〇年初頭の「子ども期」の特徴を大きく三つ指摘していて非常に興味深い。一つ目は、前述した通り、子どもを取り巻く人間関係や環境が変動しやすく不安定になっているため、「大人期」と「子ども期」の境界が曖昧かつ脆弱になり、「子ども期」が「大人期」へと拡張していること。にもかかわらず、二つ目として、「子ども期」の表象は相変わらず画一化されており、先進国に特有の「子ども期」のイメージがグローバルな影響力を持って途上国の「子ども期」の現実を覆い隠す一方で、先進国の「子ども期」の「消滅」や「死」を唱える極論が流布していること。三つ目に、経済のグローバル化と文化のグローバル化が、「子ども期」の均質化・脱地域化と同時並行で差異化・個別化を生んでいること、である。プロウトの分析は、現代における「子ども期」の入り組んだ内実を鳥瞰するうえで極めて有効な手がかりとなる。

四　グローバル化における「子ども期」の変容

まずプロウトが危惧するのは、メディアや広告、商品を通して世界中に伝播される「子ども期」の表象が近代的思考に囚われたままで、その欺瞞性が指摘されてきているにも関わらず、ロマン主義的な「純粋無垢」の子どもイメージが今なお健在な点である。

画一的な表象の影響として次に、子どもの貧困はもはや途上国だけの問題ではないのに、救援のための国際的な資金を得るために用いられる映像や写真がアフリカ・アジアの子どもに集中している点で、そうした「恵まれない」「かわいそうな」子どもの報道の裏には、家族のもとで生活をし、正規の学校教育を継続的に受け、家事や賃労働に従事する必要に迫られない「子ども期」こそが「唯一の正しい姿」であるとの思い込みが見られる。それは、子どもの置かれている文脈や背景とは関係なく、一律に近代の「子ども期」の到達点が「世界標準」とされているからで、途上国の「子ども期」は「開発」の対象でしかない。その結果、そうした子どもには「子ども期はない」との判断が簡単に下されてしまい、それでも彼らは「子どもである」という事実が軽視され、困難を抱えつつも「子ども期」を個々に生きる実態がかき消されてしまう。

さらに、情報伝達技術の革新が「子ども期」の「消滅」「死」と大人の権威の失墜をもたらす元凶であるとして、声高に「子ども期」の平穏を守ろうとする立場がある一方で、科学の進歩を先導するのは大人ではなく子どもの潜在能力であるとその可能性を過大評価し、大人と子どもの間の上下の力関係の逆転や階層序列の解体を積極的に歓迎する立場もある。プロウトの解釈では、両者とも「子ども期」は科学技術によって左右されるという単純な考えを基礎にしており、〈テクノロジー恐怖症〉は「子ども期」の「純粋無垢」を取り戻そうとノスタルジーに退行しているようにみえ、かたや〈最新テクノロジー愛好家〉は子どもの発想や感性が技術革新の鍵を握ると楽観視しているようにみえる。プロウトは両者について、近代の「子ども期」の表象が根強いあまり、日々変化する子どもの実態を見る目を曇らせ、科学技術の進化が「子ども期」にとって是か非かの極論に走ってしまっていると考える。そして、子ども自身が社会の変化をどう受け止めて現実生活に取りこみ、適応しようとしているか、という子どもから捉える視点が欠如しているとも批判する。

プロウトは、「子ども期」がグローバルな経済動向に左右されるようになったことに危機感を募らせる。国際的な調査や各種統計が示す通り、「子ども期」の貧困と不平等は世紀転換期を経て拡大するばかりで、ある層では世代間で負の連鎖が生まれており、またそれは富裕国のなかにも実在する深刻な問題となっている。新自由主義体制のもと、子どもが生まれ育つ社会の経済条件が、人口動態、健康、家族関係、日常生活、チャイルドケアサービスの質、教育福祉政策に大きく作用していることは言うまでもなく、それらの格差是正は各国とも喫緊の課題である。特に国境を越えた移動がもたらす移民の子どもに対する差別と社会的排除、文化的剥奪は、移民の子どものアイデンティティ形成をより複雑にしていることは否めない。

グローバリズムの進行は文化にも影響を与えている。プロウトは、時空を超え瞬時に資金の移動やコミュニケーションが容易になされる現代、流動するのはモノにも増して大量のイメージ、情報、アイデア、価値観であり、これらが非常なスピードと規模で世界中に分散することで、文化の均質化と差異化が同時に起きているとみる。つまり、地域性に縛られず、誰もがイメージ、情報、アイデア、価値観の自由な選択と受容ができるようになった点では世界中で文化の共有が可能となる反面、たとえば近接する地域や小集団内で両極端な政治理念や宗教信仰が等価で併存することもある。その場合、文化の相違に対する認識や相対感覚が育まれればよいが、それが相互理解に基づく包摂へと発展せず、異質の他者への不寛容を生み、分裂や断絶を招くこともある。文化のグローバル化の裏で、人と人とのつながりが脆く、バラバラに断ち切られやすくなっている。

ここで問題なのは、子どももこうした文化のグローバル化に日常的に巻き込まれている点である。子どもが享受する文化の適否を大人が選別し制御する力がもはや強く働かないため、「子ども期」を守る防護壁は低く「孔《あな》」だらけである。そして、家族や仲間、学校以外にメディアや消費活動を通じて子どもの社会化がなされる現代、その過程で複数の価値基準や観点が競合し、相補しあう場合もあれば、それぞれが分岐したまま妥協しあわない場合もある。よって、子ども自身がそれぞれに折り合いをつけ、一貫性を持たせながら大人になるための努力をしなければならない。その意味で、子どもの選択に絶対的な権力を行使してきた大人の存在感は薄れ、子どもが個別に自分の人生のデザインをせざるをえない状況へとなってきている。

プロウトは、十八歳未満の子どもに対し参加権と意見表明権を認めた「国連児童の権利条約」は、子どもに自律的な選択と責任を求めるこうした時代の趨勢と合致しているとみる。だが、同条約が国際政治上妥協の産物であり、多くの曖昧さや矛盾をはらんでいることに留意しなければならないという。

最後にプロウトは、二十世紀は「子ども期」にとって規制の世紀であったと総括する。二十世紀末に顕著な傾向の一つは「子ども期」の「施設化」で、高等教育と乳幼児期教育の重要性が強調されて、学校という施設に所属する「子ども期」の期間が上下に延伸してきたことである。もう一つの傾向は、「子ども期」の「飼いならし」で、子どもの活動は健康と発達に寄与する意義あるものとなるよう大人の管理下で周到に組織化され、子どもが自由に過ごせる時間や空間がなくなってきたことが挙げられる。子どもは何をするにせよ、成果や見返りが期待され、将来に向けて「何をどう学ぶか」が大人によって細かく規定されてきている点を見逃せない、とプロウトはまとめる。

ここまで、英国の子ども社会学者プロウトの『子ども期の未来』の第一章の概要を紹介してきたが、「社会文化的構築物」としての「子ども期」の多様性や可変性、複数性を強調したいがために論の展開を急ぎすぎているように見え、また「子ども期」のグローバルな動態を均質化・脱地域化と差異化・断片化といった紋切型で捉えきれるか疑問が残る。さらに、プロウトの取る相対主義の立場には、一刻を争う子どもの問題解決に資するための方向性を具体的に示せていないとの批判も出されている。しかし、プロウトはカニンガムより明快に、社会の表層で一見バラバラに起きている「子ども期」の問題の連関を構造的に読み解き、ポストモダンの鍵概念を用いてわかりやすい見取り図に示した点で意義あるものといえるのではないか。

五 「子ども期」と「国連児童の権利条約」

カニンガムもプロウトも示唆する通り、一九八九年に採択された「国連児童の権利条約」が現代の「子ども期」に影響を及ぼしていることについて、少しだけふれておきたい。なぜなら、子ども研究の対象をどう特定するか、即ち「子ども期」の期間や属性を検証するための重要なテーマだからである。本条約は、子どもが生まれ育つ社会文化的な文脈に関係なく、〇歳から十八歳までを一律に「子ども期」とみなしているが、この点について懐疑的に捉える立場がある。

例えば、子どもと大人を「年齢」や「発達段階」で識別するという観念がない地域や社会に生きる人々の間では、そもそも子どもが何歳なのかを換算できないため、「十八歳で区切る」こと自体、意味をなさない。歴史学や文化人類学の知見によれば、ある子どもが大人すなわち「一人前」になったかどうかを判断するのは、通過儀礼や自立のために必要な特定の技量・経験を積んだか否かであり、外部の基準＝数値を機械的にあてはめ決めるわけではないという。

家族や社会の保護のもと大人の世界から隔離された「子ども期」の特権は、「教育」と「遊び」を享受できることとする西欧近代の理想に反して、現在でも途上国の特に貧困層に生まれた子どもは、家族の生計を担うために学校に行かないで労働に従事せざるをえず、多くの場合十八歳よりも前の段階から経済的な自立が求められる。また、紛争地域では少年兵こそが部族や国家の命運を決める戦力と期待され、残忍な殺戮行為に駆りだされている。このように、生存条件が厳しい社会では、子どもは早くから「大人になること」を迫られる実態がある。一方、先進国でも、親元から離れて新しい家族を形成できる結婚年齢や自らの生死を決める安楽死の権限を十八歳未満にも認めている国もある。両者に共通しているのは、子どもが知性や判断能力が不足している未熟者として特別扱いされていないことであろう。

このように、「国連児童の権利条約」の意義を認めてはいるものの、それが前提とする「子ども期」の概念が、学術的な見地および社会の実態に即して果たして妥当なものといえるのかについて、様々な批判があることも知っておくべきだろう。確かに「国連児童の権利条約」は、子どもにとって必須の普遍的な権利を明文化したものとして重要な意味を持ち続けているものの、このような「子ども期のグローバルなモデル」を示すことは、「子ども期」の多様性や複数性に対する認識を損なうことにもつながる。というのは、「子ども期のグローバルなモデル」は、世界の異なる地域、異なる社会文化的背景をもつ子どもの「子どもである」という経験は同一ではない、という事実に適合していないからである。

また、子どもに権利を与えると、親の権威や責任が脅かされ、家族に対する国家の介入の度合いが増すという反対意見もある。この意見こそ米国が「国連児童の権利条約」の批准に応じない理由である。さらに、子どもへの権利の公布は、「国連児童の権利条約」によってかえって価値を損なわれたという見方もある。なぜなら、公布された権利の数が多すぎること、曖昧であること、条約と国際法・国内法の整合性が少なく、施行が不確実であるからである。よって、「国連児童の権利条約」は、明白に子どもに権利を与えたものではあるが、これらの権利はひとつの倫理あるいは希望として掲げられるものと理解したほうがよいという声さえ出てきている。以上のように、「児童の権利条約」は「子ども期」と国家・社会・親の関係性を変容させ、より複雑にさせてきていることがわかる。

六　学際的「子ども期」研究（Childhood Studies）の挑戦

ところで、アリエス以降の「子ども期」の歴史・文化研究の飛躍的な進展や、ポストモダン思考を応用した子ども社会学の登場、グローバル化に伴う急激な社会変化が及ぼす「子ども期」の動揺、「国連児童の権利条約」の前提や有効性に対する疑問などを背景に、二〇〇〇年代より、「子ども期」の総合的な解明と問題解決を図るために、「子ども期」に関わる様々な専門領域が連携し、ひとつの「学」として体系化・組織化する動きが始まる。

ここで特に注目したいのは、「子ども期」研究を専攻課程に置く英国の放送大学（Open University）の取り組みである。同大学関係者の著作物を通して、今日までの試行錯誤の過程を追跡することができ、日本の子ども研究の方向性を探る上でも役立つ。例えば、初学者向けの教科書『「子ども期」を理解する—学際的アプローチ—』（二〇〇三年）では、「子ども期」研究の出発点は、「子ども期」についてより学際的な理解を得るために、従来のアカデミズムの境界を架橋すること、また「子ども期」に対する各アプローチ間の未解決の問題を認識することにあったとされる。そこで、正式名称は「子ども期」研究(Childhood Studies)だが、本稿では、その目指すところを正しく紹介するために、学際的「子ども期」研究と訳す。

さて、二〇〇三年当初は、「子ども期」に対するアプローチは、大きく三つに分類されていた。第一は、「科学的アプローチ」で、子どもに関して実証可能な知識を得るために、観察や実験、調査を通して理論を考案し検証する立場で、生物学、心理学などが挙げられる。第二は、「社会構成主義的アプローチ」であり、「子ども期」を「社会文化的構築物」として研究する立場で、「子ども期」に対する信仰、イメージ、観念、特に表象、言説に着眼する。第二は、第一の科学的アプローチによる研究成果と結びつくことで、一般の子どもも理解や処遇（世話やしつけの方法）に影響を及ぼす。社会学、歴史学、文化人類学、カルチュラルスタディーズ、地理学などが挙げられる。第三は、「応用的アプローチ」である。「応用的アプローチ」は、第一の「科学的アプローチ」と第二の「社会構成主義的アプローチ」によって得られた成果が、一般社会でどのように応用されるかを扱う立場で、たとえば、子どもおよび若者が法と権利概念によってどのように規定されうるかなど、子ども自身の経験や職業的な実践に作用する分野が挙げられる。よって、政治学、法学、経済学、教育学、ジェンダー論などが関わる。

このように、「子ども期」に対するアプローチを、三層に系統立てる構想は非常に合理的で、各学術領域を並置させたまま単純に統合を図ろうとする発想と比べて、それぞれ強みを生かした学術連携のあり方を考える上で有効と思われる。とはいえ、同専攻の有力メンバーの一人である発達心理学者ウッドヘッドは、二〇〇三年の試みは、心理学や教育学などそれぞれの専門領域内で用いられてきた子どもに対する狭い見方に自己批判を促し、子どもと「子ども期」の研究教育に対する幅広い関心と議論を喚起した点と、「子ども期」

研究が「触媒」となって、政策分析や子どもの権利擁護、児童福祉の推進といった応用分野を活性化させた点で一定の成果があったと評価できるものの、一方で、当初は、「子ども期」研究の目的も対象も範囲もまだ不明瞭なままであったと反省する。

ところが『「子ども期」を理解する―学際的アプローチ―』の十年後に改訂された、『「子ども期」を理解する―領域横断的アプローチ―』（二〇一三年）では、学際的「子ども期」研究の目的は、「触媒」として「子ども期」に関する専門研究の基礎をつなぎ化学変化を促す、という二〇〇三年の「控えめな」姿勢からより踏み込んだものとなっている。

特筆すべきは、「子ども期」を研究対象に据えてこなかった領域の理論的枠組みを借りながら、「子ども期」に関する横断的な研究を進展させようとしている点である。ただし、このような広範なアプローチは、各領域間に齟齬や対立、矛盾を引き起こすことは必至だろう。そこで、学際的「子ども期」研究が目指すのは、「子ども期」に対する様々な領域が前提とする枠組みや方法論の違いによってもたらされる「ズレ」を可視化させて論点を明確にし、「子ども期」へのアプローチの選択肢を広げ、問題の本質に深く迫ることに代わる。その意味で、学際的「子ども期」研究が媒介となって、各領域が緩やかにつながるための手助けをするのではなく、それらの接触面で摩擦や断裂を意図的に生じさせ、それによって新しい知が創成される土壌作りが目指される。

加えて注目したいのは、現代社会が子どもの成長発達、生活、文化に及ぼす負の影響を、特定の地域にみられる固有な現象として限定的に捉えるのではなく、グローバルな視野から議論の俎上に載せるために、大胆にも、従来の西欧近代を中心軸とする発想を転換させる点である。すなわち、「西欧世界＝マイノリティ」、「非西欧世界＝マジョリティ」と置き換え、認識地図を反転させる。その背景には、近代西欧世界の「子ども期」の限界が強く自覚されていることが明らかだろう。カニンガムやプロウトの研究を参照するまでもなく、「西欧＝マイノリティ」の子どもと「子ども期」の現実には多くの動揺や混乱が生じているからこそ、西欧近代の理想をグローバルに展開させようとする植民地主義的発想はみられない。

とはいえ、筆者が概観する限りでは、欧米の学際的「子ども期」研究はまだまだ発展途上で、依って立つ基盤が脆弱な境界領域にみえる。「科学」「社会構成主義」「応用」の三つのアプローチの連携モデルとして、①子どもと子ども期に関するあらゆる研究成果、調査課題、方法論、専門学的アプローチを網羅する「情報拠点モデル（A clearinghouse model）」、②研究課題や方法論についてある程度選別しながらアプローチの幅を広げ共同研究を促す「選別―混成モデル（A pickn mix model）」、③学際研究を目指すが、従来の伝統的な分野や活動を再定義し直してまで、既存の方法論や境界を大きくは変えない「イメージチェンジモデル（A rebranding model）」などが示されているが、実際にどれが採用され、それぞれのアプローチがどう機能し合い、どれくらい研究成果があがっているかは、稿を改めて詳しく紹介したいと思う。また、発達心理学や脳研究、進化生物学、医学など科学的アプローチがどう寄与しているのかについても、今後精査したい。

七　日本の子ども研究への示唆

ここまで欧米の動向を追ってきたところで、改めて歴史を遡ると、日本でも学際的「子ども期」研究に匹敵する野心的な試みが全くないわけではないことに気づかされる。十九世紀末に始まる児童研究運動、そして一九八〇年代の子ども論がそれに近いのではないだろうか。特に、哲学、文学、社会史、文化人類学、民俗学、宗教学、深層心理学、現象学などによってなされた一九八〇年代の子ども論では、人々が無意識裡に捉える「子ども観」に対する異議申し立てがなされた。その意味では、まだ仮説の域を脱しないとはいえ、日本では、学際的「子ども期」研究を二〇年も先取りしていたと考えることもできよう。

奇しくもアリエスの『〈子供〉の誕生』の日本への翻訳紹介は一九八〇年であった。欧米での出版から遅れること二十年だが、まさしく時代の要請に適い、「発達神話」から脱却し、「社会文化的構築物」として「子ども期」を捉え直そうとする機運が一時的には高まった。確かにアリエスの研究は、「実在の子ども」を研究対象とする人々の問題意識に直接的な影響を及ぼすことは少なかったとされるが、それ以外の幅広い分野の研究者の関心を惹いた。たとえば、子どもの共通感覚や身体性を基軸とする存在のあり方、前言語的な無意識の次元で表現される子どもの想像力の豊かさ、子どもの遊びが作り出す異空間の構造、世の矛盾を鋭く突き既存の秩序体系を揺るがすような子どもの暴力性や逸脱行為、神や自然と交感する無垢なる子どもの魂といったものに目が向けられ、「子どもを子どもたらしめている原理」とは何なのか、共感をもって「レトリカル」に論じられた。それは、子どもに未来の大人としての役割を期待し、抑圧と監視をしてきた大人が、逆に子どものまなざしを取り戻すことにより、自分たちの世界の歪みを再点検しようとする真摯な取り組みでもあった。

周知の通り一九八〇年代は、ポストモダンと呼ばれる近代の超克を試みる新しい思潮が席巻していた時期にあたる。子どもとは一見無縁なポストモダニストたちによる「子ども期」への注視は、子どもを教育と保護の対象とみなす近代の「子ども観」を前提に構成されている大人社会の規範や倫理体系の限界を見極め、経験的合理主義に拘束されて計測可能な客観的事実のみを真理とみなし、多様性と異質性に満ちた「人間の生の現実」を理解するための接点を喪失しつつあった近代知のパラダイムを解体へとつなげる挑戦でもあったとされる。そして、その裏には「実在としての子ども」の問題解決に、従来の学問が機能不全に陥っていることへの批判も読み取れ、子どもを捉えるまなざしの相対化が戦略的になされたともいえる。

しかし、一九八〇年代の子ども論は、大人の子どもに対する認識の深層を鋭く突くものであったが、現実の位相で山積する子どもの問題解決にあたっては、即効性や具体性に欠けていたとも批判された。そのために、子どもの問題に日々対峙せざるをえない現場からの反応はどちらかというと鈍く、部外者の無責任な「知の遊び」「知の戯れ」と一笑に付されたきらいもあったという。「子ども期」の概念の相対化作業は、「知の巨人」といわれる人々と彼等を信奉する一部の研究者の関心領域から、アカデミズム全般、そして一般へと拡充することは少なく、一九九〇年代前半のバブル崩壊と期を一にする形で後退し熱気を失ってしまった。また、他領域と結び合うことで開花した「おおらかな」知的想像力／創造力も、時代や社会のあり方を根源から問う批判精神も少しずつ薄れていったかにみえた。だが皮肉なことに、日本の子ども論の沈滞化と入れ替わるかのように、欧米では一九九〇年代よりプロウトの子ども社会学が、それに続き二〇〇〇年代から学際的「子ども期」研究の実験が始まる。

そこで、今一度、一九八〇年代の子ども論を再評価し、その延長線上に欧米の学際的「子ども期」研究を接続し、新しい子ども研究を構想できないかというのが筆者の課題である。以下でいくつか試案を示して本稿のまとめとしたい。

日本の一九八〇年代の子ども論には、時代的な制約があったことは否めない。当時は、「Children ＝実在としての子ども」と「Childhood ＝概念としての子ども」を便宜上分けて考えるという意識は一般に希薄にみえ、アリエスの著作が英訳では History of Childhood であったのに対して、日本では『〈子供〉の誕生』と訳されたように、両者は混同されていたように思われる。したがって、「社会文化的構築物」としての「子ども期」に焦点をあてようとする際には、戦略として「子ども期」の「異文化」性や「虚構」性を掲げ、「子ども期」の多様性や異質性を強調する必要があったように思えるが、「実在する子ども」との接点を探し求める立場からは、リアリティの欠如が指摘され続けた。こうした課題を乗り越えるためには、プロウトが試みたように、「子ども期」の概念や表象、イメージが、現実に生きている子どもの経験や生活とその理解、さらに問題解決の実践にどのような影響を及ぼしているか、それらの相互作用に注目しなければならないだろう。つまり、実在と概念を比較対照し、両者が互いに生成変化するダイナミズムを追う包括的な視野が子ども研究には求められているように思われる。

また、日本の一九八〇年代の子ども論では、「子ども期」の普遍性と不変性に異を唱え、子どもが「子どもであること」「子どもとして生きていること」の豊饒な意味を人文科学の叡智を借りて主張するだけでも十分であった。だが、本稿で紹介してきた通り、現代では「子どもが大人になること」がより難しく、子どもは「早くから大人になること」を迫られる一方で、「いつまでも大人になれない」、つまり「大人期」と「子ども期」の融合と分離が併存している。こうした入り組んだ状況を反映してか、子どもの社会化や人間形成過程の検証が喫緊の課題とされ、子どもと「子ども期」のどこにどんな「問題」が生じているのか、子どもの「ニーズ」や「最善の利益」をどう計るか、どうやって「解決策」を見つけるか、社会科学が中心となり、子どもと「子ども期」の変化と経済・文化のグローバル化との因果関係を、地域・階層・家族・ジェンダー・年齢別等の観点からより精緻に探る試みが進んでいる。この社会科学の優勢に対し、米国の大学では早くも「子ども期」研究における人文科学と社会科学の「溝」を埋めようとする取り組みが始められているのは、注目に値する。

繰り返しになるが、現代の子どもを取り巻く状況は非常に錯綜しており、単純な因果論では解釈不能であり、また価値観が多様化、多元化するなか問題解決策はひとつではない。子どもの貧困や教育格差に起因する社会的排除や差別は、つい最近まで個々に埋没してしまっており、十分可視化されてこなかった。また、子どもの生活圏でもっともリアリティを持つのは、生身の人間の身体や感情がぶつかり合う現実世界ではなく、電脳空間によって拡張しつづける仮想現実となってきており、現実と仮想現実の境界は極めて不明瞭でもある。そもそも子どもは、特に幼いほど、声なき主体として、自らの置かれた状況やそこでの経験、処遇について率直に不満や意見、要望を訴える能力も機会も限られている上、厄介なことに、表面に出てくる子どもの声自体が、既に情報メディアや市場原理の影響から逃れられていない。つまり、物理的に目に見え、形として捉えられる現象だけを手がかりにしようとすると、もはや子どもの実態を捉えることは難しくなってきている。だからこそ、子どもと「子ども期」の変化を時間軸と空間軸で俯瞰する欧米の先行研究から学ぶものは多いと思われる。

学際的「子ども期」研究では、社会学、歴史学、文化人類学、カルチュラルスタディーズ、メディア論、ジェンダー研究、法学、政策研究、科学技術論などの領域で独自に蓄積されてきた研究成果を、子どもや「子ども期」という新たな結び目で縦横につなぎ、大人や社会のあり方を根本的に問い直し、変えていこうとしている。それに倣って日本で子ども研究を進める場合、まずは従来の学問領域でなされてきた課題設定のあり方や研究方法、前提としてきた「子ども期」の概念を一から徹底的に見直し、どのようにして脱構築・再構築すべきか、具体的な方策を立てていく必要があろう。しかしその作業は、自らが依って立つ基盤や専門性を揺るがし、新たな亀裂と摩擦を生みだしかねない。よって、近年、大学再建の切り札として保育者・教員養成校で提唱される子ども学の漠とした楽観的なイメージや、特定の問題に対して即効性のある処方箋を作るために近隣領域を寄せ集める名ばかりの総合性を捨て去る時期がそろそろ迫ってきている。「子どもと生きること」に対する真摯な自己省察と自己改革なくして、子ども研究は成立しないといえないだろうか。

《引用・参照文献》

Archard, David (1993) *Children : Rights and Childhood*, 2nd edn., Routledge

Ariès, Phillip (1960) *L'Enfant et la vie familiale sous l'Ancien Régime*, Plon 杉山光信他訳 (1980)『〈子供〉の誕生―アンシァン・レジーム期の子供と家族生活―』みすず書房

James, Allison and James, Adrian L. eds. (2012) *Key Concepts in Childhood Studies*, 2nd edn., Sage

Cunningham, Hugh (2005)*Children and Childhood in Western Society Since 1500* ,2nd edn. (*Studies In Modern History*) , Pearson Longman 北本正章訳 (2013)『概説 子ども観の社会史：ヨーロッパとアメリカからみた教育・福祉・国家』新曜社

Duane, Anna Mae eds. (2013) *The Children's Table Childhood Studies and Humanities*, The University of Georgia Press

Fass, Paula S (2013) *The Routledge History of Childhood in the Western World*, Routledge

Heywood, Colin (2010 fall) "Centuries of Childhood: An Anniversary—and an Epitaph? ", *The Journal of the History of Childhood and Youth*, Johns Hopkins University Press pp. 341-365

Hendrick, Harry (1997) *Children, Childhood and English Society*, 1880–1990 (*New Studies in Economic and Social History*), Cambridge University Press

James, Allison and Prout, Alan (2015) *Constructing and Reconstructing Childhood: Contemporary Issues in the Sociological Study of Childhood*, classic edn., Routledge

Jenkins, Henry eds. (1998) *The Children's Culture Reader*, New York University Press

Kehily, Mary Jane eds. (2009) *An Introduction to Childhood Studies*, Open University Press

———— eds. (2013) *Understanding Childhood: A Cross-Disciplinary Approach*, 2nd edn.,Open University Press

Morrison, Heidi (2012) *The Global History of Childhood Reader*, Routledge

Prout, Alan (2005) *The Future of Childhood*, Routledge
Qvortrup, Jens, Corsaro ,William A. and Honig, Michael-Sebastian eds. (2009) *The Palgrave Handbook of Childhood Studies*, Palgrave
Stearns, Peter N. (2006 → 2011) *Childhood in World History*, Routledge
Smith, Roger (2010) *A Universal Child ?* , Palgrave
Woodhead, Martin and Montgomery, Heather eds. (2003) *Understanding Childhood: An Interdisciplinary Approach*, Open University Press

八人で始まった同人誌『舞々』は、年を追って同人の数を増やしていきました。本田研究室だけでなく、他の研究室の院生、そして研究生や留学生からの参加もありました。創刊号から二十二号までの総目次を掲載しましたが、あらためて数えてみると百人を超える同人の数になっていました。一年だけ、数年だけの同人も多くいました。出入りも自由な同人雑誌でしたが、長い間、同人として参加して支えてくれた人たちの名前を、ここに掲げさせていただきます。

（舞々終刊号編集委員）

【舞々同人たち】

安島　智子　　金子　省子　　佐藤　桃子（奥）　　友定　啓子　　松井るり子
雨宮　裕子　　上垣内伸子（岩田）　　渋谷　真樹　　内藤　知美　　皆川美恵子
伊吹山真帆子　　喜田　裕子（黒田）　　須藤　麻江（豊田）　　仲　明子　　嶺村　法子
入江　礼子　　草信　和世　　首藤美香子　　永倉みゆき　　向山　陽子（前田）
岩元　優子　　河野　優子　　高木れい子　　中村はる美（遠藤）　　森下みさ子
上野　泰子　　小宮山みのり　　髙原　典子　　馬場加代子（山本）　　矢崎　淳子（川口）
大澤　啓子　　近藤伊津子　　武田　京子　　美谷島いく子（清水）　　矢萩　恭子
岡住　留美　　斉藤　睦子　　田澤　薫　　藤津　麻里（早川）　　山田さつき
小川　清実　　笹川真理子　　田村さと子　　戸次　佳子（和田）　　游　珮芸
小坂田佐弓（藤井）　　佐塚　公代　　天満　弘子　　増田真理子（福田）　　林　真美
尾関美也子（江﨑）　　佐藤　和代（上田）

おわりに

森下みさ子

二〇一六年、春まだ浅きころ、それは突然（！）起こった。本田先生にとっては「畏妹」、わたしたちにとっては「畏姉」と慕う皆川さんが、舞々最後の拠点となっていた皆川研（十文字学園女子大）を閉じて落ち着かれたのを機に、本田先生の足跡と舞々の歩みを合わせた本を出しましょうと声かけをしてくださったのである。会計をあずかってくださっていた大澤さんはじめ集まれる同人がパタパタと集まり、「この機を逃してはならじ」と、自らの「いつかなんとかなるだろう」精神を叱咤激励しつつ急遽編集作業が始まった。一年後の本田先生の誕生日に刊行！というういささか無理な目標をたてて「がんばる」ことになり、全体の構成を検討し、同人へのお知らせや原稿の募集、研究室および舞々の足跡をたどる企画、本田先生の年譜作成など、それぞれの仕事の合間を縫ってパタパタとあわただしく進めていった。無理と思われた目標もやや遅れる程度で達成できそう……であるが、急であったために、原稿が間に合わずに断念したり、厚みのある論稿をエッセイに切り替えたり、にわか仕上げを余儀なくされた同人もいることだろう。「春浅き」からにわかに起こった「春の嵐」であったこと、そうでもしないと固くなった土からは芽が出そうになかったこと、ご理解いただきお許し願いたい。

それでも、さすがに本田先生。締切間際におずおずと頼んだ原稿依頼をいとも軽やかに引き受けてくださり、あっというまに書き上げて送ってくださった。内容はご覧のとおり、児童文化・児童文学の未来を展望するものである。しかも、読まれることにおいて児童文学が現象するとしたら、なつかしさとともに作品を手にする高齢者を読み手とする「(児童) 文学」という新たな文学領域が生まれているという、ラディカルな指摘がなされている。八十五歳にして衰えを見せないラディカルさは、しかし、なにかを挑発しているというよりは、持ち前のしなやかな思考によるものではないだろうか。思考だけではない、生き方、ふるまい方が、実にしなやかである。

このしなやかさは、どこからくるのだろうと思い巡らす時、本田和子という人が徹底して権威を持とうとしないことに思い至る。わたしたちの学位取得や昇格や出版記念などは快く祝ってくださるのに、ご自分の昇格や本の出版、学長就任、数多の受賞などは、さらりと流して「祝われる」ことを良しとしない。ご自分の居場所を失っても、より多くの人が居やすくなるように改組に奔走し、新設大学に必要と請われれば利得を捨てて弱小学科の土台作りに手を貸し、女子大の存続が望まれれば学長としてできる限りのことをやり切る。そして、なんの見返りも求めない。権威を嫌う一匹狼……というと、女医を主役とする今流行のテレビドラマ「〇〇X」みたいだが、そうではない。権威を嫌うというより、さらりと無関心なのである。それに、どう見ても狼ではない。ちょっと早口で歌う小鳥のようだ。権威を求める人は、きっと人々の目がくらむような強い光を放つことを欲するのだろう。けれど、権威を持とうとしない人の周りには、もっと柔らかい光があふれている。人々は、その光を求めて集まり、つかのまのおしゃべりを楽しみ、自分自身も少ししなやかになり自由になり、たくさん元気をもらって帰っていく。

そんな光を自然光として「舞々」は生まれ育ったのだ。が、「舞々のトポス」とは何だろう。大学の学科でもないし研究室でもないだろう。振り返ってなつかしむ思い出の場所でもなさそうだ。雑談を有効な研究方法のひとつとするわたしたちにとっては、おいしいお茶やかわいいお菓子がある場所は大切だけれど、もちろんそれ自体がトポスではない。「トポス」とは何だろう。

この世に生まれて間もない小さな人たちの言動に心がそよぐとき、心にしまわれたお話の扉が開くとき、手にした人形との会話を想い起すとき、子どもであることの喜びや悲しみが、ふと蘇ってくるとき、わたしたちは「これって何だろう」と問い、答えをみつけようとする。そんなとき、わたしたちの思考を推し進め、わたしたちの言葉を促してくれる風を感じることがある。風は、わたしたちの背中をそっと押して、はかない雪のひとひらでも、頼りない一片の花びらでもいいから「自分の思いを舞ってごらん」とささやいてくれる。そんな風が吹いてくる〈風の源〉こそ「わたしたちのトポス」ではないだろうか。だから、籍が消えても、建物がなくなっても、『舞々』という冊子が終わっても、わたしたちはたじろぐことはない。風を感じつつ、それぞれの舞を舞い続ければいい。

最後になりましたが、わたしたちの無理無体な願いを快く引き受けてくださり、本という形の舞台を調えてくださった、ななみ書房の長渡晃さんに心より感謝申し上げます。

本田和子と舞々同人たちのトポス
―お茶の水女子大学児童文化研究室―

二〇一七年一月十五日　第一版第一刷発行

編　者　舞々同人　編集委員
皆川美恵子　森下みさ子　内藤知美　河野優子　大澤啓子
田澤　薫　美谷島いく子　小川清実　武田京子
発行者　舞々同人　事務局
東京都世田谷区等々力八―九―八
東京都市大学人間科学部児童学科　内藤知美研究室
発行所　ななみ書房　長渡　晃
神奈川県相模原市南区御園一―一八―五七
発売所　ななみ書房
神奈川県相模原市南区御園一―一八―五七
電話　０４２―７４０―０７７３
ＦＡＸ　０４２―７４６―４９７９
ISBN978-4-903355-67-2